清朝其实很有趣

安然——著

中国华侨出版社

北 京

前言

　　清朝是中国历史上封建君主专制王朝中的最后一个，历经十三朝十二帝。其前身是 1616 年由努尔哈赤建立的后金政权。1636 年，皇太极将国号改为清。1644 年，多尔衮迎顺治帝入关，迁都北京，其后大清统治中国近 300 年。近 300 年间，有金戈铁马、王朝霸业，也有乱世奢豪、阉宦壮行。这一时期，统治者开疆拓土，巩固了中国多民族国家的统一，奠定了现代中国版图的基础，鼎盛时领土达 1300 万平方千米，疆域西跨葱岭，西北达巴尔喀什湖，北接西伯利亚，东北至黑龙江以北的外兴安岭和库页岛，东临太平洋，东南到台湾及附属岛屿钓鱼岛、赤尾屿等，南至南海诸岛。

　　这一时期，发生了或正史记载的，或民间流传的，或众说不一的，或争论不休的一系列故事：有改朝换代的血腥战争、尔虞我诈的宫廷竞争、空前绝后的开疆扩土、思想文化的钳制、此起彼伏的农民起义、西方列强的侵略压迫、开明人士的救亡图存、异域文化的西学东渐、维新人士的改良尝试……它达到了封建王朝的顶峰，却也成为两千多年来中国专制帝制统治的最后终结。

读清史，我们看到了一个帝国由兴而衰、由盛而亡的背后故事——骨肉相残之痛、权宦迭起之恨、奸贼横行之怒、流寇殃民之殇，加之朝堂上纷纷扰扰的派系之争，虎视眈眈的强敌，曾经的锦绣河山终被弄得一败涂地，可悲可叹。

本书以人性解史，以趣味说史，将整个大清王朝将近300年的历史，从努尔哈赤崛起于东北写起，从跃马中原到驰骋天下，从统一全国到丧权辱国、宣统退位出宫，记述了大清王朝近300年的历史史实，再现了清朝的各种风云际会。

本书尽量避免枯燥乏味的叙述方式，在尊重史实的基础上，以幽默风趣却不乏智慧的语言，调侃轻松却不失庄重的语调，讲述中国几百年前的历史，并试图进入历史事件背后，深度挖掘历史人物内在的真实情感，用历史事件来展现人性的复杂和诡秘，透过历史的迷雾，解构历史中的人物，以人性洞察历史，还原历史真相。

目录

七恨告天，师出有名

努尔哈赤觊觎大明江山由来已久，早在其祖、父为辽东守军"误杀"之后，便心怀复仇之意，不过其时能力有限，也无法公开与明王朝决裂，只能在辽东地区祭起战旗，一步步地统一辽东，壮大实力。如今，整个满洲已经纳入爱新觉罗氏的麾下，而朱明王朝已是夕阳落日，还有什么理由继续向明王朝纳贡称臣呢？

"朕与大明国成衅，有七大恼恨，此外小愤难枚举矣。今欲征大明。"这是努尔哈赤在后金天命三年（1618 年）二月提出来的，也就是后人所称的"七大恨"。他要讨伐大明。

是年四月十三日，努尔哈赤正式以"七大恨"告天：

我之祖、父，未尝损明边一草寸也，明无端起衅边陲，害我祖、父，恨一也。

明虽起衅，我尚欲修好，设碑勒誓："凡满、汉族人等，毋越疆围，敢有越者，见即诛之，见而故纵，殃及纵者。"讵明复渝誓言，逞兵越界，卫助叶赫，恨二也。

明人于清河以南、江岸以北，每岁窃窬疆场，肆其攘村，我遵誓行诛；明负前盟，责我擅杀，拘我广宁使臣纲古里、方吉纳，挟取十人，杀之边境，恨三也。

明越境以兵助叶赫，俾我已聘之女，改适蒙古，恨四也。

柴河、三岔、抚安三路，我累世分守疆土之众，耕田艺谷，明不容刈获，遣兵驱逐，恨五也。

边外叶赫，获罪于天，明乃偏信其言，特遣使臣，遗书诟詈，肆行凌辱，恨六也。

昔哈达助叶赫，二次来侵，我自报之，天既授我哈达之人矣，明又党之，挟我以还其国。已而哈达之人，数被叶赫侵掠。夫列国这相征伐也，顺天心者胜而存，逆天意者败而亡。何能使死于兵者更生，得其人者更还乎？天建大国之君即为天下共主，何独构怨于我国也。初扈伦诸国，合兵侵我，故天厌扈伦启衅，唯我是眷。今明助天谴之叶赫，抗天意，倒置是非，妄为剖断，恨七也。

——《清太祖高皇帝实录》

与任何一场"师出有名"的战争一样，每位征讨者都是搜罗罪状、寻找借口的高手。"七大恨"中，除去"杀我父祖"的血海深仇外，努尔哈赤又把"叶赫老女"这件过时的政治工具搬了出来，将"援助叶赫，致使我已聘之女转嫁蒙古"列为七大恨之一。

努尔哈赤之所以选择这个时间向明朝宣战，是因为此时的辽东内外形势都对其有利。

明军方面的抗倭援朝战争刚刚结束不久，无论是人力、物力还是财力都有极大的损耗；多次与叶赫部落作战的辽东守军是抗倭援朝战争中的主力部队，战争结束后的实力更是锐减。

外部军事实力如此堪忧，朝廷内部却腐败到了骨子里：封建官僚把军队粮饷纳入私囊，使得军队的装备陈旧不堪，军需严重匮乏，吃不饱肚子的士兵只能纷纷逃离军队，号称十万大军的辽东守军，实际人数不过三四万而已。就是这些人，军队长官也无心对其进行操练，军营之中本应终日不歇的金鼓之声，在辽东大营却几乎不闻，就算是有偶尔的训练，士卒们也打不起精神来，致使军队毫无士气可言。自李成梁卸任之后，辽东守军的军械从未被修缮过，刀枪剑戟，锈迹斑斑。遇到女真部落的挑衅，大多数情况下都选择了退缩让避，不敢正面迎击。这样的军队哪有战斗力可言？

在军力部署上，仅三四万人的军队，还分散在北起开原，南至鸭绿江口，以及辽东、辽西的120多处据点中，这就给对手留下了各个击破的余地。

当时除了后金政权和明王朝之外，还存在着一个第三方势力，那就是蒙古。此时，喀尔喀蒙古部落已经跟后金有了联姻的关系，科尔沁蒙古部落也已跟后金政权结盟，位于漠南的察哈尔部希望借明朝的力量统一漠南蒙古而跟明王朝保持着紧密的联系；同时，明王朝也企图把察哈尔部当作遏制后金发展的屏障。这样，蒙古方面就剩下察哈尔部是努尔哈赤的一个威胁。

还有一方力量不可轻视，那就是与中国只有一江之隔的朝鲜。明代之时，日本正值战国时期，日本关白丰臣秀吉大举侵略朝鲜，作为朝鲜宗主国的明朝出兵援助，双方形成了军事同盟关系。此时倭寇之乱未解，朝鲜仍需要来自明军方面的支援，因此对于后金政权，朝鲜方面也相应地采用了敌对政策。努尔哈赤曾一度想要与朝鲜结盟，但朝鲜国王光海君怕开罪明朝，只得暗中与后金来往。努尔哈赤对此却很不满意，以为"交则交，不交则已，何必暗里行走"，断然打消了与朝鲜结盟的念头，不过饱受侵略之苦的朝鲜也没有足够的军事实力成为后金的威胁，不足为患。

天时、地利、人和，天赐良机岂可被蓄谋已久的努尔哈赤所错过？后金与大明之间的战争一触即发，一场改天换地的大战即将打响。

后金与明朝的正面交锋

努尔哈赤已经下定决心向明朝开战，他的第一个目标便是抚顺城。自李成梁镇守辽东以后，抚顺城便是女真人同大明王朝进行粮食、牲畜等货物贸易的地方，无论是对后金政权还是对大明王朝来说，都极具战略意义。但抚顺城在李成梁的多年经营下极为坚固，易守难攻，是雄踞在后金军面前的一只拦路虎。

面对固若金汤的城池，努尔哈赤并没有与之硬碰硬，而是先用五千兵马佯攻马根单（今辽宁省抚顺市境内），将明军的注意力予以分散，随后主力部队的1.5万人对抚顺发动了突然袭击。

但抚顺城毕竟不是不堪一击的纸老虎，努尔哈赤也不想让自己的首战胜利以重大伤亡作为代价。正在这时，范文程毛遂自荐地站了出来，称自己有办法劝降抚顺守将李永芳。他挥笔写下一封书信，差使者送入抚顺城内。

收到范文程劝降书的李永芳踌躇了半天，一时拿不定主意是战是降。而努尔哈赤那边却没有坐等。后金先遣队假扮成商人混进了城中，诱使城内的商人和军民出城交易，趁城门大开之时，八旗主力突然攻入城内。李永芳别无选择，宣布向后金投降。抚顺城被顺利地攻克。

同日，佯攻马根单的兵马也化虚为实，连克东州（今辽宁省抚顺县东州村）、马根单等城寨。

四月二十一日，明辽东总兵张承胤在辽东巡抚李国翰的命令下急率万人大军分三路追击后金军，结果在努尔哈赤之子代善和皇太极的围攻之下大败而归，50多员将领阵亡。

努尔哈赤起兵以来第一次与明朝正面交锋的告捷，极大地鼓舞了后金军的士气。后金乘胜追击，仅用了3个多月的时间，便连下花豹冲堡（今辽宁省铁岭县催阵堡乡花豹冲村）、抚安堡（今辽宁铁岭东南）、三岔、鸦鹘关（今辽宁省抚顺市东南）、清河（今辽宁省本溪市清河城）等地。

九月二十五日，后金军攻克会安堡（今辽宁省抚顺市会元乡），大肆屠杀，抚顺关的300屯民惨死在屠刀之下。努尔哈赤留下了一个活口，将他的双耳割掉，修书一封，要他送往明朝。信中说道："若以我为逆理，可约定战期，出边，或十日，或半月，攻城搠战。若以我为合理，可纳金帛，以了此事。尔大国乃行窃盗，袭杀吾农夫一百，吾杀汝农夫一千，且汝国能于城内业农乎？"

这封信同抚顺、清河等500多个据点相继沦陷的消息一并传到京师之后，朝野震惊。久已不视朝的万历皇帝惊呼"辽左覆军陨将，虏势益张，边事危急"，当下便采纳山海关主事邹之易等人的建议，出兵讨伐努尔哈赤。

军力荒芜多年的辽东守军自然无法承担起反击的重任，万历皇帝开始紧急起用旧将：兵部左侍郎杨镐任反击后金的最高统帅——辽东经略；右金都御史周永春为辽东巡抚；原山海关总兵杜松为出关总兵官；已经告老还乡的原四川总兵刘綎也重新应调，披挂上阵。

征讨后金，明军共出动了包括8.8万辽东各路兵马和1.3万朝鲜援兵在内的11万大军；朝廷拨款100万两白银作为军饷，同时加收被称之为"辽饷"的田赋200多万两（此举使得万历四十七年徒增赋税520万两，也为后来明末农民起义的爆发埋下了祸根）。另外，还从山西和陕西借调了300门大型火炮运往辽东前线，做足了紧急而又充分的战争准备。

在兵力部署上，明军也做了充分的准备，明军分兵四路，向后金进发。

明军来势汹汹，努尔哈赤又岂会坐以待毙？这场大战早已在他的预料之中。在范文程的运筹帷幄下，后金军已经布下了天罗地网，静待明军到来。

凭尔几路来，我只一路去

明军共集结11万大军兵分四路向赫图阿拉进逼，意欲会师于后金都城；而努尔哈赤手中总共只有4.5万人马，虽然在准备与大明军队正面交锋时便已经把军备准备充分，但相对于可以随时调拨全国武装力量的明政府来说，还有着天壤之别。与之硬碰硬，无异于以卵击石。

面对这种不利局面，努尔哈赤并不担心。范文程在了解了整个局势之后，提出一条"凭尔几路来，我只一路去"的作战方针，后金无须忌惮明军的强大实力，因为明军的内部矛盾，正为后金提供了各个击破的条件。

明军方面战略部署完毕之后，原计划于明万历四十七年、后金天命四年（1619年）二月二十一日兵出辽东，然而天公不作美，自十六日起普降大雪。内阁首辅方从哲却无视天气状况，一再敦促杨镐出兵。

方从哲担心，一旦战况被拖延，那么庞大的军费开支势必会给本已千疮百孔的国家经济雪上加霜，只有速战速决才是正道。在这些朝中大员眼里，一个小小的后金不足畏惧，"数路齐捣，旬日毕事耳"（《清太宗实录》卷四），根本无须大费周章。而久经战场的杨镐方面清楚地知道天气因素会给作战带来什么样的不利影响，尤其是深入对手所控制的范围中去，再加上粮草迟迟未送到，更是无法出兵。

明军方面的文武双方各执一词，却没有想到正是因此而把出兵时间泄露给了努尔哈赤。努尔哈赤又让治下的汉族人充当间谍，深入明军腹地，把杨镐方面的作战意图、进军路线、兵力部署等方面侦察得清清楚楚。如此一来，战端未开，明军就已失胜算，陷入被动局面。

再加上明军四路大军的将领之间早有罅隙，作为最高统帅的杨镐也无力约束，兼之明军战线铺开足有六百里之广，相互之间信息沟通不便，这对于分路配合作战来说是最为不利的因素。这一点，正是范文程提出"凭尔几路来，我只一路去"的信心。

努尔哈赤毫不犹豫地认可了这个作战方针，他称："明使我先见南路有兵者，诱我兵而南也，其由抚顺所西来者，必大兵也，急宜拒战，破此则他路兵不足患矣。"

明军西南路军由李成梁之子李如柏率领，努尔哈赤仅用500人便抵挡住了来自西南方向的佯攻；西路军则有杜松率队，4.5万（一说为3万）正遇到努尔哈赤的主力部队，顷刻间便灰飞烟灭，杜松中箭身亡。

西路军覆灭后，努尔哈赤率主力北上，在萨尔浒山（今辽宁抚顺东）直接面对马林的北路军，又形成了一场单方面的屠杀，马林侥幸逃脱。

而此时的东南路军统帅刘綎尚且不知道其他两路军均已战败，仍旧按原计划继续北上，恰恰陷入了后金军的包围圈。激战之后，刘綎命丧辽东。

　　李如柏方面被后金五百兵马阻拦在虎栏关（鸦鹘关东）之后，始终按兵不动。杨镐得知杜、马两路相继惨败，急命李如柏、刘綎军后撤，而刘綎尚未接到命令便已全军覆没，李如柏只得匆忙回撤。得知李部撤退的消息之后，努尔哈赤仅用了20名哨骑便将李如柏军搅得大乱，明军自相践踏，伤亡惨重。

　　此次大战自三月二日正式打响，三月五日宣告结束。不到5天的时间里，明军方面4万多名士卒战死，刘綎、杜松等300多名文武官吏魂归西天，马、骡等牲畜损失近3万匹；而后金军，仅付出了2000多人伤亡的代价。

　　明军方面，杜松与刘綎战死沙场，仅过了3个月，侥幸从萨尔浒战场上逃生的马林也死在了同样是与后金军交战的开原之战中。四位明军主将已去其三，剩下李如柏因为始终没有与后金军正面交锋而留得一条性命。然而战火没有烧掉李如柏，朝中政局却让他魂归西天。

　　萨尔浒之战结束后不久，监察官便对李如柏提出纠劾。原因是李如柏的父亲李成梁曾经把年幼的努尔哈赤收归帐中，厚待于他，甚至还有收其为义子的传言。所以努尔哈赤跟李如柏"有香火情"，否则"何以三路之兵俱败？何以如柏独全？"奏折之中已明显地透露出对李如柏通敌的怀疑态度。不过当时的万历皇帝对此不置可否，此事暂且风平浪静。

　　然而过了一年半之后，辽东地区的局势更加紧张，这件事又被某些别有用心之人重提。重压之下，李如柏为表心意，自尽明志。四大军事将领的相继离世，对于本已风雨飘摇的明朝来说，无异于雪上加霜。

作为萨尔浒之战明军方面的最高统帅，辽东经略杨镐自然难辞其咎。杨镐在兵败之后引咎辞职，当时的朝廷还算是网开一面，让他"姑令策励供职，极力整顿以图再举"。然而没过多久，辽东的开原和铁岭又相继沦陷，杨镐最终被定罪入狱，明崇祯二年（1629年）病死狱中。

兵败萨尔浒的消息传到京师之后，北京城的米价顿时暴涨。人们认为后金军即将打出山海关，进而围困北京城，从而开始纷纷囤积大米，以备不虞，这就进一步破坏了明朝的财政。

从根本原因上来看，火器、兵力占优的明军之所以败在了一个本以游牧为生的政权手中，实质上是因为其官僚机构之腐败已经到了一个无可挽回的地步。这种腐败早已有之，只不过是萨尔浒将之彻底地暴露出来罢了。

萨尔浒之战后，明朝的实力大减，再也无力阻止后金政权的进一步发展，被迫由主动进攻转入被动防御。而明朝的对手——努尔哈赤的后金政权，则因此而实力倍增，随之而来的，是政治野心的大幅度膨胀。

迁都辽阳，紧逼大明

萨尔浒之战后，京师上下一片悲鸿，却始终没有拿出一个有效的策略来应对眼前的局势。万历皇帝朱翊钧依旧抱着"我死之后，哪管洪水滔天"的念头在紫禁城中醉生梦死。朝野内外则在党争之中争权夺势，内阁首辅方从哲生性懦弱，无力扭转颓势，只能听之任之，做些小修小补的工作。两个月的时间，就在大明王朝的一片混乱中过去。

不过朝廷中也不乏有识之士。后金天命四年、明万历四十七年（1619 年）六月间，一封上书让熊廷弼走上了历史的舞台。

熊廷弼自万历三十六年（1608 年）起任辽东巡按，在白山黑水十余年的时间里，对辽东地区的局势可谓是了如指掌。在明与后金之间攻守局势发生逆转，杨镐入狱之后，被朝廷任命为辽东经略。

赢得萨尔浒之战的胜利后，努尔哈赤按军功将战利品分发于诸贝勒，进一步刺激了女真贵族对明战争的野心。稍加修整，补充兵力完毕，后金天命四年（1619 年）六月十日，后金军便对开原发起了进攻。后金军仅用了 6 天的时间，便攻占了开原城。

正是因为这场战役，对杨镐还抱有一丝希望的明朝彻底断了念想，将之论罪下狱，让熊廷弼顶了上来。熊廷弼带着尚方宝剑来到辽东，驻扎沈阳，可迎接他的，却是已经占领了铁岭、打通通往沈阳道路的后金军。

七月二十五日，努尔哈赤统兵五六万人，围攻沈阳北部的重镇铁岭。为避免与明军援军正面交锋，努尔哈赤许下重金，换来了铁岭守将丁碧的开门归降，兵锋直指沈阳。而此时，熊廷弼刚刚抱着朝廷的尚方宝剑在沈阳上任。

熊廷弼上任后，斩逃兵，修城堡，加强防务，招集散兵，整肃军令，操练士卒，一系列措施进行得倒也井井有条，辽东的形势渐渐有所好转。努尔哈赤那边也因为需要休养生息一段时间，而没有立即对沈阳展开军事行动。

就在辽东地区的局势渐渐向有利于明朝方面发展的时候，朝廷内部腐朽，让熊廷弼不幸沦为了党争的牺牲品。

明万历四十八年（1620年）七月二十一日，万历皇帝朱翊钧终于结束了荒诞的一生。然而明朝内部的混乱形势并没有随着朱翊钧的龙驭上宾而消失，反倒是愈加恶化。

明朝内部的动荡正给了努尔哈赤以发动进攻的良机。后金开始储备粮草，置备车营，打造钩梯，准备对明朝发动新一轮的进攻。

从后金天命六年、明天启元年（1621年）二月二十一日起，至三月二十一日傍晚，短短一个月间，沈阳、辽阳相继沦陷，京师北方的最后一块屏障就此灰飞烟灭。

拿下沈阳、辽阳之后，努尔哈赤当即下了迁都辽阳的决定。

辽阳所处的地理环境占据了很大的优势，再加上历代王朝的倾力打造，使得此处人丁兴旺，贸易兴盛，成为在明朝统治时期辽东地区的政治、经济、文化中心。熊廷弼驻扎在辽阳的时期，在城边挖了数层城壕，各种火器沿壕边而列，四面城墙分兵把守。

同时，辽阳还是明朝与朝鲜和蒙古接壤的要冲地带。一旦为后金军所占据，就可以形成挟朝鲜、扼蒙古，与明朝分庭抗礼的局面。

因此努尔哈赤在攻占下辽阳之后大喜过望，连称"天既眷我，授以辽阳"。

辽阳城被攻克之后不久，后金自赫图阿拉迁都至辽阳。从此之后，京师丧失了北方最后一块屏障，完全暴露在努尔哈赤的铁骑面前，明王朝的安全受到了严重的威胁。迁都辽阳，后金的政权中心进一步逼近明王朝，成为一支可以动摇明朝统治的强大力量。

努尔哈赤的最后一战

后金天命十一年（1626年）八月，在太子河华丽的龙舟里，努尔哈赤躺在厚厚的毡毯上，眼望窗外的湛蓝天空，身上的毒疽隐隐作痛。"难道这就是天命？"壮志未酬的他心中无限遗憾，虽然完成了女真的统一，却无法见到攻破京师的那一刻，而这，恰恰是他起兵时的愿景啊！

为了这个愿景的实现，努尔哈赤穷尽了毕生的精力：谋建州，平海西，统野人，建立起属于自己的政权，打造出一支可以与明廷相对抗的尖锐长矛；战萨尔浒，迁都辽阳，尽取辽西，确立起自己在东北边陲的绝对统治权。为了进一步对大明王朝采取行动，他甚至不惜放弃辛辛苦苦建立起来的新都辽阳，迁都沈阳。

迁都沈阳，是努尔哈赤在一统辽东之后做出的又一大举措。"沈阳四通八达之处，西征大明从都儿鼻渡辽河，路直且近，北征蒙古三日可至，南征朝鲜自清河路可进"，这在战略角度上要比辽阳更为有利。

同时，"沈阳浑河通苏苏河，于苏苏河源头处伐木顺流而下，材木不可胜用，出游打猎山近兽多，且河中之利亦可兼收矣"，从经济利益方面来看，也是辽阳所无法比拟的。让努尔哈赤下定迁都决心的，更出于当时辽东、辽西的局势。

广宁之战后，后金的战线拉得过长，领地内矛盾纠纷不断，努尔哈赤无力维系后院的稳定，被迫做出了毁弃广宁、弃守辽西的决定。这就给了明廷以喘息之机。待到孙承宗、袁崇焕固守宁远，后金政权感到了前所未有的压力，"公（孙承宗）渐东，奴（努尔哈赤）惧，遂毁其宫室而北徙于沈阳……自筑宫于沈阳瓮城，屡不就……"努尔哈赤弃守广宁的弊端显露出来。

另外，迁都辽阳之后，女真人和汉族人之间的矛盾进一步尖锐，努尔哈赤所采取的镇压手段只会激化矛盾。辽阳城已经是鸡犬不宁之地，丧失了一国之都的意义，努尔哈赤唯有再行迁都。

孙承宗毛遂自荐督师辽东的那一年，山海关马世龙等人频繁出巡被努尔哈赤攻取又弃守的广宁、三岔河一带地区。驻守在辽南的毛文龙，没有了山海关的后顾之忧，也活跃起来，对靠近三岔河一带的牛庄（今辽宁省牛庄镇）、跃州（今营口北牛庄附近）等为后金政权所据的各城不断骚扰。此外，麻羊岛守备张盘夜袭金州（今辽宁省大连市金州区），让女真人终日惶恐；复州（今辽宁省瓦房店市西北复州）的后金总兵刘爱塔偷偷地向登莱（今山东省烟台市蓬莱区和莱州市）地区运送军备物资，并且希望把复州当成明军的内应，一旦明军向后金展开进攻，便与其里应外合……毫无疑问，这些对后金政权的稳定都构成了极大的威胁。

除了来自明军方面的压力外，后金政权还面临着塞外蒙古各部的觊觎。这些不利之局逼迫努尔哈赤必须对他的战略防御问题进行重新考虑。因此，为了在战略上取得主动，他选择将后金的首府迁往沈阳，并将沈阳改称为盛京。

虽然迁都盛京，但后金政权的稳定问题仍然无法解决，汉民与女真贵族之间的矛盾也不会因为迁都而化为乌有。努尔哈赤能做的，只能迎着孙承宗和袁崇焕打造出来的铜墙铁壁进一步扩张领土。

恰在这时，明廷的党争给了努尔哈赤一个天赐良机。

孙承宗所经略的辽东，"在关四年，前后修复大城九、堡四十五，练兵十一万，立车营十二、水营五、火营二、前锋后劲营八，造甲胄、器械、弓矢、炮石、渠答、卤楯之具合数百万，拓地四百里，开屯五千顷，岁入十五万（石）"（《明史·孙承宗传》），逼得努尔哈赤不敢南侵；但他却没有抵挡住来自朝廷的攻击。

此时的明廷朝政大权已经完全旁落在了"九千岁"魏忠贤的手里，明熹宗朱由校只知道在后宫当他的木匠，对朝政大事不闻不问，这更让阉党有恃无恐，大力排除异己。不幸的是，孙承宗正是阉党眼中的异己之一。

孙承宗经略辽东之后，一时间功高权重，誉满朝野。势力猖獗的魏忠贤及其党羽自然不会错过这个值得利用的人，魏忠贤动用了各种手段去拉拢这位封疆大吏。而孙承宗对阉党深恶痛绝，对魏忠贤抛来的橄榄枝视而不见，这让一向专横跋扈的魏阉对他怀恨在心。

明天启四年（1624 年）十一月，孙承宗到蓟、昌西巡。此时恰临近十一月十四日，正值明熹宗的生日，孙承宗便上书朝廷，希望入朝为皇帝庆贺万寿节，并打算借此机会当面向皇上汇报。

把握朝政大权的魏忠贤在皇帝之前先得知了此消息，他生怕孙承宗拥兵入京，做出对自己不利的事情来，于是"绕御床哭。帝亦为心动，令内阁拟旨。次辅顾秉谦奋笔曰：'无旨离信地，非祖宗法，违者不宥。'夜启禁门召兵部尚书入，令三道飞骑止之。（魏忠贤）又矫旨谕九门守阉，承宗若至齐化门，反接以入。承宗抵通州，闻命而返。忠贤遣人侦之，一襆被置舆中，后车鹿善继而已，意少解"。(《明史·孙承宗传》)

紧接着，魏忠贤和他的阉党党羽称孙承宗是"拥兵向阙，叛逆显然"，意图借此事来扳倒孙承宗，但明熹宗心中还有点分寸，对魏忠贤的攻讦没理会。

次年，太监刘应坤在魏忠贤的委派下前往山海关犒军，带去帑金十万两，然而孙承宗一点儿也没给魏忠贤面子，鄙视之意溢于言表。

同年八月，马世龙轻信自后金逃归的"降虏生员"（其实是后金方面的间谍）刘伯镪的话，派兵渡柳河，袭取耀州，结果掉进了努尔哈赤早已设好的圈套，惨败而归。

柳河之败正给了阉党挤垮孙承宗的口实，以马世龙损失670匹马、大量甲胄等军用物资为借口，向马世龙发起了围攻，其根本的目的还是要弄倒孙承宗：弹劾奏折雪片一样飞向明熹宗的御案。阉党的无耻手段让孙承宗大为恼怒，连上两疏称病辞官。明熹宗拗不过孙承宗，只得应允。

孙承宗罢官，辽东经略一职再度出现空缺，魏忠贤趁此机会将自己的同党高第推上了辽东经略的位置。胆怯无能、对军事又一窍不通的高第抵达山海关后，将孙承宗所做的军事防御部署全部推翻，将锦州、右屯、大凌河、宁前诸城守军，连同器械、枪炮、弹药、粮料等后勤物资一并移到关内，绵延四百里的关外土地尽皆放弃。

高第的胡乱部署让朝野上下响起一片反对之声，袁崇焕更是怒不可遏，他在给高第的谒言中说："兵法有进无退，锦、右一带，既安设兵将，藏卸粮料，部署厅官，安有不守而撤之？万万无是理。脱一动移，示敌以弱，非但东奴，即西虏亦轻中国。前柳河之失，皆缘若辈贪功，自为送死。乃因此而撤城堡、动居民，锦、右摇动，宁、前震惊，关门失障，非本道之所敢任者矣。"

然而袁崇焕仅仅是一个监军，无力改变身为兵部尚书、手持尚方宝剑的高第的决策，更何况高第背后还有把持朝政的阉党撑腰。袁崇焕只能眼睁睁地看着高第将锦州、右屯、大凌河及松山、杏山、塔山守具的屯兵屯民尽皆驱赶入关，十余万石粮谷被抛弃。这次不战而退，闹得军心不振，民怨沸腾，刚刚振奋起来的士气又再次陷入低谷。

得不到上司支持、朝中又没有后台的袁崇焕不甘心就此放弃辛辛苦苦打造出的防线，决意死守宁远。在关外城堡撤防、兵民入关的不利情势下，袁崇焕率领一万余名官兵孤守宁远，抵御后金。

明廷因为内斗而产生的自我消耗给努尔哈赤创造了再侵朱明的良机。后金天命十一年、明天启六年（1626年）正月十四，努尔哈赤率领十万八旗大军西渡辽河，直取孤城宁远。

一方面是十万士气高昂的八旗大军，一方面是一万多被朝廷弃之不顾的明朝军队；一位是积蓄了数年力量、一生未逢一败的后金国主努尔哈赤，一位是孤立无援、从未参加过战争的山海关监军袁崇焕。双方就在这样的悬殊中，于正月二十三拉开了战幕。

然而让努尔哈赤没有想到的是，历时四天的大战，竟然以自己的惨败而告终。

宁远一役，是后金与明王朝自交战以来的第一次惨败，对八旗军队的锐气是一个十分严重的挫败，自萨尔浒之战以来对明朝的连续攻势就此中断。对努尔哈赤来说，更是一个沉重的打击，"帝自二十五岁征伐以来，战无不胜，攻无不克，唯宁远一城不下，遂大怀愤恨而回"。（清·鄂尔泰·《清太祖武皇帝实录》）

鄂尔泰的记载只是说出了努尔哈赤心中的愤恨，却没有指出此役对努尔哈赤的更大影响，这个影响，成了一个千古之谜。

谁杀了努尔哈赤

后金天命十一年（1626年），盛京，天命汗努尔哈赤的葬礼。一位喇嘛、一位突如其来的吊唁者，引起后金国的一片混乱。这是奉袁崇焕之命的使者——谁也没有想到这个至天命汗于死地的仇人竟然派人来至灵前。是惺惺相惜还是另有他图？即使是努尔哈赤的继任者、在政治智商上更胜努尔哈赤一筹的皇太极，也看不出这个冤家的真实想法。

袁崇焕并没有与后金握手言和的打算，更不会与努尔哈赤有英雄相惜之意。之所以派使者前来吊唁，实际上还是要来探察一番努尔哈赤的死讯是真是假，因为这关系到明军下一步的军事行动。

努尔哈赤确实是死了。

努尔哈赤的死因究竟是什么？史学界众说纷纭。大致上分为两种：一是正史的记载——即《清史稿》和《清太祖武皇帝实录》中所说的因病于后金天命十一年（1626年）八月十一驾崩于福陵隆恩门叆鸡堡（今沈阳市于洪区翟家乡大挨金堡村）；另一种说法则是丧命于宁远之战时明军的红衣大炮下。

鄂尔泰并没有明确指出努尔哈赤是患何病而死。结合后世对几位清朝帝王的临终记载来看，更使得努尔哈赤之死变得扑朔迷离。

正史上的记载总会有"为尊者讳"的顾虑，纂史者碍于身份又不能信口开河，大多数情况下只能三缄其口。因此便可从中看出，努尔哈赤之死，绝不仅仅是因病而死那么简单。因此便产生了另一种说法，即努尔哈赤死于袁崇焕之手。

宁远大战时，手中只有一万余人、一座孤城的袁崇焕之所以能够击溃十万大军的后金军，除了用在战前所做的八条动员令来鼓舞士气外，更重要的是他所使用的11门红衣大炮（本为红夷大炮，是从葡萄牙采购而来，因清朝以少数民族入主中原，忌讳"夷"字，故称红衣大炮）等火器给了毫无精神准备的后金军以沉重的打击。

袁崇焕所使用的红衣大炮为英国制造的早期加农炮，炮身长、管壁厚、射程远、威力大，特别是击杀密集骑兵具有强大火力，是当时世界上最先进的火炮，也是后金军最大的克星。

据史料记载，"帝即令军中备攻具，于二十四日以战车覆城下进攻。时天寒地冻，凿城破坏而不堕。军士奋力攻打，宁远道袁崇焕、总兵满桂、参将祖大寿婴城固守，枪炮药罐雷石齐下，死战不退，满洲兵不能进，少却。次日复攻之，又不能克，乃收兵。二日攻城共折游击二员，备御二员，兵五百"，可谓是伤亡惨重。

威力如此巨大的红衣大炮，让后金军付出了惨重的代价。那么，亲临城下督战的后金军统帅努尔哈赤，在此役中受没受到来自红衣大炮的威胁呢？这个问题在明朝的史籍中语焉不详，后金以及后来的清代官方资料里更是只字未有，而野史中却给出了一个答案："炮过处，打死北骑无算；并及黄龙幕，伤一裨王。北骑谓出兵不利，以皮革裹尸，号哭奔去。"

红衣大炮打死敌人不计其数，还击中了"黄龙幕"，伤一"裨王"。后金军出师不利，只得用皮革裹着尸体，伴随着一路号哭匆匆撤退。

无独有偶，在《明熹宗实录》中同样记载了类似的事件：明兵部尚书王永光在汇报宁远之战的战况时奏称，明军前后伤敌数千，内有头目数人，"酋子"一人。高第则奏报，后金军队攻城时，明朝军队曾炮毙一个"大头目"，后金军用红布将这个人包裹起来抬走了，一边走一边放声大哭。

一个人的死能够让一支十万人的军队悲痛撤退的，还会有谁？恐怕只有努尔哈赤。

然而，在宁远之战后，史料记载，努尔哈赤还曾于"夏四月丙子，征喀尔喀五部，为其背盟也，杀其贝勒囊奴克，进略西拉木轮，获其牲畜"（民国·赵尔巽·《清史稿·太祖本纪》）。如果说努尔哈赤死于明军的炮火之下，那么这个人又是谁？或者说，这几处来自明朝方面的记载，又有多少可信度？

如果说努尔哈赤真的死在了明军的炮火之下，那么，他不可能"死而复生"，在数月后又去攻打蒙古。其次，击毙努尔哈赤，对于明朝方面来说是一个重大胜利，无论是袁崇焕，还是朝廷上下、文武百官都将对此事书以浓墨重笔，以激励军民的士气。但是，无论是袁崇焕本人报告宁远大捷的奏折，还是朝廷表彰袁崇焕的圣旨，抑或朝臣祝贺袁崇焕宁远大捷的奏疏，对努尔哈赤被击毙之事都是只字不提。

因此，可以得出这样的一个结论，即使那个"酋子""大头目"确实是努尔哈赤，他也没有当场死去。

朝鲜人李星龄记载，在与后金作战之时，朝鲜曾派了一支军队配合明军抵抗后金军的进攻。随军的朝鲜翻译官韩瑗在一次偶然的机会中遇到袁崇焕，并博得了袁崇焕的好感。宁远之战，袁崇焕也将他带在身边。可以说，韩瑗目睹了宁远之战的全过程。

据韩瑗事后回忆：宁远告捷以后，袁崇焕派了一名喇嘛携带礼物到后金营寨中向努尔哈赤"表示歉意"："老将（指努尔哈赤）横行天下久矣，今日见败于小子（指袁崇焕），岂其数耶！"努尔哈赤"先已重伤"，这时备好礼物和名马，对袁崇焕的礼物表示"回谢"，请求约定再战的日期。结果未等再战，努尔哈赤便"因瘝恚而毙"。

由此可见，宁远城下的炮伤是导致努尔哈赤去世的最重要原因。

后金天命十一年（1626年）八月十一，努尔哈赤走完了他的不平凡人生。他留给爱新觉罗家族和后金政权的，是一个足以与明廷相对抗的根基。努尔哈赤入主中原、跃马京师的宏图大愿，将留给他的子孙后代去实现。

权力要实实在在地握在自己手里

后金天命十一年（1626年）九月一日，盛京，天命汗努尔哈赤已经驾崩19天了。

此日，三大贝勒代善、阿敏、莽古尔泰，以及众贝勒、文武大臣聚会于朝，在皇太极的率领下焚香告天。三叩九拜大礼行毕，皇太极正式登基称汗，改第二年为天聪元年，被称为天聪汗。

次日，皇太极又率诸贝勒大臣对天地祝誓，祈求皇天后土"垂祐"，国祚炽昌。盟誓完毕，皇太极率众贝勒向代善、阿敏、莽古尔泰敬重地拜了三拜，以示"不以臣礼待之"。

然而，皇太极与其众兄弟的盟誓也仅仅停留在了口头上。后金政权内部仍有人对汗位存觊觎之心，图谋不轨。这些人大多地位较高、手握兵权，甚至是八旗中掌有一旗的旗主，若听之任之，不仅会动摇皇太极的地位，也会威胁到后金政权的稳定。因此，皇太极决定加强自己的权力，削弱八旗贝勒的势力。

努尔哈赤生前规定实行八和硕贝勒共理国政的制度。他曾经训谕八个和硕贝勒说："继我而为君者，毋令强势之人为之，此等人一为国君，恐倚强恃势，获罪于天也。且一人之识见，能及众人之智虑耶？尔八人可为八固山之王。如是同心干国，可无失矣。八固山王，尔等中有才德能受谏者，可继我之位。若不纳谏，不遵道，可更择有德者立之。倘易位之时，如不心悦诚服，而有难色者，似此不善之人，难任彼意也！"

从此可以看出，努尔哈赤对于后金政权统治的构想是以八旗旗主合议为政体。按规定，四大贝勒按月轮值，共同掌理国家机务。朝贺时，遵循礼仪，汗王皇太极须与三大贝勒代善、阿敏、莽古尔泰都坐北面南，共同接受朝拜。

为了改变这种不利局面，将大权握在自己的手中，皇太极逐步对努尔哈赤定下的规章制度进行改革，改变"狃于积习"的情况，同时接受大明封建王朝的影响，仿照明制使后金政权日益巩固和完善，并进一步封建化，以适应将来夺取中原后统治全国的需要。

后金天聪三年（1629 年）正月，皇太极以"一切机务，辄烦诸兄经理，多有不便"为由，改为三大贝勒以下诸贝勒代理值月理政。这样，代善等三大贝勒不再值月，他们的权力被皇太极"委婉"地削弱了。

为了进一步削弱三大贝勒的权势，皇太极又增设了"八大臣""十六大臣"，他们有的与诸贝勒坐在一起"共议国事"，有的直接参与"佐理国政"，有的专门负责"出兵驻防"。

这些手段和措施，使君权得到了加强，但没有改变八旗并立的局面。此际，汉官胡贡明上奏说："有人必八家分养之，土地必八家分据之，即一人尺土，贝勒不容于上，上亦不容于贝勒，事事掣肘，上虽有一汗之名，实与正黄旗一贝勒无异也，若不改此局面，纵借强兵，入山海关、中原，臣谓不数年间，必将错乱不一，而不能料理也。"（《大清会典》）

皇太极接到胡贡明的奏疏，看过之后深以为然。君主与旗主分权的矛盾，确实是后金进一步发展中亟须解决的问题。

不久，又有人说：八旗并立，彼此积怨与日俱增。君王不要兄弟是倚，他们行将害上。汉官也纷纷上书，主张皇太极君权独揽。

对如何加强君权，解决好与八旗旗主的矛盾，皇太极时时权谋在心。不久，他根据汉官的建议，仿照明制，设立六部。

后金天聪五年（1631年），皇太极仿照明朝的管理制度设立六部，以贝勒管部事。

后金六部，分吏、户、礼、兵、刑、工，一如明制，每部皆用一贝勒主管。六部各设贝勒一人，"管某部事"。在这些贝勒之下，还设有承政、参政、启心郎、办事、笔帖式等官。承政各设满、蒙、汉一人。承政之下，皆设参政（尚书侍郎）八人，只有工部设满族人八名，蒙汉各两名。办事、笔帖式，看事务繁简，各酌量补授。

六部的设置加强了君权，巩固了后金统治，为日后进取中原、夺取明朝政权做了准备。它使后金"某一宗我国行得，某一宗我国行不得，参汉酌金，渐就中国之制，日后得了蛮子（指汉明王朝）地方，不至于手忙脚乱"。同时，它的设置，又使后金政权在封建化过程中前进了一大步。

庄妃险中求生

崇德元年（1636年），皇太极称帝，建国号清，布木布泰被封为庄妃。崇德三年（1638）正月，庄妃喜得贵子，取名福临，他是皇太极的第九子。福临生得眉清目秀，十分聪明，深受皇太极的宠爱。

母以子贵，庄妃也因此而更受皇太极的宠爱。但庄妃并没有因宠恃骄，她凭借自己的天分和超乎一般女人的杰出的政治头脑，积极地帮助皇太极处理政事，并且只是提出建议，从不染指朝政。这不仅为壮志在胸的皇太极分担了许多压力，还对庄妃更加信任，宠爱有加了。

庄妃还没来得及充分享受皇太极给予她的恩宠，崇德八年（1643）十一月，清太宗皇太极突患病暴亡。庄妃悲痛欲绝，一再提出要效法前代皇后，为皇太极殉葬。但诸王、贝勒尊重她的处世为人，都很拥戴她。他们全力劝阻，理由是太宗子孙幼小，需要母亲的照看。在众人的劝慰下，庄妃才平静下来，全力以赴地去完成皇太极未竟的事业。

皇太极死得突然，由于他生前未能指定皇位继承人，按旧制应由八王共举"贤者"。宗室贵族，人人觊觎。于是，满洲贵族内部围绕帝位继承问题，展开了一场激烈的斗争。

皇太极有11个儿子，肃亲王豪格为长子，当时34岁，为皇太极继妃所生。豪格早在太祖、太宗时期就曾领兵南征北战，颇有战功，实力很强。其他皇子当时年龄都还小，最大的也不过十六七岁，他们既没有战功，也没有地位，毫无竞争能力。另外，多尔衮和其弟多铎，因战功卓著，被封为睿亲王和豫亲王，其兄阿济格被封为英亲王，都极具竞争力。努尔哈赤死时，多尔衮因为年幼，母亲被逼殉葬，皇位为皇太极所得。现在皇太极死了，他正当盛年，如以兄终弟及的方式入承大统，从情理上是可以说得过去的。资历最老的大贝勒代善，因年老体弱，已没有继位之想，可他也有相当的实力。他在观望着，谁继位对自己更有利，自己好坐当渔翁。可以说，当时最有能力继承皇位的，就是豪格和多尔衮了。

双方实力如何呢？皇太极曾亲自统率的正黄、镶黄两旗拥立豪格，豪格本人又统正蓝旗，在满洲八旗中，他已拥有三旗的力量，索尼、鳌拜等大臣也支持他。多尔衮拥有的力量是两白旗，他还得到了多铎、阿济格的支持。双方势均力敌，为继承皇位各不相让，和不可得，拼则两伤。庄妃悲痛之余，已感到剑拔弩张之势。

庄妃知道会有这场斗争，但没想到会来得这样快、这样猛，她不能再等待了！在清宁宫的权力还没有完全丧失之前，她要运用这个权力，为自己的命运去搏斗。她想到了福临，看来，自己的命运要靠儿子来改变。

经过几个昼夜认真地思索，庄妃终于想好了一个折中方案：把福临推上皇位。这有可能成功，推出福临，可以使双方白热化的矛盾降温；再说福临的背后，有忠于皇太极、忠于后妃的两黄旗，还有科尔沁的支持。庄妃的性格、才智、勇敢促使她去进行一次冒险的尝试。

这个冒险是以生命为赌注，如果福临在争位之中失败，势必会为成功之人所残杀，庄妃自己，也会落得个悲惨的结局。这个冒险又是值得的，自己身为先皇最宠爱的妃子，又协助其处理政事，势必会引来一些人的不满，不能成为太后，只作为先帝遗孀，无权无势，无位无名，正给了这些居心叵测之人以可乘之机，性命难免不保。两相权衡，还不如铤而走险、险中求生！

庄妃自己做了决定之后，立即找皇后商量。皇后听完庄妃的话以后，深感害怕：不管豪格还是多尔衮谁继位，都要发生一场血战，结果都是不堪设想的。于是，她决定支持庄妃，让福临继位，以保住清宁宫的特权，避免互相残杀。

然后，皇后和庄妃一起劝说豪格支持这个方案。豪格虽然明白这个道理，却总觉得委屈。

豪格回到家中后，对侍候在身边的爱妻心灰意冷地道："我德小福薄，不堪继位。让皇九子继位还可以，如果让多尔衮继位，我决不允许。"

"必立其一？"除豪格外，还会是哪个皇子呢？多尔衮在沉思。

代善德高望重，又有实力，争取他的支持很重要。说通豪格后，庄妃和皇后立即召大贝勒代善入宫，争取代善的支持。代善害怕豪格与多尔衮反目为仇，自相残杀。可当皇后提出要立福临时，他沉默了。他想，如果立福临，庄妃不就听政了吗？大清国说什么也不能掌握在一个女流手中！庄妃似乎看透了他的心思，诚恳地对代善道："大贝勒素以国事为重，请放心，福临继位后，我退居后宫，深居简出，决不参政。"代善终于默认了。

抓住这个时机，庄妃决定面见多尔衮。当她来到睿亲王府时，多尔衮吃了一惊。庄妃微微一笑，开门见山道："我来睿亲王府，是和你商议嗣君事宜的。论功劳地位，你是有资格登大位的。但先帝有子，头一个豪格就不会甘心。先帝其他年长的儿子，以及代善一支，都会反对你。到那时，国中岂不就大乱了吗？"

"先皇在日，就有立我的说法，我整整等了17年。"多尔衮无不愤慨地道。

　　庄妃为了平息多尔衮的火气，语气非常缓和，道理却十分中肯。她缓缓地道："王爷要以国家为重。大清基业初定，宏图尚未成功，我怕兄弟反目，有愧两代先王。清宁宫决意不会拥立肃亲王豪格。他虽然是太宗皇帝的长子，为人忠厚直爽，但只知其武，不知其文。今后大清要叩关而入，问鼎中原，这副担子他挑不起来。"多尔衮听到后宫不再拥立豪格，松了一口气。

　　"我有一个主意，特来和王爷商量。"庄妃接着道。

　　多尔衮道："皇嫂说出来听听。"

　　庄妃见时机已到，忙道："我儿福临，年方六岁，可以让他继承皇位，以王爷为摄政王，全权负责军国大事。这样安排，诸王贝勒不好公开反对，而王爷又能控制实权。国家不会发生内乱，王爷大权在握，也实同皇帝，不知王爷意下如何？"

　　多尔衮见庄妃说得合乎情理，言语中不仅表现出对自己的关怀，更分配了自己的权力。他终于决定服从皇嫂的意见，不再争当皇帝，并表示全力协助其侄福临登上皇位。

　　经过五天五夜紧张激烈地明争暗斗，八月十四日，诸王贝勒大臣会议召开，讨论嗣君问题。会议由大贝勒代善主持，他年长德高，理所当然。大臣索尼首先讲话，强调必须立皇子。代善则进一步说明，应当立豪格。而豪格的讲话中则有些谦让，他说自己"德小福薄，非所堪当"，中间退出会场。

　　这时，阿济格、多铎趁机提出让多尔衮继位。对此，两黄旗大臣坚持反对，甚至佩剑向前，表示若不立帝子，宁愿跟从皇太极死于地下，而两白旗大臣又坚决反对立豪格。双方剑拔弩张，弄不好会导致一起流血冲突。在这千钧一发之际，多尔衮提议拥立皇太极的第九子、6岁的福临为帝，由他和济尔哈朗（努尔哈赤侄）共同辅政，等福临长大后归政。这一折中方案，立即得到会议主持者代善的支持，很快被会议通过成为决议。

崇德八年（1643年）八月二十六日，福临在沈阳继承帝位，第二年改元顺治，是为清世祖，尊哲哲皇后和生母庄妃为皇太后。

当不了皇帝就掌控皇帝

顺治元年（1644年）四月，李自成攻占北京城的军报便传到了盛京。多尔衮急召智囊范文程等人商议决策。四月初九，摄政睿亲王多尔衮领大将军印，统率14万大军直奔山海关，南下中原。

经过数日激战，多尔衮取得山海关大捷后，在山海关东威元堡诱降前往乞师的明总兵吴三桂，合兵大败李自成大顺军。其后，多尔衮便以吴三桂部为先导，率领八旗铁骑挥师南下，向明朝的首都北京进发。一路上几乎没有遭到明朝军队有力抵抗的八旗军此时更是势如破竹，长驱直入，所到之处望风归降，奉表称臣。明朝官吏本应"食君之禄，分君之忧"，可真到了山河破碎的时候，便暴露出人性最丑陋的一面——树倒猢狲散。

五月初二，多尔衮率领清军从朝阳门进北京城，占领京师。随后，欣喜若狂的多尔衮便急切地进入紫禁城，临武英殿御政。他御政过程中的一件大事，就是定都问题。摄政睿亲王多尔衮随即向顺治皇帝建议迁都北京，但英郡王阿济格以"初得辽东，不行杀戮，故清人多为辽民所杀。今宜乘此兵威，大肆屠戮，留置诸王，以镇燕都。而大兵则或还守沈阳，或退保山海，可无后患"为由，表示反对。然而，多尔衮却以太宗皇太极的临终遗言（史载太宗遗言为"先皇帝尝言，若得北京，当即徙都，以图进取"）应对其胞兄，随即又以"况今人心未定，不可弃而东还"为由，说服众人。年仅7岁的顺治皇帝自然采纳多尔衮的意见，迁都北京。

迁都后，在摄政睿亲王多尔衮的主持下，清廷制定了"先攻农民军，后灭南明政权，联合汉族投降势力，以汉治汉"的方略。六月，多尔衮分遣部将连下山东、河南、山西、天津等地，以拱卫京畿地区。

多尔衮又修书一封规劝南明兵部尚书、大学士史可法投降清朝，削藩称臣。十月，顺治皇帝为表彰多尔衮忠君体国、匡扶社稷、专心王事之功而亲封他为"叔父摄政王"。随后，清廷命阿济格为靖远大将军、多铎为定国大将军，合击大顺军于陕西。

顺治二年（1645年）三月，多尔衮命令多铎分兵三路南下江淮。四月，豫亲王多铎所率大军攻占扬州，史可法拒绝投降被杀，清兵对城内人民持续进行了十天的大屠杀，史称"扬州十日"。五月，多尔衮因指挥清军占领南京，俘虏弘光帝朱由崧，被晋封为"皇叔父摄政王"。六月，清廷强制推行六大弊政之一的"剃发令"，激起了江南各地民众的激烈反抗，多尔衮派兵镇压。闰六月，清廷又命明朝降将兵部尚书洪承畴经略江南及粤、赣、闽、湖广、云贵等地，旋即以攻抚之策相继平定江南。

次年十一月，豪格率军在四川西充的凤凰山射杀了大西农民军的首领张献忠。至此，风起云涌的明末农民大起义被剿杀。

摆在多尔衮面前的还有一件亟待解决的重大难题，即怎样管理这一幅员辽阔、人口众多的泱泱大国。原来的清政权土地面积狭小，人口不多。入关后，满族人的数量和汉族人相比根本不值一提。显然原来的大清政权机构还无法有效地管理这个庞大的帝国。

这件事并没有难住这位能干的摄政王，他一边指挥大军平定天下，一边还草拟清政府的各项典制规章，建立健全各个机构。他采取了模仿明朝旧例的办法，仍然用汉族人管理汉族人。

顺治三年（1646年），吏科给事中向玉轩对没有汉族人尚书十分不满，多尔衮听说后很气愤，处分了向玉轩。顺治五年（1648年）七月，多尔衮下令六部必须各设一个汉族人为尚书，这算是满汉复职制，其目的显然是要收买汉族人之心。

清朝的地方官制与明朝相差无几，此时的总督、巡抚等多是从东北随清入关的汉族人。

多尔衮在效仿明朝体制时始终牢记清制的传统和满洲利益，并不是生搬硬套，全盘接受。议政王大臣会议显然是八大贝勒议政的残余，这时仍然是雄踞于各种机构之上。另外，不管多尔衮如何提倡"满汉一家"，他在处理国务中还是以"尊满"为首要原则。

多尔衮的策略非常成功，许多汉官和满洲贵族一样尽心尽力地为他效力，奋战沙场，为有清一代的繁荣兴盛奠定了扎实的基础。

顺治四年（1647年）七月，济尔哈朗被罢辅政之职，自此直到多尔衮去世的顺治七年（1650年）十二月初，大清国政都由"皇叔父摄政王"多尔衮一人独揽，乾纲独断。多尔衮既不断提高自己的势力，又连续肃清政乱，打击异己势力。

肃亲王豪格和多尔衮原有旧仇，但慑于多尔衮翻云覆雨一手遮天的权势，他也是有怒不敢发、有言不敢出。虽然豪格为清入关屡建军功，但仍未能逃出多尔衮的魔爪。顺治五年（1648年）三月，多尔衮找碴儿将豪格囚禁起来。没多久，便传出豪格死去的消息，死因不明。

郑亲王济尔哈朗是多尔衮压制的另一对象。济尔哈朗虽手中没有权力，但权势越来越重的多尔衮却并不感到满足。多尔衮认为济尔哈朗只是表面上臣服，不可信任，因而不断地给这位老资格的王爷出难题。顺治四年（1647年），济尔哈朗的辅政之位也被多尔衮罢免了。顺治五年（1648年），多尔衮借济尔哈朗的几个侄子一起告发叔叔罪状的机会将济尔哈朗贬为多罗郡王。后来济尔哈朗虽然又被恢复了亲王爵位，但地位已远不如昔，直到多尔衮死后他才得以翻身。

豪格和济尔哈朗这两位亲王，一个是反对派领袖，一个是中间派代表。他们的遭遇都如此悲惨，就更不用说其他人的遭遇了。没有人敢对多尔衮不言听计从！当然，多尔衮也很留心从八旗贵族中精挑一批年轻人对他们宠幸有加，形成自己的势力集团，以加强统治。

这样，多尔衮紧握朝中大权，小皇帝福临不过是个傀儡。顺治七年（1650年）十一月，多尔衮出猎古北口外，行猎时坠马跌伤，医治不及时，病情急转直下。十二月初九，多尔衮病卒于喀喇城，时年39岁。灵柩运回北京，顺治皇帝追尊他为"懋德修远广业定功安民立政诚敬义皇帝"，庙号成宗，多尔衮的葬礼依照皇帝的规格举行。

次年正月，多尔衮的贴身侍卫苏克萨哈向顺治皇帝递上一封检举信，揭发多尔衮生前曾与党羽密谋，企图率两白旗移师驻扎永平，"阴谋篡夺"。此时，年仅13岁的顺治皇帝终于摆脱了皇父摄政王多尔衮的控制而第一次亲理国政。7年的傀儡生涯，他韬光养晦，时刻砥砺自己，最终玉汝于成，磨炼出了过人的胆识和才干。他也利用这一契机，迅速召集王爷、大臣密议，公布郑亲王济尔哈朗等的奏折，抖数多尔衮的罪状，主要是"显有悖逆之心"。少年天子福临向诸位王爷宣告说："多尔衮谋逆都是事实。"

不久，顺治就宣布了多尔衮的十大罪状，并下诏追论多尔衮生前"谋逆罪"，籍其家产，罢其封爵，撤其庙享，诛其党羽。

顺治之死，袈裟还是寿纱

丁巳，夜，子刻，上崩于养心殿。

——《清世祖实录》

对于顺治帝的死亡，记录这位清朝第一位入关皇帝的《清世祖实录》一书中，仅仅用这 11 个字就把他的离世概括完毕，出乎寻常的简短。为什么关乎生死的大事，而且对象还是一代君主，《清世祖实录》却以寥寥数字就敷衍了事了呢？

顺治十八年（1661 年）正月初六，人们还沉浸在新年的喜悦中时，孝庄太后却在经历她这一生中最难熬的一个春节，因为她年仅 24 岁的儿子顺治即将永远地离开她，离开那个龙椅，离开这个世界。

顺治帝虽然是清朝在入关后的第一个皇帝，但是他并没有像他的爷爷和父亲那样勤于朝务，试图成为一代名垂千古的明君，相对于历朝皇帝的贤愚仁暴、清浊荣枯，顺治帝在人们心中的印象更多的是来源他和董鄂妃的那段旷世绝恋，与其之后的看破红尘、披上袈裟的情景。董鄂妃的死也是他断却生活意念，一心出家，最后抑郁而亡的一个重要因素。

董鄂妃从入宫起就开始不断晋升。董鄂氏是在顺治十三年（1656年）被册为贤妃的，仅一个多月的时间，就被封为皇贵妃。这样的升迁速度，历史上十分罕见。不但时间之短之罕见，而且册封典礼之奢华隆重也超出了一个妃子的规格，还破天荒地颁布说大赦天下之旨意，这是中国历史上唯一一次因为一个皇贵妃而大赦天下的例子。由此可见，顺治对董鄂妃的旷世绝恋到底有多久，有多深。

可叹天妒红颜，高高在上的董鄂妃虽然集千万宠爱于一身，却在22岁便香消玉殒，才与顺治厮守三年，便在二人的爱情正浓烈时撒手而去，留给顺治帝的只有那数不尽的思恋。董鄂妃的离世生生地断了顺治帝在俗世中的所有念想。

为悼念爱妃的离世，顺治帝给予了最大规模的祭奠活动：辍朝五日，并在朝廷资金极为短缺的情况下，在景山修建水陆道场，大办丧事，举国轰动。

据《清世祖实录》记载，董鄂妃去世的当天，顺治帝不但自己痛彻心扉，而且还让满朝上下都要表现出悲痛之意，更是强行要求满朝官员以及公主、王妃，全部聚集到景运门哭灵，不表现悲痛者斩立决。另外，顺治帝自己也为董鄂妃穿了12天的丧服，并强制要求朝廷官员和命妇为董鄂妃穿戴丧服满27天。为了让爱妃在地下仍然能过上"舒适的生活"，还残忍地将宫中太监与宫女30人赐死，去下面伺候董鄂妃。

顺治帝悲恸欲绝，用这种超常的丧礼并不能表达尽对爱妃的哀悼。随之而来的是万念俱灰的精神状态和看破红尘、弃江山社稷如敝屣、执意要出家为僧的执念。

顺治在董鄂妃离世之后就时常会出现剃度出家的念头，并且会时常出现幻觉或梦境。有记载统计，他曾在仅仅两个月的时间里，就先后38次到访高僧馆舍，谈禅论经，与僧人彻夜交谈，完全沉迷于佛学。繁忙的政事也没能分散顺治对佛家的向往，终于不顾孝庄的劝阻决定放弃皇位而净发出家。臣子甚至僧人都开始劝解顺治，国不能一日无主，皇子们年纪尚小，根本不能担起这么大的担子。可是，顺治最后还是剃了头发。这一下孝庄可着急了，火速叫人把度化顺治的僧人——溪森的师傅玉林琇召回京城。玉林琇看到自己的徒弟居然把功夫下到了皇帝的身上，恼火于弟子的胆大包天，决定从根本入手，处死这个蛊惑顺治无心于朝政、疏于江山社稷的徒弟。顺治看到"师傅"要受到牵连，无奈只好让步，头发虽然剃了，也只能先暂时做个光头皇帝，溪森这才得免一死。

虽然顺治最终没有出家成功，却并没有彻底断了佛缘，依然常和僧人谈心，排解烦闷。

由于顺治的死太过突然，而且根据他对佛家的虔诚度，所以有人猜测，顺治并没有死，而是真的出家了。

顺治虽然在位时间很短，但是在满汉融合方面还是做了一些贡献的，对待百姓也是和善可亲，所以，百姓并不希望这样的一个温和的皇帝就这样谢幕，对于他的死更是难以相信，于是，对此做出了各种猜测。但是，顺治是真的在24岁时死了，并且是由于天花这个不治之症。顺治病危时，翰林院清孝陵掌院学士王熙起草《遗诏》。《王熙自定年谱》记载了这件事情："朕患痘，势将不起。尔可详听朕言，速撰诏书。"

顺治驾崩后，有一件事或许能够让他欣慰一些，那就是终于由溪森和尚亲自主持了顺治帝的葬礼，并且在景山寿王殿将顺治的遗体进行了火化。再后来，溪森的门人编辑他的语录《敕赐圆照溪森禅师语录》就记载了这件事。所以，顺治帝的确是死了，而不是出家了。

康熙登基另有推手

当历史的脚步前行到清朝的顺治十八年（1661年）时，该谁当皇帝，这件原本该是中国人自己拿主意的事，却被一个德国人硬生生地横插了一竿子。

这个德国人的插手居然改变了中国历史，让本来排不上号的三阿哥玄烨成为下一任帝王，这才有了长达61年的康熙王朝，有了"康乾盛世"。这个德国人历经明清两朝的更替，先后侍奉过崇祯、顺治、康熙三位帝王，他就是传教士汤若望。

汤若望之所以能影响到玄烨的继位，主要得益于他杰出的口才。

汤若望与皇室的渊源可以说是一个传奇。明朝末年，西方国家走上了全球殖民扩张的道路，扩张之前，他们先派传教士到国外去探路，打探情况，汤若望就是在这样的背景下进入中国的。

1619年，汤若望在法国神甫金尼阁的带领下到达澳门。三年后，进入广东。一年后，又到了北京。他所掌握的西方科学知识，深得明朝户部尚书张问达的赏识，被聘任为政府专员。汤若望就这样进入仕途，他与当地百姓结下不错的人缘，凭着自己带来的西洋玩意，让人们对他产生了好奇、喜爱之心。

汤若望十分敬业，他编写了科学文论，译著历书，推步天文，翻译德国的矿冶书籍，给明朝带来丰富的新知识，同时，汤若望还不忘宣传他的基督教教义。

明亡清始，汤若望换了个主子接着宣扬基督教教义。与崇祯不同的是，顺治皇帝对汤若望宣讲的知识颇感兴趣。

为了支持基督教的传播，顺治皇帝拨款又拨地，在宣武门外建造了一处天主堂，即北京南堂。不但顺治对汤若望尊崇有加，就连当时的孝庄太后也将汤若望视为座上宾。

顺治十一年三月十八日（1654年5月4日），康熙出生。在康熙出生前后几年，"玄"字在顺治皇帝的心目中十分重要，给汤若望的赐物里两次带有"玄"字，自己的儿子名字里也带有"玄"字。"玄"这个字的意思包含汤若望所讲授的天文、历法、机械等在内的一整套学说。

顺治十八年（1661年），皇帝病重，继承人成了关键问题。康熙作为顺治皇帝的三皇子不可能成为继承人。虽然大皇子已逝，但还有二皇子福全。按照长幼排序，无论如何也轮不上他。但此时汤若望说出来一个谁也无法反驳的理由——玄烨出过天花，对这种可怕的疾病有了终身免疫力，再也不会出了，而福全还没出过，难保以后不会出。

顺治皇帝经过几番斟酌，最终听从了汤若望的意见，册封玄烨为皇太子。可以说，这是汤若望对清朝政府长远发展的一大贡献。

智擒鳌拜

鳌拜可以说是康熙执政以来扎在心中的第一根刺，也是最难拔的一根。他的专横跋扈已经让康熙到了忍无可忍的地步，不得不冒着破釜沉舟的危险放手一搏，为自己争取一点儿生机。令康熙无须再忍的原因还有各种反对鳌拜势力的团体纷纷聚集到康熙周围以寻求政治保护。

就在鳌拜整天沉迷于权势旋涡中时，他根本就不会知道康熙时时刻刻都在想着如何推翻他这个辅政大臣，如何夺回原本属于自己的权力，如何能够亲自掌握整个国家。给康熙又加了一把油的是，满洲贵族中鳌拜一代已经老去、逝去，新的一代已经形成，他们对鳌拜曾经辉煌的战绩毫无印象，只是对他的专横跋扈记忆犹新，也正是新生的这一代，成了年轻皇帝的心腹和可倚重的力量。

让康熙下定决心除去鳌拜的是自己身边的一些侍卫。

这些整天跟在皇帝身边的侍卫，对鳌拜的惧怕甚至大过了对皇上权威的惧怕；也有侍卫对鳌拜崇拜得无以复加，甚至还有人追捧鳌拜为"圣人"。显然，怕鳌拜和奉鳌拜的两类人明显都不是无权的康熙能够依靠的。他只能另起炉灶，训练出一支值得信任，专为自己效忠的禁卫队。当然，这里少不了孝庄太后的支持，他们共同密谋、挑选了一批忠实可靠的年少有力、善扑营，又不能为鳌拜所收买的禁卫队。这时期，索尼已经归顺于康熙，并让自己的儿子索额图亲自统领这些精挑细选出来的少年们，每天在宫中练习摔跤，伴随着抓蝈蝈、捉迷藏。康熙以玩乐的行径麻痹了鳌拜。

这群少年侍卫练习时就算是碰见了鳌拜也并不回避，越是防范敌人就越能引起敌人的疑心。他们玩闹中无比认真地专心练习。鳌拜并没有想到这场游戏其实是为他而准备的，有兴致的时候，身为满族第一"巴图鲁"的他还会亲自示范，帮着康熙给自己的坟墓挖坑掘土。鳌拜只以为康熙年幼无知，天性好玩，心里不免更加得意，希望康熙再放纵一些。

自以为高枕无忧的鳌拜还美滋滋地享用着万人之上的待遇之时，康熙也逐渐地准备好了一切。

1669年6月14日，对于康熙和鳌拜来说都是一个命运就此转变的大日子。索尼的儿子索额图在擒鳌拜时起到了关键性作用。康熙与索额图等设下计谋，其实，他们设计的计谋很简单，就是趁鳌拜放松警惕之时用摔跤这个游戏将他拿下。事后看来，康熙赢就赢在了鳌拜对他的轻视上。

已经无法无天、目中无人的鳌拜接到传他入宫的圣谕，还像往常一样坦然地单身入宫。只是没有想到，再从宫中出来，将要面对的情景便是天上地下的差别了。康熙隐忍到现在，终于有机会能出口恶气，不成功便成仁，事到如今，再没有后路可言了。康熙把自己和祖母的身家性命全部压在一群年纪轻轻的少年身上，是有些冒险，但是风险越大，暴风雨过后的回报就越丰厚。想到如果把鳌拜制服就能掌握实权从而施展抱负，此赌注值得一下。

鳌拜虽然武艺高强，但是毕竟舒服日子过得久了，在武功修为上难免有所疏忽，再有也确实是上了年纪的人了，加之禁卫队年轻气盛，有股子不怕死的劲头，人数更是占了天大的便宜，不能不说这是一个也是唯一一个能够转败为胜的好机会。

朝堂之上，愤怒一并涌出心头，康熙大声痛斥鳌拜，细数其过去的种种罪状。鳌拜早已看惯了软弱可欺的康熙，不曾料到还有这样凌厉的一面，心中不由一怔，心知不妙。但他毕竟在朝中专横跋扈久了，打心里就没看重这个年轻的皇上，很快又恢复了镇静，和康熙对峙起来。

令鳌拜意想不到的是，如今的康熙已经完全没有了平日的忍耐力，把自己的罪状通通细数一遍：违背先帝嘱托、结党私营、肆意妄为、残害忠良、欺君罔上、罪大恶极……

鳌拜到了这时才发觉自己可能掉进了圈套，恐怕在劫难逃，心一横，攥紧拳头，向康熙扑去。事先埋伏在暗处的禁卫队群起而攻之，鳌拜根本不能近皇帝的身。鳌拜当年冲锋陷阵，横扫千军如卷席，如入无人之境，哪里会把这几个少年放在心上，岂知这些少年早已经练得武功精湛，又早有准备，他们一拥而上，将鳌拜掀翻在地。

康熙心中的这根刺终于拔掉了，眼前这个巨大的幸福并没有把康熙冲昏了头脑。鳌拜党羽众多，康熙现在羽翼未丰，虽说把鳌拜活捉，却也不能掉以轻心。把鳌拜收押在狱之后，康熙以迅雷不及掩耳之势逮捕了所有鳌拜的私党，将这个盘根错节的网一并歼灭。

这天翻地覆的变化在朝野上下掀起了轩然大波。大臣们震惊于威风凛凛的鳌拜就这样栽在了一个16岁的孩子手中，又不禁为康熙的隐忍和果断行事作风感到意外，旗帜通通转向康熙，并遵照圣旨审问鳌拜，罗列了鳌拜的三十几条罪状。

鳌拜与康熙再次相见于朝堂之上，已是今非昔比。鳌拜心知在劫难逃，事到如今只希望能保住性命。鳌拜为了免于死刑，在群臣与康熙面前脱下了衣服。鳌拜把他当年随皇太极南征北战的累累伤痕给康熙看。那是战功的标记，也是殊荣的象征，现在更是自己免于死刑的唯一筹码，他抓住了康熙心中柔软的部分。

康熙8岁继位，忍辱负重了8年，16岁抓准时机一动则动全身，雷霆万丈，气魄逼人，多年的恩怨仅用了10天时间就全面处理妥当。康熙考虑到自己的根基不稳，对鳌拜的同党表现出了较高的容人之量，法外施仁，区别对待，从轻发落，颇得人心。此案的处理，表明年轻的康熙在政治上已经趋于成熟。

康熙掌握朝廷大权后，宣布永远停止圈地，平反苏克萨哈冤案，甄别官吏，奖励百官上书言事，由此开始了清朝历史上崭新的一页。

吴三桂，别太得意

清初，为了充分利用汉族降将的力量，同时也是为了稳定人心，先后封了四位汉族人藩王。他们不是别人，正是最早归顺大清的定南王孔有德、靖南王耿仲明、平南王尚可喜以及对清朝入关起了关键作用的平西王吴三桂。耿仲明死后，其子耿继茂承袭了爵位；孔有德死后无子，爵位被解除。从这以后，清朝令吴三桂镇守云南、尚可喜镇守广东、耿继茂镇守福建。耿继茂死后，其子耿精忠继位，"三藩"正式确立。

吴三桂、尚可喜、耿继茂由于清朝初期的特殊情况而摇身一变成了清廷重视的开国功臣，并且封为镇守边疆的藩王。天高皇帝远，独据一方的三藩军力日渐强盛，势力、权力增大的同时，他们的个人野心也越发膨胀。到康熙帝继位时，三藩已经成了朝廷的祸患，本处穷山僻岭的三藩个个富甲天下。

尚可喜在广东凿山开矿、煮海贩盐，对朝廷不交一文税金，所有的收入都中饱私囊。他还利用地理位置垄断清政府的对外贸易，大肆走私，从中牟取暴利。耿精忠袭爵后，比起这些老一辈的手段也并不逊色，不但在福建这块肥土上横征暴敛，勒索银米，还将各地的奇珍异宝肆意搜刮到自己门下。

吴三桂在云南公然圈占公田，私自大兴土木，还对一些名贵的土特产实行专行专卖政策，而且还自己制造起了钱币，流通各省，取名为"西钱"，反清之心可谓路人皆知。当时人称吴三桂"庄佃众多，铺税千万两，仓库里金银布帛堆积如山，厩圈中骡马牛羊畜之如林"，富可敌国，无与伦比。

然而就算是这样，三藩仍然每年都理直气壮地向囊中羞涩的康熙要大把银子，美其名曰保卫边疆的军用必要开支。国家的财政收入，绝大部分用于三藩开支，仅云南一省每年就不下数百万两饷银，即使倾尽国库也难以供应。

不仅如此，连朝廷才能有的驻防地上的人事任用权，三藩也贪得无厌地操控于手中。只要是他们提名的官员，连地方总督、巡抚都不得干预。虽然没有得到朝廷的正式授权，但是三藩行使的大半权力已经不由得别人"说三道四"了。

纵然是这样也不满足，吴三桂上书康熙，要求朝廷让云南、贵州的官员都听任吴三桂的差遣，意思就是想要自己手中的王权仅次于皇帝，其他官员都要听他的指令。当时的康熙还没有拥有足以震慑三藩的实力，不敢得罪他，只好答应。即使康熙已经如此退让，吴三桂还是进一步要求自己的管辖之内不受朝廷吏部的安排，由吴三桂自行来任命官员，一时号称"西选"。

康熙并不是不知道三藩的所作所为，眼看着三藩势力的扩展逐渐无法控制，清廷采取笼络策略，公主下嫁，试图以此安抚、稳定三藩几年，直到康熙有铲平他们的实力为止。吴三桂之子吴应熊娶了顺治帝之妹和硕公主。尚可喜的两个儿子之隆、之孝，耿精忠的两个儿子昭忠、聚忠，也都各为额驸。就这样，三藩的人成了半个朝廷的人，信息来源更加广泛、可靠，反倒方便了三藩恶势力的蔓延。

清朝设立三藩本是为了安宁边疆，免除朝廷的后顾之忧。然而在三藩手中的权力逐渐增加了之后，对权力的欲望也逐渐膨胀起来，逐渐走上了与中央集权政府相对立的道路，成为分裂割据中央集权的军阀势力。由于初入中原，政权不稳，清政府对三藩的行径虽明知，却有心无力，只能着意安抚，致使三藩逐渐独立于朝廷，甚至想取代朝廷。

面对三藩强大的武装力量和雄厚的经济实力，朝廷实在是束手无策。政局不稳，国库空空，面对此情此景，清政府最怕的其实就是打仗。军事开支实在是个无底洞！国势刚刚稳定，如若再陷入战争的话，很可能会步前朝的后尘。因此，面对三藩的一次次挑衅，康熙也只能采取睁一只眼闭一只眼的策略。

其实，清政府面对这样的窘境也不是没有想过对策，康熙以为只要有吴三桂的儿子在京城，就不怕他再一次叛变造反。可惜的是，他再一次错估了吴三桂。

随着康熙与三藩之间的关系越来越趋于复杂，吴应熊也自知脑袋会随时不保。但是他的去留问题已经不是自己能够控制得了了，作为牵制吴三桂的唯一筹码，康熙是不会轻而易举地放走他的。

被封为平西王的吴三桂俨然已是一方霸主，刚刚亲政不久的康熙皇帝年纪尚幼，对他无可奈何，只得一忍再忍。

双方都在酝酿、积聚、等待，一直到康熙真正掌握了朝中大权。三藩对清政府的百般刁难，康熙再也无法容忍那些手握重兵的藩镇势力，决心以镇守广东的平南王为突破口，探探吴三桂的口风。而吴三桂并非粗枝大叶的一介武夫，在康熙削藩的同时也在极力保住兵权，掌握军队，以图自固，完全把吴应熊置于脑后，权力面前亲情也变得微不足道。

一方是权欲无限膨胀，一方是有意识地歼灭藩镇羽翼，两股强大的力量相互碰撞，冲突势不可免。吴三桂积极发挥儿子在京城的能量为自己服务，让吴应熊四处用金钱收买人心，好为吴三桂服务，这无疑在加速吴应熊死期的到来。

吴应熊毕竟是吴三桂的亲儿子，吴三桂不能不对儿子的处境有所考虑，所以特意把自己的亲信胡心水放到吴应熊的身边，让他"代为照料一切事"。这样，胡心水便成了吴应熊额驸府的大管家，府中日常庶务都由他来悉心照理。

吴应熊也唯父命是从，明知自己在父亲眼中的角色，可还是一心一意地为父亲买情报，传消息。虽然康熙有所防备，无奈"众人拾柴火焰高"，导致吴三桂的情报机构异常灵敏，甚至对朝中的一举一动了如指掌。

此时的吴三桂早已不是满族人的功臣，也不想继续做一名回头是岸的清臣，他想自己也能有一个皇帝的头衔，彻底改变自己浮萍一样的命运。吴三桂知道康熙年纪虽小，但不是个好惹的人物，当年铲除鳌拜的情形还记忆犹新，自己的所作所为势必会让康熙把矛头指向自己，这也只是时间的问题。等到康熙羽翼丰满之后对付自己，还不如在他没有成熟之前就先下手为强，于是，吴三桂亲率大军起兵反了。

康熙七年（1668年），吴三桂明目张胆地反叛清廷，而作为人质的吴应熊当然不能幸免。虽然吴应熊的妻子、康熙的亲姑姑在孝庄与康熙面前哭诉求情，最终也没能免吴应熊一死。

早知今日，何必当初

吴三桂留在京城的儿子吴应熊被康熙处死，是"三藩之乱"的转折点。双方的底牌已经亮开，再无其他顾虑。在吴三桂首先出兵之后，1676年冬，康熙迅速调动全国的军事力量向吴三桂扑来。清军声势浩大，吴三桂也不甘示弱，双方陷入了对峙阶段。

自康熙十二年（1673年）十一月至康熙十五年（1676年）四月，战乱不断扩大，吴三桂出兵凶猛，而康熙自然也是不甘示弱。两军在斗争中各有得失，但是，令吴三桂没有想到的是，自己的盟友会出卖自己转而投向康熙，使他在战事开始时的优势逐渐消失。

康熙的一生是由一个又一个挑战与考验所构成的。这些考验是他的祖父、叔祖父和父亲留下的，已经积累了30年的历史包袱，各个都沉重万分。"三藩"问题是跟随着鳌拜的落幕接踵而来的。康熙帝在处理这一系列的问题上表现出一位杰出政治家所应具备的素质。

一方是20岁未经战阵的康熙帝，另一方是62岁身经百战的吴三桂。但是战争过程中，两人所表现出来的勇气和智慧却与他们的年龄和阅历完全成反比。康熙所表现出的坚定、镇定、淡定是吴三桂所不能比拟的。

康熙十七年（1678年），虽然吴三桂自觉气数已尽，马上就要被清军攻破，但是，折腾了一辈子总还是想要把自己那个最初的梦想圆上一圆，于是66岁的吴三桂等不及最终完成他的王图霸业，便在衡州称帝。但这一冲喜的举动未能改变叛军的困境，吴三桂只享受了几天，就在连连失利的战势下郁郁而终了。

吴三桂死了，他所带领的军队便群龙无首了，清军趁机发动进攻，余众纷纷出降，三藩之乱终告平定。

吴三桂反清，当然也得不到汉族人的支持，因为他在云南虐杀明永历帝。所谓得民心者得天下，吴三桂在民心上就先失了一招。

三藩之中，本身也不是同心一致，吴、耿、尚三人各怀鬼胎，内讧不断，彼此不能合作。和康熙打了几年，形势变得对"三藩"越来越不利，这时候其他两藩的天平就开始倾斜了，毕竟康熙主要对付的还是吴三桂，福建耿精忠首先降清；紧接着，尚之信也投降朝廷。吴三桂孤军奋战又能有胜算几何？

康熙二十年（1681 年）十月二十八日，清军进入云南昆明。吴三桂虽然已经死去，但是也被掘坟析骸，刨棺戮尸。吴三桂的子孙也被斩尽杀绝。

太子往事

康熙一生中共有 35 子 20 女，选谁做接班人倒成了这千古一帝心中的难题。

清朝前期奉行"有德者即登大位"，而不是嫡长子继承制。但"有德"这个评价标准在现实中不好操作，正因为如此，各皇子才为皇位争得不可开交。

在众多皇子中，二皇子胤礽年仅一岁就荣登太子位，这是何等幸运！但随着时间的延长，这种幸运慢慢转化成了一种尴尬，毕竟当了40 多年的太子还真是前无古人，后无来者的。随着其他皇子的羽翼越来越丰满，胤礽的耐心也终将溃灭，渐渐对自己不利的形势促使他一次又一次地铤而走险。不过他可能不太了解自己父亲的实力，伴随着反抗的是康熙愈加决然的镇压。最终，胤礽成为历史上第一个也是唯一一个被两立两废的太子。

事实上，在胤礽之前还有一个哥哥，即皇长子胤禔，但他的母亲只是一般的嫔妃。皇次子胤礽的母亲是皇后且年纪轻轻就去世了，康熙与胤礽之母感情非常好，为了让她安心地离去，康熙满足了她最后的愿望，决定立其子胤礽为皇太子。

康熙为什么要立这个没有才能的皇子为太子？其实也是他的一种策略。康熙本身熟读历史，知道自封建王朝的开始，便有无数人死伤于皇位之争中，为了避免这种血缘相残的情况在自己身上发生，所以，胤礽的太子之位一坐就坐了40多年，不但可以避免继位引起的纷争，还可以保护自己真正看中的继承人不成为被攻击的靶子的危险。

最初，康熙是十分喜爱这个小太子的。因为康熙深爱着胤礽的母亲，这个红颜薄命的女人早早离去，致使多情的康熙将对爱妃的怀念之情统统转移到了这个孩子的身上。康熙将胤礽留在自己的身边，一起在宫中生活。他亲自照看这个幼小的孩子，看着他一天天成长。

康熙之所以特别爱这个幼年丧母的孩子，也与康熙自己早年的经历有关。康熙幼年时就失去了父母，虽然有祖母悉心照料，但是也十分渴望父母的爱怜。因此，他对胤礽充满爱怜，倍加体贴、照顾，亲自教他读书。胤礽经父、师指点，确实显露出几分不可多得的灵气。他文通满汉，武熟骑射，加上仪表堂堂，着实惹人喜爱。康熙特意在畅春园之西为胤礽修了一座小园林，赏他居住，连出巡时也命他随侍左右。

太子胤礽在皇室中有着很深的背景，他的外祖父噶布喇是领侍卫内大臣，外叔公索额图是大学士、当朝宰相，领侍卫内大臣。可见为他撑腰的都是朝中举足轻重的大人物，而他如果能顺利登基也可以为周围的亲人在危机四伏的朝廷撑起坚固的保护网，所以，这些人不遗余力地给胤礽出谋划策，在他的周围形成了一股政治势力，这就是太子党。

伴君如伴虎不仅是给臣子的忠告，同时也是给皇子们的警言。随着胤礽长大懂事之后，这对亲密的父子之间也渐渐地产生了一些矛盾。随着康熙初年国内外的混乱形势逐渐改善，到了康熙王朝中期已经初露"康乾盛世"的景象，困苦艰难的时期已经过去，朝廷的国库也日渐充盈，国内外边疆都显出一片祥和之状。安逸的生活使身为统治阶级的贵族子弟滋生了一股享乐奢侈之风，身为太子的胤礽同样在温室的胚胎中滋养出不愿奋进的骄气和惰性。因为在同辈兄弟中，他所处的地位最优越，于是更加放纵任性，为我所欲的心理忽略了身边潜伏着的忧患。他不曾想过其实自己始终处在一个巨大的透明舞台上，一举一动都展示在众人的眼中，供人审阅，更是忽略了康熙那一双犀利而又挑剔的眼睛。

康熙与胤礽之间首次出现裂痕是在康熙亲征噶尔丹之时。当初为了安抚噶尔丹，康熙不惜把自己最心爱的女儿远嫁他乡，不想还是没有压制住噶尔丹的野心。不得已，康熙亲征，讨伐自己的女婿。战争加上心痛，康熙十分想念亲人的陪伴，于是特召胤礽至行宫安慰。康熙是一个敏感之人，洞悉他人的情绪更是细致入微。胤礽面对父亲时所表现出来的无动于衷，使康熙大为伤心，更是对这个太子产生了失望之情。从此，父子之间原本亲密的关系蒙上了一层阴影。

接下去的日子，几次关键时刻，胤礽的表现都使康熙失望透顶。

康熙虽然生在皇室，对亲情却是最重视的。可胤礽最缺乏的就是身为皇太子所应该表现出来的兄友弟恭，对自己的兄弟姐妹，就算是一副伪善的面孔他都懒得去装。

有一次，康熙出巡塞外时带上了最喜爱的小儿子胤祄。因为气候恶劣外加年纪尚小，胤祄途中暴病，即使康熙用尽各种手段，也没能挽留住他。

胤祄死后，康熙再无游玩之心，白发人送黑发人使他痛苦万分，但更让他伤心的是，其他皇子对胤祄病情的漠不关心。由此，康熙对自己的儿子们十分失望，特别是对皇太子胤礽，更是失望至极。

其实，在康熙对胤礽审视的同时，胤礽自己也在心中打着小算盘，对父亲的一举一动，更是一刻也不放松地观察揣摩。在胤祄病死后，康熙对皇子们大发雷霆，喜怒不定，让皇子们感到十分恐慌。皇太子胤礽挨了骂，更为惶恐不安。他心中感觉康熙对自己已经失望透顶，眼看着储君之位摇摆不定，心情更为紧张，便派出自己的亲信去侦察康熙的起居，他自己也曾在夜间偷偷到康熙帐前窥视动静，不巧的是消息走漏了。康熙的儿子太多，皇位只有一个，其他皇子巴不得太子出错，一旦抓到胤礽的把柄是不可能轻易放过的，有人便把胤礽偷窥之事密告给了康熙。康熙知道后大为震怒，随后便召集了所有的随从大臣和武将，并将太子和其他皇子全部招来。康熙当着儿子们和大臣们的面，痛骂这个无情无义的太子，决定对胤礽新账旧账一起算，细数起胤礽平时的种种过失。

客观地说，胤礽也确实不是一块当皇帝的好料。这位皇太子由于背景强硬，身为储君具有特殊的权力，便不自觉地养成了过分骄纵和暴戾的性情，平时对臣民稍有不满便任意殴打，就连他的侍从都狗仗人势地肆意敲诈勒索，仗势欺人，激起公愤。

胤礽的种种恶劣行径终于让康熙忍无可忍，狠下心来下令，废除了胤礽的太子之位，将其囚禁在上驷院侧，由皇长子胤禔看守，还将废皇太子胤礽之事宣示天下。

如果此事的发展就到此为止的话，胤礽也许就再没有什么翻身机会了。可是，多方利益的相互牵制下引一发而动全身，何况太子的位置又是各种利益与欲望的衔接点。废太子的高潮还没有退下，皇三子胤祉就将大皇子胤禔当场揭发，声称皇太子之所以行为举止古怪异常，完全是因为大皇子在暗中用巫术所操纵的，大皇子才是奸诈阴险的小人，并且提出上门搜索罪证的要求。康熙震惊之余连忙派人搜查，果真发现了"魇胜"，确信胤礽为魔术致狂。

康熙气愤万分，心痛无比，自己的儿子竟然为了太子之位如此无所不用其极地相互算计，甚至想取自己兄弟的性命。相比较胤礽的昏庸无术，胤禔的小人招数更让康熙痛彻心扉。如此乱臣贼子再不能让他留在宫中祸害他人，于是，康熙将胤禔幽禁在府第高墙之内严加看守起来，使其彻底失去了竞争皇位的权利。

不管胤礽的奇怪之举到底是不是巫术所为，但确实为他带来了置之死地而后生的转机。康熙认为胤礽是被魔附体至狂，立即召见胤礽，问及以前的所作所为，胤礽顺水推舟地表示全然不知。康熙也觉得这个太子废得为时过早，在群臣又纷纷建议复立皇太子的情势中，便顺其自然地复立胤礽为皇太子，立太子福晋石氏为太子妃。就这样，刚刚萌起的太子之争又被胤礽的复立而扼杀在了萌芽之中。

可惜的是胤礽并不理解康熙的用心良苦，虽然被放出来了，但依然不明事理，骄奢狂暴，被废的余惊未平，更加意识到自己的太子之位并不是牢不可摧。那些被迫散去的太子党重新聚结起来，更加卖力地为其出谋划策。

当时，康熙已经六十有余，四爷党和八爷党更是虎视眈眈。胤礽自知手中的砝码有限，对权力的渴望已经完全蒙蔽了他的心，甚至不顾及亲情，打起了逼宫的主意。胤礽的一举一动早已在康熙的密切监视之中，经历过大风大浪的康熙帝怎么会制服不了一个纨绔子弟的反叛之举？对于胤礽的不知悔改，康熙已经感到彻底的失望，于是将太子党分别谴责、缉捕、幽禁、绞杀，胤礽也不得不再次品尝被废的滋味，被禁锢在咸安宫内。

胤礽并不甘心，用尽了方法试图与外界联系，但康熙帝对他已经十分戒备，所以并未成功。康熙以后也再不提立太子之事，直到驾崩，储君之位还空着。

康熙死后，四阿哥胤禛继位，胤礽被迁至祁县郑家庄，并以众兵看守。雍正二年（1724年）十二月，胤礽病死于住所，时年51岁。

聪明反被聪明误的皇八子

康熙帝第八子，雍正帝异母弟，人称"八贤王"的胤禩，在这场激烈的帝位争夺上可谓是一个主要角色，但归根结底也是一个悲剧人物。

胤禩的母亲出身卑微，没有资格亲自抚养皇子，所以胤禩是在大阿哥胤禔的母亲惠妃身边长大的，因此，他与惠妃感情甚亲。没有强硬的家族背景就意味着要比别人付出更多的努力。胤禩深谙此道，所以从小便忍辱负重，加倍地学习文武知识，希望以此引起康熙的注意。

康熙本就是一个宽宏大量、心性随和的皇帝，自然也愿意看到自己的儿子能像自己一样待人为宽。所以，在容忍之量上，胤禩深得康熙喜爱。于是，在受到康熙封赏的皇子中，胤禩往往都是最小的一个皇子。虽然年纪甚小，但是和哥哥们同样得到了父皇的重视，对于从小就颇受冷遇的胤禩来说绝对是一个好机会。

胤禩是何等聪明之人，且甚晓世故，深知既然母亲这边没有什么人能够依赖，就一切要靠自己了。他潜心研究康熙的脾气秉性，以父亲的行为准则为准则，加之本来就没有身为阿哥的骄纵之气，又故意与朝中大臣处好关系，可谓是有求必应，深得众意。他不仅在众兄弟中与皇九子、皇十子、皇十四子交情非比寻常，与众多王公大臣亦相交甚欢，朝中一旦有什么风吹草动，这些王公大臣往往会第一时间去八王府打探消息，可见他们对胤禩的逢迎之情，追随之意。就算是同为竞争对手的大皇子，在自知自己没有希望的前提下，都会把手中的一票投给这个八弟，可见，胤禩在为人处事上是何等高明。

康熙亲政以来经历无数坎坷，一步步走来，把所有的问题都解决掉之后，没想到临到老了，还要为自己的儿子们操心，更没想到儿子们之间的皇位之争比以往的战争都更为激烈，也更为撕心裂肺。康熙一天天老去，他的皇子们也蠢蠢欲动起来。

康熙以为废黜了皇太子之后，诸皇子之间的矛盾可以缓和，但是恰恰相反，诸皇子争夺储位的斗争反而愈加严重。在这个时候以皇八子为核心的八阿哥党积极钻营，精心谋划，想取得皇太子的地位。胤禩的精明之处在于借他人之口诉心中之事，从来不会直接地表达自己想如何做，他会引导对他亦步亦趋的追随者在康熙面前说尽自己的好话。确实如此，自己说十句也抵不住别人说一句的。所以，他更加地极力拉拢朝中重臣，渐渐地就形成了"八爷党"。

身为皇帝，最忌讳的就是在自己的身边发生党派之争。眼看太子党被废除，可以安宁一时，没想到又出了个八阿哥党，甚至比太子党还要嚣张，招数更是花样百出。王公大臣纷纷举荐不说，还安排算命之人从中妖言惑众，蛊惑人心，说八阿哥有帝王之相，在朝中引起轩然大波。胤禩虽然聪明，但是其实并没有彻底了解康熙的心意。康熙是老了，但是还没有傻。

康熙四十七年（1708年），太子胤礽被废的时候，胤禩被康熙授权全权处理、审讯有关涉嫌之人。之所以这样安排，是因为康熙一方面是想打击朋党之人，另一方面要找个倒霉蛋来为自己的二儿子背黑锅。儿子终究是儿子，做父母的始终不忍心自己的儿子丢掉性命的。可见，事到如此康熙还是非常顾及自己的儿子的。所以，要狠整太子党羽，迁怒于他们没有能好好地辅助太子，使得太子有被废的下场。

可胤禩倒好，哥哥们相继落马，胤禩平时的仁慈荡然无存，心狠手辣的一面完全暴露了出来。看到当了几十年的太子终于下马了，而这次主审人还是自己，千载难逢的机会到手，下定决心要让这个昔日的太子彻底没有翻身之地，所以办起案来下手是毫不留情。他虽有一颗七窍玲珑心，却低估了康熙对儿子的爱。太子是再也没有翻身之地了，可他自己多年的仁义形象也在康熙的心中彻底崩塌。

眼看康熙的身体愈见衰弱，时间不等人，胤禩决定主动出击来进一步制造康熙最为看中的宽容、仁义的形象。胤禩私下聘用了张明德这个相士，让他大肆吹捧自己，说自己"白气贯顶"，乃明君之相，没想到康熙得知后大发雷霆。

聪明反被聪明误，胤禩的本意是想利用朝野舆论给康熙施加压力，从而迫使其顺从众意，立自己为太子。殊不知此举已是形同对抗，大大地触动了康熙的龙须，招致康熙的强烈抵触。

康熙临终前也曾对他的儿子们做了一个简短的总结，给胤禩的评价就是：处处学朕，又处处学不像。

康熙六十一年（1722 年）十一月初三日，康熙终于寿终正寝，病逝于畅春园。做了一辈子八贤王的胤禩到最后也没有如愿登上皇位。

十四变四，谁才是正统

康熙五十七年（1718 年）十二月的一天，皇城附近军乐震耳，锣鼓喧天，紫禁城内呈现出一片庄严肃穆。一支威风凛凛全副武装的大清精兵肃立在太和殿前，队伍前有人高举着正黄旗纛，上写"抚远大将军王"六个斗大的字，随后是一众旗帜，清道旗、飞虎旗、飞龙旗、飞凤旗；再后面是全副执事，金瓜、金斧、金天镫、金兵拳。在队伍的正中间，是一员罩袍束带、顶盔贯甲、手提马鞭、腰悬宝剑的大将，在马上端坐，昂然而行，好不威风！在他的后面，是随他出征的王公大臣，均全副戎装，不苟言笑，鱼贯而行。而朝中各亲王郡王、贝勒贝子、国公乃至二品以上大臣，均盛装朝服，站立队伍两侧，敛手肃立。

这位大将军是谁？正是康熙皇帝敕封的抚远大将军、皇十四子胤禵。这一年，他只有 30 岁。

说起来，胤禵和皇四子胤禛都是德妃乌雅氏所出，乃是一母同胞的嫡亲兄弟。不过，由于胤禛从小被佟贵妃收养，而兄弟两人年纪也相差十岁，更兼胤禛自小禀性淡泊，因此兄弟两人反而不甚相得。胤禵倒是同八哥胤禩关系不错。在康熙末年的夺嫡斗争中，八阿哥一度是入主东宫的热门人选，围绕着他自然就形成了一个包括皇亲国戚和朝中大臣的所谓"八爷党"，而胤禵，自然也是这个党羽中的一员。

和胞兄胤禛相反，胤禵自小脾气火暴，是个直性子人，颇讲义气。康熙四十七年（1708 年），胤禩由于谋夺太子之位被康熙厉声斥责，20 岁的热血青年胤禵挺身而出，抗命为之辩解。康熙勃然大怒，险些挥剑要斩了这个儿子。自此之后，父子关系一直平平，似乎康熙并没有想要重用这个儿子。

不过朝堂之上的事情瞬息万变，自从八阿哥失势之后，"八爷党"迅速将重心转向了胤禵，试图通过他东山再起，谋取康熙的欢心，进而重登大宝。在八阿哥的造势下，朝野舆论逐渐转向了胤禵，胤禵也顺应时势，收起火爆的脾气，摆出礼贤下士、敬老尊贤的姿态。于是当时的清议对胤禵颇多好感之词。这些言语或多或少会传到康熙的耳朵里。于是，胤禵的机会来了。

康熙末年，策妄阿拉布坦在西北地区屡屡兴兵作乱，清廷久战不克。康熙决定派遣皇子统兵出征，打算一举克敌。在康熙的子嗣中，习武出色、能担当此大任者有二人，十三阿哥胤祥与十四阿哥胤禵。无奈当时胤祥早已被康熙高墙圈禁起来，于是这项任务就顺理成章地落在了胤禵身上。

从史料中对此事的记载中，可以看出康熙对于此事极其重视，因而给予了胤禵超乎规格的待遇。胤禵在太和殿亲自接受敕封和大将军印，策马扬鞭西征。这就是前文提到的威武雄壮的一幕。

经过 4 个多月的行军，胤禵率军到达西宁。在当地服从清廷号令的蒙古各部的配合之下，胤禵兵分两路，分别由青海和川滇两路进入西藏。战事进行得非常顺利。到这一年的八月，策妄阿拉布坦的叛乱告一段落，胤禵的威名也传及西北各地。

应该说，康熙能够让胤禵率兵打这一场震动全国的战役，也说明了此时胤禵在他心目中的地位甚高。胤禵甫一抵达西宁，康熙便降旨给青海蒙古部首领，夸奖胤禵"确系良将……有带兵才能"，并叮嘱蒙古各部要听从胤禵的调遣。为了庆祝这场战役的胜利，康熙甚至起草御制碑文，勒石纪念。凡此种种，都说明康熙对胤禵的信任和欣赏。

其实胤禵也意识到了，历史在他面前展现了一个千载难逢的机会。他知道这次出征立功，是自己获得康熙青睐，争取荣登大宝的最佳机会。

康熙六十年（1721年）十一月，胤禵返回北京，向康熙帝面禀军情。他在北京待了将近半年的时间，于第二年的三月又返回军前。仅仅半年以后，康熙就驾崩了，而他远离北京，只能眼睁睁看着雍正登上皇位。

清代的野史对所谓的雍正改诏一事，有多种说法：有一种说法是康熙帝遗诏原文为"朕十四皇子，即继承大统"。而胤禛事先知道了遗诏的内容和存放地址，便暗中进入畅春园，将"十"字改为"第"字，进而弑父，从而登上皇位。为了避免此类事情再行发生，雍正继位后下令，"以后凡宫中文牍，遇数目字，饬必大写，亦其挈矩之一端也"。

另一种说法则提到了隆科多与雍正勾结的内情：据说康熙的遗诏原文为"传位十四子"，并将这一遗诏交由隆科多保管。隆科多将

"十"字改为"于"字，并隐匿了康熙病重时召胤禛来京的圣旨，于是雍正顺利继位。

还有一种说法提到，由于胤禛的名字繁体为"禛"，与胤禛的"禛"发音相同，字形也极其类似，因此雍正则在宗人府保存的玉牒上动了手脚，很轻易地把胤禛的名字改成了自己的名字，于是取而代之做了皇上。

其实，这三种说法细加推敲，便可知都有问题，并不足以作为雍正改诏的铁证。

第一种说法的来源是清末反清志士的反清著作，其来源就甚为可疑，而且要将"十"字改为"第"字，又不使看出涂改的痕迹，很难想到世上有人能做到这一点，故而不予讨论。

第二种说法是流传最广的一种，但其内情也非常可疑。理由有三：一，按照当时官方的正式称呼，应称为"皇某子某某"；所以，"传位于四子"的正式写法应该是"传位于皇四子"——想要在诏书中加一个字，这恐怕是不可能的；二，"于"的繁体字写法为"於"，在如此重要的文件中，没有道理使用日常的通俗文字，因此，改"十"为"於"就近乎是不可能完成的任务了；三，就算真的有人手眼通天可以将汉字改过，但清代统治者是满族，按例诏书要同时以满汉两种文字书写，满文的字符和文法与汉语不同，因此这改正起来便绝非可能之事了。

第三种说法似乎有一定的道理，但其实也有破绽。玉牒上胤禛的名字确实有涂改的痕迹，但这恐怕并不是雍正暗地为之。其实在雍正继位后便发下谕旨，要求其他皇子将名字中的"胤"改为"允"，而胤禛也被改名为"允禵"。这是因为在封建社会，有所谓避讳的讲究，即皇帝的姓名所用的字，不可以被他人使用，甚至是相近的字音字形也不行。因此胤禛的改名确有其事，但却无法作为改诏的确实证据。

当然，还有一种说法，就是康熙遗诏干脆就是雍正自己编造的，全文从头到尾根本就没一句真话。那道现在放在故宫博物院的《康熙遗诏》中有一句话"皇四子胤禛，人品贵重，深肖朕躬，必能克承大统，著继朕登基，即皇帝位"，就是雍正事后加在遗诏上的。这一点，现在确实还无法加以证实或者证伪，只能留待历史学家的继续研究了。

总之，雍正皇帝继位了，但这个消息对远在西宁的胤禵来说，不啻是劈开八块顶门骨，浇下一盆雪水来。

雍正也深知手握重兵的允禵（雍正继位后，为避讳，胤禵改名允禵）对他仍然构成威胁，因此刚刚继位，就立即下旨一道："西路军务，大将军职任重大，但于皇考大事若不来京，恐于心不安，速行文大将军王驰驿来京。"

虽说将在外君命有所不受，但被父亲猝死的噩耗打击的允禵，稀里糊涂地被召回北京。然而一转眼，允禵立刻被削除了兵权，被勒令留在康熙的墓地守灵。

雍正元年（1723 年）五月，雍正下旨一道，把允禵好一通骂，接着轻描淡写地将他"进为郡王"。雍正三年（1725 年），又被降为贝子。到了雍正四年（1726 年），被禁锢在康熙陵寝，一并被监禁的还有他的儿子。从此，允禵在那里度过了 10 年的孤独岁月。直到乾隆继位，快 50 岁的允禵才被释放。20 年之后，他离开了人世，死后被谥为恂勤郡王。

关于雍正登基之谜，还有一种说法。传说之中，康熙帝看上的不是自己的四皇子，而是四皇子的四阿哥——爱新觉罗·弘历。

据说康熙在为立嗣问题大伤脑筋之时，武英殿修书总裁方苞曾给康熙出了个主意：看皇孙，有一个好皇孙，可保大清三代盛世。康熙便想起了弘历。而雍正，也便"父因子贵"，顺理成章地登上了皇位。

皇帝"加班"，谁敢偷懒

康熙六次南巡，乾隆六次南巡，留下许多逸事。和乃父乃子不同，雍正不仅从未南巡过，而且他在位的 13 年中，北京城都几乎没有出过一步。

有一组数据可以说明雍正的工作量有多大：现存的雍正朝奏折共有 41600 余件，其中汉文奏折 35000 余件，满文 6600 余件。以他在位 12 年又 8 个月计算，平均每天批阅奏折约 10 件。除了奏折以外，还有六部及各省的大量题本。据估算，雍正朝共处置此类题本 192000 余件，每天平均处置 40 件以上。雍正对于这些奏折和题本并非看毕就算，而是要亲笔书写朱批，提出自己的意见和看法。有的朱批竟有数千字之多。除此之外，雍正还要处理各种军国政务。官吏任免、人民生活、农业工商等，雍正都要亲自过问。

雍正自称"以勤治天下"，这绝非自夸之言。他于 45 岁登上皇位，正是年富力强之时，既有精力和魄力，又有资历和经验，而且雍正为人坚毅谨慎，做事果断利落，可以说具有优秀政治家的一切素质。

雍正的勤奋，可以用"朝乾夕惕，宵衣旰食，夙兴夜寐，夜以继日"来形容。这样的工作态度不要说皇帝，就是普通人也很难做到。而且，皇帝的事情是没有人督促的，做与不做全凭自觉，雍正不是一天这样做，他这样做了13年，坚持不懈，这就是他的可贵之处。

康熙末年，由于太平盛世，又兼之康熙以宽仁治国，导致吏治松弛，文恬武嬉，贪污腐败之风甚嚣尘上；国库常年亏损，边境战事频频，积累了大量社会矛盾。在"盛世"的一潭死水之下，隐藏着的是隐隐暗流，对清朝统治构成威胁的潜流。雍正登上皇位时，面对的就是这样一个局面，应该说，压在他肩上的担子是十分沉重的。

在这种情况下，雍正帝打起"改革"的大旗，以整顿吏治为切入点，清理国库亏空。雍正刚刚继位时，由于康熙晚年管理不力，官员贪污腐败，国库亏空多达800万两白银。雍正元年（1723年）正月，雍正以迅雷不及掩耳之势，电光火石般连续颁布11道谕旨，严厉警告各级文武官员："不许暗通贿赂，私受请托；不许库钱亏空，私纳苞苴；不许虚名冒饷，侵渔贪婪；不许纳贿财货，戕人之罪；不许克扣运费，馈遗纳贿；不许多方勒索，病官病民；不许恣意枉法，恃才多事。"

这些谕旨，层层下发，中央查地方，后任查前任，就连老百姓也被牵涉进来。雍正告诉他们，谁也不许借钱给地方官员抵挡亏空，如此强大的力量和周全的措施，古未有之。为了切实推行政策，雍正又设立会考府，负责国库的审计并对其收支情况进行整顿。

在雍正的严厉打击之下，不少官吏因亏欠国库银两被革职抄家，甚至朝廷大员、皇亲国戚也不例外。如此大规模、强力度的清欠工程收到了很好的效果。

《清史稿·食货志》曾记载："雍正初，整理财政，收入颇增。"乾隆时史学家章学诚也指出："我宪皇帝（雍正）澄清吏治，裁革陋规，整饬官方，惩治贪墨，实为千载一时。彼时居官，大法小廉，殆成风俗，贪冒之徒，莫不望风革面。"

到雍正末年，国库亏欠不仅完全弥补，还有数千万两余银。此外，雍正还创立"耗羡归公"的政策以预防官员腐败。"耗羡"是征税时附加的货币损耗费，这也是官员贪污的一个重要来源。雍正规定耗羡归公就是把征收的这一部分附加税归国库所有，作为"养廉银"，用来奖励清廉的、有政绩的官员，是吏治的一大进步。

雍正的性格和登上皇位的经历决定了他的执政风格：不会轻易相信任何人，要把权力紧紧抓在自己手里。在这一思路的指引下，在雍正时期，皇权得到了空前的加强。

例如除了六部之外，提升了其他中央政府机构的地位。如理藩院负责少数民族、藩部事务和对外交涉等；翰林院则掌管撰拟祝祭册诰文、编修书籍、经筵日讲及部分科举考试事务等。另外还有管理宫廷事务的内务府和掌管皇族事务的宗人府。内务府的官员主要由宦官（太监）担任。

鉴于明朝宦官专权的教训，清朝的宦官数量减少了很多，管理制度也非常严格，规定太监最高不能过四品，不能结交外臣，不得干预朝政。所有这些机构及其中下级机构的官吏任免均由皇帝一人认定，而且大小官员任命后都要觐见皇帝才可上任，体现了清代政权的高度集中。

雍正为百姓做的另外一件大事是废除了贱籍。这种籍属制度是从宋朝流传下来的，分军籍、民籍和贱籍。民籍是士农工商，贱籍则是在士农工商"四民"之外的户口，不得从事其他行业，更不能读书科举，并且世代相传不得变更。"贱民"社会地位极低，"丑秽不堪，辱贱已极"，为时人所轻视。

雍正下令取消贱籍，把原来的贱民编入民籍，赋予他们和普通百姓一样的身份、权利和社会地位。取消贱籍，毋庸置疑，无论从观念还是从社会现实来说，都是一种进步。

雍正处在承上启下的关键阶段，康熙晚期已经出现了一些问题，如果他让这些问题继续恶化，清朝的末日也许会来得更早。不过，作为一代帝王，雍正为国家、为百姓做了很多实在的事情。他的努力也为后来乾隆的统治打好了基础，使乾隆可以坐享半个多世纪的太平盛世。

谁才是真正的凶手

雍正十三年八月二十日，胤禛偶感违和，仍照常听政，并召见臣工。二十一日，病情加重，照常理政。大学士张廷玉每日进见，未尝间断。皇四子宝亲王弘历、皇五子和亲王弘昼等，御榻之侧，朝夕奉侍。二十二日，病情恶化，太医抢救。二十三日子时，进药无效，龙驭上宾。

这是《清世宗实录》中关于雍正之死的记载。作为康熙帝的儿子和乾隆帝的父亲，雍正皇帝在百年康乾盛世中扮演着承前启后的重要角色。从继位到暴毙，他在位只有短短的13年，却制造了一系列的疑案。对后人而言，雍正王朝就像遗落在岁月里的一个神秘孤岛，被层层迷雾所包围。

雍正的暴毙是他留给后人的最后一桩疑案。从发病到死亡，只有短短的三天时间，由此推断，雍正得的应该是急症。可是无论《清世宗实录》还是《清史稿》，都对他的死因只字未提。正史的缺失，导致关于雍正之死的推测众说纷纭。

其中最广为流传的说法是，女剑侠吕四娘为报家仇，深夜潜入皇宫刺杀了雍正。这种说法极具传奇色彩。

据后人记载，女剑侠吕四娘是东海夫子吕留良的后人。雍正八年（1730 年），曾静一案爆发，陕甘总督岳钟琪举报湖南曾静、张熙怂恿其举兵反清。事情败露后，由于在曾静等人的供词中涉及吕留良的文字作品，吕家被牵涉其中。雍正下旨灭吕氏全族，并将吕留良开棺戮尸。

当时，吕四娘因在安徽乳母家中而逃过一劫。后来，吕四娘听说吕氏一族惨遭灭门，便用血写下了"不杀雍正，死不瞑目"八个大字。为报家仇，她下江南拜大侠甘凤池为师，苦学本领。学成之后，吕四娘只身入京，并趁机混入皇宫，杀死了雍正。她甚至取走了雍正的首级，用来祭奠含冤而死的族人。

这个故事虽然流传甚广，但真实性并不高。据曾静一案的相关记载，吕留良之案，清政府监管非常严密，吕氏一门不可能有漏网之鱼。雍正十年（1732 年），已去世的吕留良和他的大儿子吕葆中被开棺戮尸，次子吕毅中被斩首，其他子孙被发配到宁古塔，世代为奴。

这个故事中还有一个疑点即吕四娘的师父甘凤池。甘凤池并不是虚构人物，可他也不是坚决反对清政府的武林高手。甘凤池在雍正七年（1729 年）就被李卫生擒，之后，便彻底投降了清廷。可见，雍正死于甘凤池的徒弟吕四娘之手的说法可信度并不高。

另据清末民初学者柴萼所著的《梵天庐丛录》记载，雍正九年

（1731年），雍正皇帝在睡梦中被太监霍成、吴守义和一帮宫女用绳子活活勒死。霍成和吴守义本来是八阿哥廉亲王宠信的太监。雍正继位之初，处理康熙末年"九子夺嫡"的余波时，八阿哥胤禩被逼死，从护主的角度讲，这两个太监是有杀人动机的，所以，乍听之下这种说法好像比较合理。

但《大义觉迷录》中的一段记载却推翻了这种说法。据《大义觉迷录》记载，雍正四年（1726年），霍成和吴守义被发配到广西，后来，曾静一案爆发，他们俩又被卷入其中。《梵天庐丛录》中记载的事情发生在雍正九年（1731年），这时候，二人不可能仍在宫中当太监。而且，在位十三年的雍正怎么可能死于雍正九年呢？可见这种说法也纯属杜撰，不足为信。

除此之外，还有被曹雪芹和竺香玉合谋毒死的说法。相传，竺香玉本是曹雪芹的恋人，后被雍正霸占，成为雍正帝的皇后。曹雪芹为了见到恋人，就在宫中谋了一份差事。后来，为了跟竺香玉在一起，曹雪芹便与她合谋，用丹药毒死了雍正皇帝。这种说法杜撰的痕迹太重，纯属无稽之谈。

承政院是朝鲜管理国家机密事物的机构，设立于定宗时期。《承政院日记》是承政院对李朝时期日常事务所做的详细记录，是李朝时期的重要史料。由于明清两代的皇帝与李朝时期的朝鲜政府外交联系密切，有学者尝试从《承政院日记》中寻找关于雍正之死的线索。

《承政院日记》的记载略显夸张，说雍正晚年耽于美色，由于纵欲过度，导致病入膏肓。这种说法虽然可能有夸张的成分，但非全然杜撰。据史学家推断，雍正继位之初，为了加强皇权，他对内要清除政敌，打击朋党，整饬吏治；对外征战西北，打击分裂活动。雍正皇帝是一位勤于政事的皇帝。他朝乾夕惕，夙夜忧勤，兢兢业业地履行着一个皇帝的职责，努力稳定着国家的政局。雍正八年（1730年）以后，随着国家政局日渐稳定，雍正开始有一些闲暇时间，他不需要再像之前那样忙碌。步入天命之年，他开始崇佛修道，并对女人产生了兴趣。雍正晚年沉迷于道家炼丹之术，他长期服用一种叫"既济丹"的丹药。据说，这种丹药对水火不济、肾虚、虚败不禁、腰脚无力等症状有很好的治疗作用。由此可见，已过天命之年的雍正，炼丹服饵的原因并不单单是为了追求长生不老，他也希望这些丹药能起到固本培元、壮阳补肾的功能。雍正八年以后，雍正皇帝常年服用以道家炼丹之术炼制而成的丹药。这种丹药性情燥烈，而且毒性极大，长期服用，会有大量的毒素沉积在体内，对于雍正皇帝来说，毒发身亡只是早晚的事。

牛舌头黑铅是道教炼丹所使用的重要原料。雍正十三年（1735年）八月初九，大批牛舌头黑铅被运进了圆明园中炼丹的地方。八月二十三日凌晨，雍正皇帝便毒发身亡，死在了圆明园离宫里。三天之后，乾隆皇帝继位，历史翻开了新的一页。

初登大宝的乾隆皇帝发了一道圣谕，阐释了雍正皇帝的死因：

"皇考万机余暇，闻外间炉火修炼之说，圣心深知其非，聊欲试观其术，以为游戏消闲之具，因将张太虚、王定乾等数人置于西苑空闲之地，圣心视之与俳优人等耳，未曾听其一言，未曾用其一药。深知其为市井无赖之徒，最好造言生事，皇考向朕与和亲王面谕者屡矣。今朕将伊等驱出，各回本籍。"

这道圣谕有故意遮掩事实的嫌疑。雍正死于他一直赖以为生的丹药，对于皇家而言，这算得上是一桩丑闻。在这道圣谕中有太多欲盖弥彰之处。乾隆皇帝明确地点出了雍正皇帝爱好道家炼丹之术的事实，却又说"圣心深知其非"，而且"未曾听其一言，未曾用其一药"。如果真的如此，"深知其非"的雍正皇帝如果没有深受其害，他为什么还要严令宫中宫女、太监不许妄言？乾隆皇帝的这一番举动，实属此地无银三百两。当然，这些都是后人的推断。至于雍正之死的真正原因，只有消逝的岁月知道真相了。

乾隆身世之谜

雍正十三年（1735 年）八月二十三日，雍正皇帝暴毙，皇四子宝亲王弘历继承了皇位，改元乾隆。和他那位为人低调谨慎、勤于政务的父亲不同，乾隆为人张扬，以风流倜傥自诩，他的六下江南、十全武功，都留下了许多奇闻趣事，成为后世戏说的题材。

关于乾隆的身世向来扑朔迷离，众说纷纭。乾隆的父亲、母亲，甚至他的出生地都是一个谜。

传说，雍亲王胤禛和大学士陈世倌素来交好，双方时常来往。康熙五十年（1711 年）八月十三日，陈世倌的夫人生下一个男孩子，陈世倌自然喜不自胜。正在这时，雍亲王府来人，说雍亲王听说陈中堂喜得麟儿，想要抱进府中去看看。陈世倌不疑有他，便把孩子让来人抱走了。可是，当孩子从雍亲王府被送回来的时候，陈世倌却大惊失色，原来送回来的小婴儿居然变成了个女孩子！大惊之余，陈世倌立刻就明白了是雍亲王的调包计，可是他并不笨，略一想想就知道此事只能烂在肚子里，否则整个海宁陈氏家族都会有性命之忧，于是只好默默接受了这个事实。数年以后，这个陈家的男孩子长大成人，继承了皇位，他就是乾隆皇帝。

清末民初的作家许啸天在《清宫秘史》也提到了这个说法：

据说乾隆长大之后，由于乳母失言，知道了自己的身世，这才决定六下江南，其实是借故去海宁探望亲生父母。由于陈世倌夫妇早已去世，乾隆便以为本朝元老扫墓为名，到陈氏夫妇的墓前，为了不让闲杂人等看到，用黄幔把自己遮起来，悄悄地跪拜了父母。

清末天嘏所著书中对这个故事的描述更加离奇：据说这个调包计乃是雍亲王的侧福晋为了争宠而设的，就连雍正本人也不知道内情。后来乾隆知道自己不是满族人，便经常在宫中穿汉族人服饰，还问左右的亲信自己像不像汉族人，有一名满洲老臣劝告他这样有失身份，乾隆才罢休。

乾隆是海宁陈家之子这个说法，并不仅仅是小说家的杜撰。早在清代中期，这个说法就开始流传，并且说得神乎其神。考虑到海宁陈家在清代历史上的显赫地位，这个说法就不奇怪了。

据浙江海宁陈氏族谱记载，海宁陈氏原本不姓陈而姓高，是渤海人氏，其后人入赘海宁陈姓人家为婿，因此便改为渤海陈氏。这一支从明代中期开始，以科甲发迹，每代都有人金榜高中，成为著名的书香门第。到清代，海宁陈氏更是世代簪缨不绝，最著名的当为陈之遴、陈元龙、陈世倌三代人均官至正一品大学士之职，而官至六部尚书、侍郎者也有11人之多，时人号称"一门三阁老，六部五尚书"。康熙更是亲赐海宁陈氏十六字排字辈分：永世克孝，敬明其德，宜尔子孙，以匡王国。

尽管如此，这个说法也有不少疑点。雍正虽然长子和次子早夭，子息比较艰难，但并不至于要去抱别人家小孩的地步。乾隆出生时，雍正只有34岁，身强力壮，并且第三子弘时已经8岁，还有一个妃子正在怀孕临产，他没有道理冒着风险去移花接木。而孟森在《海宁陈家》中也有考证，乾隆前两次下江南，并没有去过海宁。所以，尽管海宁陈氏与皇族关系密切，但因此就说乾隆是海宁陈氏之后，未免太过于牵强。

乾隆的父亲是谁这个问题只有一个备选答案，而乾隆的母亲是谁则更加复杂。

清末学者王闿运说，乾隆的母亲是雍亲王府中的普通奴婢。据说，她原本是承德人，家庭穷苦，很小就跟随父母摆摊儿做小生意，后来在选秀女时入宫，又被分配到雍亲王府。有一次，雍亲王生病了，此女衣不解带，日夜服侍，后来雍亲王病愈，她受到宠幸，怀孕生下了乾隆。

另一位清末学者冒鹤亭的说法与王闿运的说法类似，但更加传奇。据说有一年雍正去木兰围场打猎，射中了一只梅花鹿。雍正喝完鹿血以后，全身燥热，不能自已，正好身边有一名服侍他的宫女，便一把拉过来成其好事，不料这宫女却因此而怀孕。后来事情被康熙得知，非常不悦，但木已成舟，只得命人将这名宫女带到草棚中生下一子，就是后来的乾隆。

著名学者胡适在日记中也提到过一种说法，称乾隆的母亲是南方人，外号"傻大姐"，后来随家人搬到热河居住。胡适称这一说法是听曾任北洋政府国务总理的熊希龄所言，而熊希龄又是听宫中太监传说而知。

尽管这些说法各异，但对乾隆的生母地位低贱的看法却完全相同，从史料中读到的情况似乎也与这些野史的记载相吻合。根据正史和清代皇室玉牒的记录，乾隆的生母是后来被尊称为孝圣宪皇后的钮祜禄氏。这位钮祜禄氏，根据《清世宗实录》的记载，曾经在雍正元年（1723年）胤禛登基之后，被皇太后乌雅氏封为熹妃。可是《在雍正朝汉文谕旨汇编》中，同样是记载此事，皇太后所封的熹妃却变成了"格格钱氏"，这不能不叫人疑窦顿生。钮祜禄氏和格格钱氏是一个人吗？还是说，这背后有什么不为人所知的隐情？

其实不仅后人众说纷纭，早在乾隆年间，时人对乾隆的生母是谁已经有了疑问。萧奭在《永宪录》中记载雍正初年的这次册封时，曾经提到一种说法，认为齐妃李氏才是后来的崇庆皇太后，而不是钮祜禄氏。不同史料之间的矛盾，显示出清廷在对待乾隆生母问题上的遮遮掩掩，闪烁其词。

一直以来，乾隆都强调自己出生在雍和宫。前文已经说过，雍和宫就是原来的雍亲王府，由于出了雍正和乾隆两代皇帝，被认为是"龙潜之邸"，因此乾隆继位后，每年春节都会回到此处焚香祷告。从乾隆四十三年（1778年）到乾隆五十四年（1789年），乾隆来到这里都会写诗，有意无意地表明雍和宫是自己的出生地，可谓煞费苦心。根据乾隆的说法，他是康熙五十年（1711年）正月初七生于雍和宫，然而这一说法，却与清代玉牒上的记录完全不同。根据玉牒的记载，乾隆生于八月十三。这样一来，乾隆关于出生地的说法也变得很可疑了。

确实，在当时就有关于乾隆出生地的不同说法，认为他其实是出生于承德避暑山庄。持这一看法的人中，竟然有乾隆的儿子嘉庆。

嘉庆继位之后，乾隆曾经两次以太上皇的身份驻跸避暑山庄过寿，嘉庆均写诗恭贺之。在诗的注释中，他很明确地说乾隆就是出生在避暑山庄。

假如乾隆真的出生于避暑山庄，那么他就极有可能只是一名平凡宫女的儿子。

全面革新，有鱼漏网

乾隆自小受到康熙皇帝的影响。虽然康熙驾崩时他只有 11 岁，但已经对"仁政"心有戚戚焉，雍正那种"以褊急为念，以刻薄为务"的做事原则他并不完全赞同。

乾隆继位以后，一如雍正的雷厉风行——不过他的做法却和雍正恰恰相反。乾隆下令将雍正十二年（1734 年）之前的亏空积欠钱粮全部豁免，对于有关官员"名下应追各项银两，俱著豁免"，已经获罪者"概行宽释"；至于士绅一体当差纳粮，也立即颁发上谕宣布"一切杂色徭役，则绅衿例应优免"。此举一出，可以说彻底改变了雍正朝时期的基本国策，朝野气氛立刻为之一变。

在豁免亏欠钱粮的同时，乾隆还借着给总理事务王大臣下谕的机会，表达了自己的施政原则。他说："治天下之道，贵得其中。故宽则纠之以猛，猛则济之以宽。而记称一张一弛，文武之道。凡以求协乎中，非可以矫枉过正也。……朕仰承圣训，深用警惕。兹当御极之初，时时以皇考之心为心，即以皇考之政为政。惟思刚柔相济，不竞不绌，以臻平康正直之治。"虽然这道谕旨中通篇充斥着对"中"的论述，但考虑到雍正朝时期"尚猛"的政策，不难想到，乾隆是要在"中"的幌子之下，来纠正雍正时期遗留下来的历史问题了。

除了豁免亏空积欠钱粮以外，乾隆还对雍正年间被打击迫害的皇室成员进行了安抚。众所周知，在康熙末年的皇位争夺中，以皇八子胤禩为首的"八爷党"一度对雍正造成了极大的威胁。雍正继位以后，胤禩、胤禟、胤䄉、胤禵等人都被雍正以各种理由和借口处理，并未与雍正发生直接冲突的胤祉也获罪被囚，甚至雍正的皇三子弘时也被卷入这场风波。雍正对骨肉兄弟的心狠手辣、凉薄无情，不能不说让满族勋贵产生了疑虑和抵制之情，这对于以满族为统治核心的清政权并不是一件好事。

乾隆继位以后，为了重新团结满族勋贵，实行了"亲亲睦族"的政策。乾隆继位仅两个月，就颁发上谕，要求文武百官公开"讨论"是否应将胤禩、胤禟的子孙重新收入玉牒中。在上谕中，乾隆的语气极其微妙："当初办理此事，乃诸王大臣再三固请，实非我皇考本意。其作如何办理之处，著诸王大臣、满汉大臣、翰詹科道各抒己见，确议具奏。"早已明白乾隆心意的文武大臣又怎么会违逆皇帝的心意？乾隆迅速做出了将二人的子孙收入玉牒，并授予象征着宗室子弟身份的红带子。这样一来，既没有彻底推翻雍正对这二人的惩罚，又重新获得了一定程度的权力和地位。

随即，乾隆又发下上谕，释放了囚禁中的胤䄉和胤禵。在上谕中，乾隆非常得体地处理了他与雍正帝在政策上的分歧。

乾隆二年（1737 年），已经逝世的胤祉也被恢复王爵，并赐谥号。此后，尽管乾隆初年还出现了"弘晳逆案"这样的风波，但是到乾隆四十三年（1778 年），胤禩、胤禟、弘晳……所有这些在雍正看来是大逆不道的人，都被恢复原名，并收入玉牒。

对于雍正年间获罪的文武百官，乾隆也一概加以赦免，或者干脆平反昭雪。雍正九年（1731 年），清军在与准噶尔部的和通泊之战中大败亏输，暴怒的雍正将清军主将傅尔丹、岳钟琪下狱。乾隆二年（1737 年），两人被赦免出狱，后来岳钟琪更是被重新重用，在金川战争中立下大功。此外，雍正在处理年羹尧、隆科多两案中株连了不少地方基层官员，并因此大兴文字狱，乾隆继位后也将由于二人牵连的文武官员纷纷起复录用，并将查嗣庭、汪景祺等人被流放的子孙后代赦免放回原籍。乾隆的这些举措，稳定了政治局势，对巩固他的统治颇有助益。

不仅如此，对于雍正的佞佛崇道之举，乾隆也毫不犹豫加以变更。乾隆甫一继位，便颁发上谕，严厉斥责张太虚、王定乾等人，将其驱逐出宫并没收所有雍正所赐御制物品，而文觉禅师则被乾隆勒令徒步返回原籍，交由地方官严密监视居住。

应该说，乾隆继位后对雍正政策的调整还是有一定的意义的，但是这并不代表乾隆盲目仁政。他曾经多次表示宽以治国并不是要纵容吏治败坏，他主张"宽猛相济"。事实上，他对于吏治的重视并不次于雍正时期，特别是乾隆初中期更是如此。

乾隆对于吏治有自己的一套看法：他大力推行官员年轻化政策，对于以张廷玉和鄂尔泰两员老臣为首的朋党派系不时打击，并亲自提拔了一批没有派系之争、忠心做事的年轻官员。乾隆十分注重对官员的考察，通过"京察""大计"等考核方式量化考核官员，甚至原本不需要考核的地方高层官员，如藩台和臬台等也一视同仁，并通过密折的方式随时了解官员的动态。此外，乾隆提高了官员的待遇，给官员增加俸禄和养廉银。对于贪官污吏，乾隆则严厉打击，坚决查处。

在乾隆处理的贪官中，不乏朝廷大员甚至皇亲国戚，例如陕甘总督勒尔谨、闽浙总督陈辉祖、山东巡抚国泰等高级官员，甚至皇贵妃高佳氏之弟、两淮盐政高恒也不能幸免。当皇后富察氏之弟、大学士傅恒为高恒求情时，乾隆则反问道："皇贵妃的兄弟如果赦免了，皇后的兄弟如果犯法，又该怎么办呢？"一句话堵住了傅恒的嘴。

和珅的发迹之路

和珅以"贪"闻名，史书记载他贪婪成性，巧取豪夺，20余年聚敛了数以亿万计的财产，富可敌国，这些都为街头巷尾所津津乐道之事。凡此种种都让人认为和珅是一个不学无术、专事逢迎、贪污腐败的人。其实，历史上的和珅远远不是这么简单的人物。

关于和珅则要从他的身世说起。和珅，字致斋，原名善保，钮祜禄氏。钮祜禄氏是满洲八大姓之一，特别是镶黄旗这一支，出了很多功臣勋贵。和珅并不是名门之后，他出身正红旗，祖上乃是寻常八旗子弟。

根据《清史稿》记载，和珅"少贫无籍，为文生员"。乾隆十五年（1750年），和珅出生在一个武职家庭，父亲常保曾经担任福建副都统。和珅的童年可称不幸：3岁那年，弟弟和琳出生，但母亲却因难产死亡；9岁时父亲因病去世。父母早亡让和珅很早就尝到了人世的艰辛，因而发奋努力，希望改变久居人下的命运。

和珅兄弟俩都曾经在咸安宫学读书。咸安宫原为康熙末年圈禁废太子胤礽之处，雍正二年（1724年）胤礽死后就一直闲置，雍正六年（1728年），在此处设立官学，专门招收八旗宗室子弟入内学习。到和珅入学的时候，咸安宫学已经搬到了西华门。

和珅、和琳在这里受到了良好的教育。由于旗人有固定的钱粮，大多数八旗子弟不愁生计，自然不会对读书习字有多大兴趣。但和珅兄弟俩则不然，不仅"四书五经"等传统典籍烂熟于心，而且琴棋书画、诗词歌赋、满汉蒙藏诸种语言都有涉猎。

和珅的出众才华博得了咸安宫学内其他八旗子弟的交口称赞，使他获得了王公勋贵的青睐。乾隆三十二年（1767年），他与大学士英廉的孙女冯氏成婚。两年后，他承袭了祖上的三等轻车都尉的爵位，并参加了顺天府的会试，虽然未能中举，但和珅并不发愁自己的前途。清代旗人进入仕途并不只靠科举一途，无论是进入六部担任笔帖式，还是做皇宫侍卫，都不妨碍日后飞黄腾达。由于和珅祖上是武职，又有大学士这门亲事的背景，乾隆三十七年（1772年），和珅被封为三等侍卫，随即被补入粘杆处侍卫。

粘杆处原本是伺候皇室日常生活起居琐碎事务的诸多机构之一，但雍正时则将其改造为一个情报机关和特务机构，负责监视王公大臣及可疑人员，另外也负责传递机密情报。乾隆时期这一机构虽然用处逐渐减小，但仍然与皇帝距离很近。

和珅担任三等侍卫，固然是接近皇帝的捷径，但倘若和珅与其他侍卫一样，没有任何出彩之处，乾隆又怎么能在芸芸众生中将他挑中呢？

乾隆四十年（1775年）的一天，乾隆正在御花园中散步，十几个侍卫小心翼翼地尾随在他身后不远的地方护驾，和珅也在其中。虽然天气不错，景色宜人，但乾隆的心头却有一团怒火在燃烧着。他手里捏着一份云南送来的密折，密折中向他禀报了关押在云南的缅甸要犯逃脱一事。他反复看着这份折子，为当地官员的无能和疏忽感到气恼，不禁停下脚步，重重地将密折匣子摔在地上。

"昏聩！"乾隆恶狠狠地丢出一句话。十几个侍卫见乾隆脸色不好，不知道发生了什么事，吓得急忙伏地连连叩头。乾隆定了定神，心中的怒火稍稍平静了一些。他缓缓地自言自语道："虎兕出于匣，龟玉毁于椟中，是谁之过欤？"

话音刚落，从侍卫中传出一个从容平静的声音："是典守者不能辞其责耳。"这句话在周围侍卫的寂静中显得格外清晰，正是和珅在人群中发话。

乾隆一愣，暗想这个侍卫不俗，居然猜得到自己的心思，于是便问道："底下的侍卫居然也知道《论语》吗？你起来说话，我考考你，你说说《季氏将伐颛臾》怎么讲？"

和珅不慌不忙，恭恭敬敬磕了个头，起来又打了个千，动作潇洒利落。他在咸安宫学苦修多年，此时真有"学成文武艺，货卖帝王家"的感觉，于是不疾不徐向乾隆讲述了一遍。

乾隆看到和珅眉清目秀，一表人才，虽然是个武夫，却大有恂恂儒雅之风，不由得心里大为喜欢。待和珅对答完毕，乾隆又问了和珅的姓名、籍贯、出身情况，从此记住了这个与众不同的侍卫。

这件事情过去不久，一天，乾隆移驾圆明园，坐在水榭中读《孟子》。乾隆读得非常用心，不知不觉天色渐暗，朱熹的夹注渐渐看不清了，于是乾隆就命护驾在侧的和珅掌灯来看。不料和珅躬身为礼，向乾隆问道："皇上看的可是《孟子》？不知皇上看到哪一句了？"乾隆一愣，不知和珅用意何在，便告诉了他。谁知话音未落，和珅便将这一句的夹注背了出来，流畅纯熟已极。乾隆大喜，又背一句正文，和珅立刻又将夹注背出。就这样你来我往，交谈良久。乾隆颇为满意，连连夸奖和珅："不料尔竟然如此敏捷！"

乾隆四十年（1775年）闰十月，和珅被调为乾清门侍卫；十一月，升为御前侍卫，授满洲正蓝旗副都统；乾隆四十一年（1776年）正月，授户部右侍郎；三月，在军机处上行走；四月，授内务府总管大臣；十一月，任国史馆副总裁，赏一品朝冠；十二月，总管内务府上三旗事务，赐紫禁城内骑马。短短一年多的时间，和珅以迅雷不及掩耳之势，由一名普通的侍卫摇身一变，成为掌管国家大事的重臣，其升迁速度实在是令人叹为观止。

和珅的快速升迁让很多人惊异不已，一个问题也就随之而来。乾隆为什么如此看重和珅呢？据说，雍正年间，弘历还是宝亲王的时候，有一次进宫办事，遇到雍正的妃子马佳氏，二人情投意合。但是此事却被乾隆的生母、雍正帝的孝圣宪皇后发觉了。皇后认为是马佳氏勾引弘历，盛怒之下，赐马佳氏自尽于月华门。乾隆虽然伤心欲绝，但迫于母命，无可奈何，只得与马佳氏约定来世再见，并咬破手指，滴血在马佳氏额头为记。巧的是，和珅额头上正有这样一块红记，因此乾隆认定他就是马佳氏的后身，于是自然对他万般宠爱。

不过齐东野语并不可信。平心而论，乾隆对和珅的任用并不是没有道理的。由于旗人较汉族人来讲有很多优惠政策，衣食无忧，前程不愁，因此曾经是马背民族的八旗子弟逐渐腐化，每日无所事事，吃喝玩乐，既不能文，也不能武。对于清朝入关以后的历代皇帝来说，满族人的逐渐衰退一直是让他们感到头疼的问题。从康熙、雍正到乾隆，"整顿旗务"一直都是皇帝想做而做不到的事情，而汉族人借助深厚文化的优势，逐渐取得了优势地位。尽管清政府的制度规定了满族官员与汉族官员的比例，但事实上到乾隆时期，汉员的数量和质量都偏高，特别是军机处更是如此。乾隆对这一格局并不满意，然而又迫于无人可用的窘况，在这种情况下，和珅的出现自然让乾隆喜出望外。家境贫寒、勤奋刻苦、深通文化，所有这些都足以使和珅成为满族人中的旗帜性人物，因此乾隆对和珅加意的拔擢，其中不仅是为了扶持满族人，平衡满汉势力，也希望能够树立一个道德楷模与榜样。

另外，乾隆的性格比较刚愎自用，好大喜功，而和珅出现在乾隆面前时，乾隆已经 65 岁了。作为一个老年人，乾隆性格中的这些不良习性都会变本加厉，他需要所有的人都为他服务，伏低做小，以自己之是非为是非，以自己之好恶为好恶。和珅恰恰准确地把握住了乾隆的这一心理，因此对乾隆着意奉承。据史书记载，乾隆年纪大了，难免咳嗽吐痰会多一些，每当这个时候，和珅就亲自捧着痰盂侍奉，即使是担任要职之后也是如此。这也难怪乾隆会对他格外垂青了。

挡他财路者死

和珅早在发迹初期，就有过因徇私舞弊和受贿而被惩处的记录，但也只是降级留任的轻微处分，而且往往过了不久，反而更要委以重任或者升官，这样就使得和珅愈发地肆无忌惮起来。他以给乾隆理财的名义，在给内务府银库捞钱的同时，也在给自己谋取大量好处。他长期掌握崇文门税关，不仅通过这一差事对士农工商巧取豪夺，而且绞尽脑汁搜刮金银财宝，后来甚至算计到了乾隆的头上。外省或者外国进贡乾隆的礼品，首先要送给和珅过目，和珅先挑，剩下的才交给乾隆。

和珅不仅贪污腐败，而且还利用手中的权力培植党羽，扶植亲信，编织自己的势力网：乾隆朝重臣傅恒的幼子福长安，就被和珅拉拢成为自己的死党；苏凌阿、伊江阿等和珅的亲信，都在其安排下被委以封疆大吏的重任。和珅的弟弟和琳，一方面颇有才干，另一方面也受到和珅的照顾，由一个小小的笔帖式出兵放马，开府建衙，做到四川总督，指挥千军万马。一时间，和珅、和琳两兄弟一文一武，俨然掌握军政大权，时人为之侧目。难怪清代才子袁枚有诗云："擎天兼捧日，兄弟各平分。"

与和珅作对的人，则受到他的百般刁难和打压：阿桂贵为领班军机大臣，由于与和珅不睦，总是受到和珅的干扰。大学士松筠由于与和珅作对，被流放。为了独揽权力，他尽量防止乾隆和朝臣接触。例如他规定凡是给皇上的奏章，都要誊录一份副本在军机处记档；御史的位置只能由 60 岁以上的老臣子补缺。

和珅似乎并没有意识到，他的作威作福，引起了越来越多人的不满，其中就包括嘉亲王永琰的师傅、大学士朱珪。而嘉庆元年（1796年），乾隆退位，将皇位传给永琰，朱珪自然得势。在这种情况下，和珅本应韬光养晦，然而和珅却凭借太上皇乾隆的余威，仍然与朱珪作对，甚至在乾隆面前进嘉庆的谗言。

据《清史稿》记载，嘉庆登基典礼时，朱珪曾经写了一道奏折，祝贺新帝登基。和珅便趁机挑唆朱珪对太上皇不敬。过了不久，乾隆打算将朱珪升为大学士，调入军机处。嘉庆得知这一情况，也写了一首诗祝贺朱珪升迁。和珅又对乾隆说，新皇帝此举是收买人心。乾隆被和珅说动，颇为不满，尽管董诰正言直谏，乾隆还是借故取消了对朱珪的任命，并将他降为安徽巡抚。

嘉庆对和珅仗着乾隆的势力对自己不以为意的态度自然是深恶痛

绝，但他深知和珅势力庞大，关系网错综复杂，又有乾隆的支持，此时的自己并不是他的对手，于是索性装聋作哑，对和珅的举动一概不闻不问。

其实进入嘉庆年间，和珅的好运气就似乎已经用完了。嘉庆元年（1796年），和珅的幼子夭折；同年，和琳在作战期间身染瘴气，不治身亡；嘉庆二年（1797年），和珅的孙子夭折；又过了一年，和珅的妻子冯氏也去世了。种种不幸似乎预示着和珅的悲剧即将来临。

嘉庆四年（1799年），乾隆皇帝驾崩，和珅和福长安进宫守灵。嘉庆皇帝抓住这个机会，急召朱珪进京，解除和珅与福长安的职务，切断了他们与外界的联系。与此同时，嘉庆废除了和珅在军机处订立的规定，重新控制了军机处。墙倒众人推，见到和珅大势已去的官员们纷纷上奏折弹劾和珅。嘉庆随即将和珅与福长安交由刑部议罪，并抄没和珅的家产。最终，在乾隆皇帝驾崩后不久，和珅被嘉庆皇帝赐以白绫自尽。

和珅跌倒，嘉庆吃饱

和珅在乾隆朝专权长达20多年。在此期间，他外结封疆大吏、领兵大员，内掌吏部、户部、兵部，对刑部、工部、礼部也颇具影响力，权倾朝野，不可一世。他疯狂搜刮民脂民膏，胆大妄为，无法无天。

到乾隆驾崩之前，和珅身兼数个要职，影响着六部，堪称是百官之首，二人（乾隆和嘉庆）之下万人之上。在清王朝历史上，作为一个大臣，和珅曾经拥有的地位是空前绝后、绝无仅有的。

就像祖父雍正一样，作为帝王中节俭皇帝之一的嘉庆，最恨贪污。他认为朝廷许多矛盾的根源就在于官吏的贪腐。嘉庆所接手的是一个财政赤字严重的烂摊子，而和珅却肥得流油。

　　和珅不仅位高权重，而且贪婪成性，身具这两大为帝王所忌惮之特点的和珅自然是嘉庆要清洗的首要对象。

　　嘉庆对于除掉和珅是蓄谋已久的，因此，乾隆一驾崩，锄奸行动就立即展开。和珅虽然预感到大事不妙，但对新皇帝嘉庆知之甚少。他根本不知道，在嘉庆的安排下，被他视为眼中钉肉中刺的朱珪已经悄悄到了京城，在靠紫禁城较近的东华门的一套小院藏身，指点和协助嘉庆的锄奸行动。

　　早在乾隆驾崩之时，嘉庆即令和珅守灵，把和珅软禁在乾隆的灵堂上。这样就切断了和珅同外面的所有联系，即使一生兵权在握，此时也无法调兵。很快，嘉庆就开始处置和珅了。他首先颁布了一道上谕：将南方白莲教战事责任归咎于和珅。紧接着，一个叫王念孙的人向朝廷上了奏章，列举和珅的种种罪状。嘉庆借机就免了和珅大学士等重要职务，并把他软禁。在议定对和珅的处置时，直隶总督胡季堂首先表态说，和珅是罪大恶极，应当处置。他一带头，各地官员也纷纷表态，嘉庆就此得到舆论的支持。

　　得到臣子们的支持后，嘉庆命人查抄了和府，查获金银财物、房产、产业无数，总价值约9亿两白银，相当于乾隆年间十多年的税收，其中不乏各地进贡给皇上却被和珅私自扣取的贡品。嘉庆勃然大怒，当即宣布了和珅二十大罪状，谴责和珅辜负了先皇的信任，愧对先皇的恩宠。因此，在大丧期间处置这位先皇的宠臣也就成了安慰先皇在天之灵的理所当然的事了。正月十八日，在京文武大臣奏请嘉庆帝将和珅立即正法，处以凌迟之刑。对和珅，嘉庆是非杀不可，但也还是要故作姿态，表示一下自己对先皇的尊敬，对大臣的恩典，也要顾及朝廷的脸面。因此，嘉庆宣布：和珅虽然犯下种种罪行，但念其在先帝驾前多少有那么一点儿功劳，而且又是朝廷大员、新晋的公爵，朕不忍心让他遭受凌迟之苦，就赐他自尽吧！和珅的同党福长安一直以来阿附和珅，此时也被削夺了爵位，判了斩监候，也就是死缓。嘉庆特别命人将福长安押到和珅所在的牢房，跪在那儿看着和珅自尽。

在朱珪的指点下，嘉庆对和珅的处置显示出了极高明的政治手腕。和珅为官多年，党羽众多，阿附者甚众，对和派如果连根拔起，不免让朝局动荡，政务瘫痪。因此，嘉庆虽然迅速处死了和珅，却没有将事态扩大，也没有株连九族。和珅的弟弟早已经死了，和珅的儿子丰绅殷德因为是额驸，也没有被杀。乾隆朝重臣傅恒的儿子福长安本是和珅的死党，虽然判了斩监候，但最终还是没有杀，还予以任用。和珅府里养了一个先生，也是和珅的同党，常为和珅出谋划策，最终也只给了一个处分了事。其他经和珅推荐而得以任用的官员，没有因和珅倒台而被株连，仍任原职。因此，虽然权势极大的和珅被除掉了，当时的清廷就仿佛只是下了一场短促的骤雨。

作为封建时代中国历史上数一数二的巨贪，和珅为官一生搜括无数，最终却为他人作嫁衣裳，解决了正发愁国库空虚的嘉庆帝的燃眉之急，还搭上了自己的一条性命。正所谓"和珅跌倒，嘉庆吃饱"。

无力回天

经过康熙、雍正、乾隆初期的励精图治之后，清王朝进入了鼎盛时期，中央集权发展到巅峰。到了乾隆末期以后，在盛世面纱的掩盖下，土地高度集中，民生困顿，财政困难，吏治败坏，军备废弛，盛世之谓徒有虚名。尽管白莲教已被重创，减少了活动，但东南沿海的海盗、广东等地的天地会、京畿地区的天理教等势力却变得活跃起来，西方列强也蠢蠢欲动。

嘉庆皇帝接手的大清国，已是开始走下坡路的大清国，远不能与所谓的"康乾盛世"时期相提并论。

腐败问题是矛盾之一，尽管嘉庆杀了和珅，撤换了6个总督，发起惩贪高潮，但其后各地贪官依然不思收敛，贪污日甚一日。

在康乾时期，府库充盈，贪腐问题造成的危害还可以掩盖，但因为乾隆不断用兵，大量消耗了国库；同时，乾隆极重享乐，六次南巡挥霍无度，各种典礼也是铺张浪费；为了博取美名，乾隆又五次免除全国赋税……种种原因造成国库出多入少，严重影响了政府的正常运转。为了维持运转，各地许多官府四处借债，欠了债，官府自己生不出钱来，只能加倍转嫁到老百姓头上，通过各种名目的苛捐杂税来敛财偿还，这就加重了人民的负担。

军队是保证统治稳定和国家主权的暴力机构。军队要打仗，对内镇压起义和造反，对外维护主权，因此，国家强大与否，军力是重要指标之一。清朝早期，八旗军战斗力很强，是建州女真入主中原的重要支持力量。但入关后，优越的生活腐化了八旗官兵，再加上军官贪财，士兵疏于训练，战斗力严重退化，军人的荣誉感丧失殆尽。

　　嘉庆在位时，内务府曾经有一个叫陈德的厨子，在内务府工作 5 年后被辞退。陈德的妻子当时已经去世，家中有两个未成年的儿子，一个 15 岁，一个 14 岁，此外还有一个瘫痪在床的岳母。没了工作的陈德自觉生活没有了希望，想自寻短见，又觉得默默自杀无人知道，总是枉死。因此，嘉庆八年（1803 年）闰二月二十日那天，陈德混进宫中。等嘉庆经过时，他手持身藏的小刀冲向嘉庆。当时嘉庆身边有百余名侍卫，居然只有 6 人上前护卫，其余都袖手旁观。幸亏七额驸拉旺多尔济出手将陈德拿下，虚惊一场。从中可以看出，嘉庆时的军队问题已经十分严重。

　　对于清王朝的这种现状，嘉庆帝也十分清楚。在他的《遇变罪己诏》中，他称：

　　……我大清国一百七十年以来，定鼎燕京，列祖列宗，深仁厚泽，爱民如子，圣德仁心，奚能缕述？朕虽未能仰绍爱民之实政，亦无害民之虐事，突遭此变，实不可解。总缘德凉衅积，惟自责耳。然变起一时，祸积有日，当今大弊，在'因循怠玩'四字，实中外之所同，朕虽再三告诫，奈诸臣未能领会，悠忽为政，以致酿成汉唐宋明未有之事。较之明季梃击一案，何啻倍蓰？言念及此，不忍再言。予惟返躬修省，改过正心，上答天慈，下释民怨……

　　这是嘉庆对执政以来所遇之事的总结，的确是由心而发，其态度之诚恳，让人们不得不对这位"平庸"的皇帝的内心世界有了更深的了解。

　　嘉庆亲政后，可谓是危机连连。嘉庆二十三年（1818 年），在经历一系列的问题之后，嘉庆皇帝准备东巡。

在清朝，所谓的东巡指的是皇帝出巡清王朝的发祥地：盛京、吉林、黑龙江等地。那里，有着爱新觉罗氏先祖们的陵寝，有着大清帝国龙兴的根基。因此，清代数位皇帝对东巡一事都表现出特别的重视。

皇帝出巡，地动山摇，就算再节俭，所耗费的钱粮也是惊人的。生性节俭的嘉庆历来禁止铺张浪费，甚少出巡，唯独东巡执意要去。

此次东巡，嘉庆是顶着巨大阻力上路的。当时，大臣们普遍认为，在财政困难的当下，像东巡这样并非必须举行的典礼，应该能缓则缓，能罢则罢。但嘉庆皇帝心意已决，甚至不惜惩治了阻谏的大臣。终于到了祖陵，嘉庆皇帝说：

子孙若稍存偷安耽逸之心，竟阙此典，则为大不孝，非大清国之福，天、祖必降灾于其身，百官士庶，若妄言阻止，则为大不忠，非大清国之人，必应遵圣训立置诸法，断不可恕，况乱臣贼子，岂可容乎？

在这次东巡过程中，嘉庆多次强调：大清江山来之不易，各位臣工、八旗子弟应该继承祖先艰苦奋斗的优良传统。他试图通过自己的强调来引导大清王朝实行"守成"和"法祖"的发展方针。

这一时期，嘉庆的政治手腕可圈可点，颇有雍正的风范。成熟稳重的嘉庆已经意识到清朝面临着一场严重的危机，如果置之不理，大清基业很可能就在他的手中断送。因此，他采取了一些果断手段，希望解决问题。然而，时代在发展，社会在进步，延续了2000多年的中国封建社会此时已经落后于时代，嘉庆的努力在时代的前进步伐面前无异于螳臂当车。所以，嘉庆虽然在亲政初期颇有作为，但随着问题的不断出现，也渐渐无可奈何了。

死不瞑目

嘉庆二十五年（1820 年）七月，年过花甲的嘉庆皇帝率领着大队人马第 16 次到承德避暑山庄避暑。按原定计划，嘉庆要在避暑山庄度过整个夏天，一直住到中秋后，到木兰围场举行秋狝大典后，再从避暑山庄返京。

抵达避暑山庄当天，嘉庆到永佑寺中祭拜了康熙、雍正和乾隆，然后回到烟波致爽殿，又处理了两件并不算紧急的公务，也就休息了。

第二天，七月二十五日，嘉庆感到呼吸急促，胸口疼痛，说话很吃力，急忙传太医诊治。太医诊脉之后，认为嘉庆只是轻微的中暑，嘉庆自己也觉得并无大碍，因此没有重视。没想到到了中午，嘉庆的病情加重，呼吸更加困难，处于半昏迷状态。太医对此束手无策。到了傍晚，承德一带降下暴雨，天空乌云密布，电闪雷鸣，一个突如其来的霹雳使嘉庆受到惊吓，病情再次加重。没多大一会儿，嘉庆皇帝就驾崩了，终年 61 岁，在位 25 年，驾崩后被葬于昌陵，庙号为仁宗睿皇帝。

嘉庆一生没有得过大病的记录。鉴于康熙、乾隆的高寿，以及自己身体状况良好，嘉庆深信自己也是长寿之人，活个八九十岁是大有希望的。因此，在批评大臣操办嘉庆六十寿辰庆典太过破费的上谕中，嘉庆还表示他的七十、八十、九十寿辰都要从简办理。由此可见，嘉庆对自己的寿命是很乐观的。谁都没有想到身体好好的嘉庆居然暴病而亡。有人根据官方记载推测，怀疑嘉庆是在年高体胖的情况下过度忧虑疲劳，外加天气炎热，猝发心脑血管疾病而终的。

嘉庆皇帝自继位之后，在勤政上有雍正遗风。他曾踌躇满志，想要扭转乾坤，振兴大清，但他的才能和清王朝当时的状况使他空有理想而无法实现。嘉庆在位25年，始终没有盼来复兴的局面，自己却被长期的劳累、伤神、苦恼、忧郁和烦躁带到了生命的尽头。

嘉庆作为一代帝王，虽然没有完成大清中兴的伟业，修复帝国的千疮百孔，但从个人品行上，也算得上是一位明君。

嘉庆在位期间，每日早起，洗漱之后，他都会严格恪守祖训，恭敬地端坐在书案前阅读一卷先朝《实录》。他每日里于早膳后召见大臣议政，每天披览奏折甚至废寝忘食，从不懈怠。

因为时局艰难，嘉庆非常注重节俭，对奢侈浪费深恶痛绝。在嘉庆51岁寿辰的时候，御史景德曾奏请按照乾隆朝的做法在京城请戏班演戏10天以为庆贺，并请求以后嘉庆每年过生日都循此例。嘉庆为此勃然大怒，指责景德是要让朝廷行铺张浪费之事，于民生有害，立即将景德革职。嘉庆两次东巡，不带一妃一嫔，不准兴建行宫，一路都是住在毡帐中。

在用人上，嘉庆尤为注重品德，最厌恶贪污败德的人。

嘉庆在执政生涯中，一直殚精竭虑地去努力，却终究未能扭转局面。嘉庆驾崩前，曾给继位之君留下叮嘱：一定要根治腐败、鸦片、水患。

嘉庆带着不甘与希望撒手人寰。在他之后，清王朝何去何从？

弹弓打皇位

嘉庆十八年（1813年），发生了一场震惊朝野的林清之乱。自乾隆中后期起，阶级矛盾越来越尖锐。尽管乾嘉年间的白莲教大起义已被扑灭，但残余势力并没有被肃清，他们继续变换着名目在北方活动，寻找时机反击。打着反清复明旗号的天理教就是其中的一支。他们在京城活动十分活跃，主要目标就是伺机攻打紫禁城。活动的首领之一名为林清，经推算，确定嘉庆十八年九月十五为起事吉日。当时恰逢嘉庆皇帝去了承德，京城人心浮动，防守空虚。林清自感机不可失，便如期举事。

到了九月十五中午，近百名天理教徒分别突袭紫禁城的东华门和西华门。他们之前就买通了几个信奉天理教的太监做内应，得以顺利混入紫禁城中。因为不慎，这些起义军在东华门暴露了身份，而从西华门而入的另外 50 多人则在前来接应的小太监的引领下顺利闯进宫门。由于路上耽搁了时间，等他们冲到隆宗门时，清宫守门侍卫已经闻讯关闭了大门。

此时，恰好皇子旻宁正在上书房读书。时年 32 岁的旻宁是嘉庆次子，原本陪着嘉庆一同去了承德，后来提前回京，后赶上这场事变。当时，宫内人心惶惶，后妃们吓得哭成一团，太监们四处逃窜，侍卫们不知所措，闻讯赶来的王公大臣也不知如何是好。在此紧要关头，旻宁挺身而出，命令各门戒严，并派人调集援军，自己站在养心殿前观察局势。

隆宗门紧闭，天理教徒分出一拨人撞门，又派五六人爬上养心殿对面御膳房的房顶，准备跳进去杀人开门。旻宁瞧见后，当即举枪射击，一名教徒中弹坠墙而亡。当时都是火药枪，放完一枪需要重新装填。旻宁乍逢大事，心中也十分紧张，一时找不到弹丸，索性扯掉胸前的金扣子，装进枪膛再次射击，将另一名在屋顶上手持白旗的天理教小头目打落。其他教徒见状连忙退了回去。此时，增援的禁军也赶来了，射出羽箭，将教徒全部杀死。旻宁见危机稍缓，立即命禁军继续搜杀残余的天理教徒，自己则到储秀宫安慰母后，同时命令西长街布置警戒，以防再出剧变。

嘉庆接到奏报后，对旻宁临变之时处变不惊大加赞扬，夸赞自己的二儿子有胆有识，忠孝兼备，当即加封旻宁为智亲王，加俸银一万两千两，所用的火铳也被赐名为"威烈"。旻宁立了大功，却不张扬，表示自己当时心里也很害怕，有许多处置也不太恰当，请父皇恕罪。旻宁的这番表现让嘉庆更加满意。

嘉庆二十四年（1819 年）正月，嘉庆皇帝让旻宁代表他到太庙祭祖，这一举动使朝廷上下更有充分理由认定旻宁从嘉庆皇帝手里接过政权应该是势在必得。

旻宁自小文武双全，深得皇祖父和皇父的喜爱。嘉庆皇帝共有四子，长子已夭折，旻宁排行第二，便被视为长子了，并且，经过紫禁城平定天理教事件，立下大功，被封为智亲王，在三个兄弟中，爵位也是最高的。从这几个方面也能看出，旻宁继承大统是顺理成章的。

嘉庆二十五年（1820 年）七月二十五日，嘉庆皇帝突然驾崩。国不可一日无君，嘉庆暴亡，必须马上议定新君。

因为嘉庆是猝死，没有留下立储遗诏，选谁来继承皇位，关系到不同政治集团的利益，是一个重大问题。按照惯例，应该是长子继位。嘉庆的长子两岁时即暴病身亡，皇族宗室因此建议由二皇子旻宁来继位。孝和睿皇太后虽非旻宁生母，但非常赞成这个建议。

孝和睿太后支持旻宁继承皇位的理由中，提到了旻宁在紫禁城事件中的功劳，可见，此次事件不但使嘉庆皇帝对旻宁大为赞赏，也同样令群臣和后宫对旻宁刮目相看。这在他继承皇位的过程中起着至关重要的作用。

有宗室的支持，又有太后的懿旨，而且后来军机大臣托津、戴均元称在承德避暑山庄找到了嘉庆帝的立储遗诏，遗诏称立皇次子旻宁继承皇位。这样一来，旻宁板上钉钉，成为清朝的新一任皇帝，年号道光。

林则徐虎门销烟

1840 年的鸦片战争掀开了中国近代史的序幕，而提起这场以"鸦片"为名的战争，不免让人联想起民族英雄林则徐此前开展的种种禁烟斗争。

林则徐，1785 年生于福建侯官（今福州），为唐朝莆田望族九牧林后裔，父亲林宾日以教书为生。嘉庆三年（1798 年），林则徐中秀才，就读于鳌峰书院。嘉庆九年（1804 年）中举，任厦门海防同知书记，后入福建巡抚张师诚幕府。嘉庆十六年（1811 年）中进士，被选为翰林院庶吉士，授编修。在京期间，他曾与南方出身的清流派小京官陶澍、黄爵滋、龚自珍等人结成文学团体"宣南诗社"，经常议论时局，讨论治世的学问，为其日后的先进思想、开阔眼界打下了基础。嘉庆二十五年（1820 年），任江南道监察御史转浙江杭嘉湖道，为当地修筑海塘，兴修水利，发展农业，屡树政绩。

道光十七年（1837 年）正月，林则徐升任湖广总督，以"修防兼重"的措施解决了当地夏季的河灾问题，使"江汉数千里长堤，安澜普庆，并支河里堤，亦无一处漫口"，贡献斐然。

清初，以英国为首的西方殖民国家为了扭转贸易逆差，回流白银，对中国采取倾销鸦片的恶毒手段，以此敲开中国的大门。鸦片大量流入中国，为殖民者带来大笔财富，却给中国带来了巨大的灾难。一方面，鸦片的大量输入严重冲击了中国的封建经济体制，使中国在对外贸易关系中开始处于逆差的地位。大量白银外流，使得清政府国库空虚，财政拮据，百业萧条。另一方面，成千上万的中国人因吸食鸦片上瘾，身心备受摧残，家破人亡，民不聊生，而鸦片贩子大量行贿也加剧了清政府的吏治腐败。种种情况使人们要求禁烟的呼声越来越强烈。

道光十八年（1838年）六月，鸿胪寺卿黄爵滋等人上奏，痛陈鸦片祸害，揭发官吏包庇鸦片烟贩，主张坚决遏制鸦片的输入，并且加重对吸食者的惩治以禁绝鸦片。

据此，道光帝令各地督抚各抒己见，林则徐对黄爵滋的禁烟主张坚决支持，又提出六条具体的禁烟方案，并率先在湖广地区实施，收效甚好。在此后的两个月内，林则徐三次主动上奏，重申严禁鸦片的重要性："若犹泄泄视之，是使数十年后中原几无可以御敌之兵，且无可以充饷之银。"他的建议坚定了道光帝禁烟的决心，道光皇帝曾先后八次召见林则徐，具体听取了林则徐关于禁烟的方略。道光十八年（1838年）十一月，林则徐被授为钦差大臣，赴广东主持禁烟，并节制广东水师，查办海口，收效显著。

1839年3月10日，林则徐到达广州，成千上万的人挤在珠江两岸以示欢迎。3月18日，新官到任的林则徐就发布了两个谕贴，命外国鸦片商贩限期缴烟，并具结保证今后永不夹带鸦片。3月19日，他会同两广总督邓廷桢等传讯十三行洋商，要求其履行谕贴，但遭到英国驻华商务监督义律及外商的拒绝。林则徐义正词严地说道："若鸦片一日不绝，本大臣一日不回，誓与此事相始终，断无中止之理。"此后，林则徐下令禁止外国人离开广州，又采取包围商馆及查拿英国鸦片贩子等行动，终于挫败狡诈的义律和鸦片贩子，成功收缴英国趸船上的全部鸦片近2万箱，约237万斤。

林则徐的收烟之举引起了外国人的愤怒，他们认为清政府想从此对鸦片实行专卖，垄断鸦片市场。不过出乎他们意料的是，在收缴鸦片以后，林则徐报告道光皇帝，要求验明数量，然后进行焚毁。

道光十九年四月二十二日（1839年6月3日），林则徐在虎门海滩开始当众销烟。他让士兵在海滩上挖成两个十五丈见方的池子，灌入卤水，然后把鸦片切成小块投入卤水中，浸泡半小时后再投入生石灰。石灰遇水立即滚沸，冒出滚滚浓烟。整整花了23天的时间，收缴的鸦片才被全部销毁干净。

在查禁鸦片的这段时间里，林则徐曾经写过这样一副对联："海纳百川有容乃大，壁立千仞无欲则刚。"这副对联既表现了他对自己广开言路、杜绝私欲的要求，同时也反映出他对于西学的一种接纳态度。这是因为在广州禁烟的过程中，林则徐意识到英国殖民者绝不会善罢甘休，很可能将以武力侵略中国。因此，他进行了一系列的军事变革实践。

一方面，林则徐亲自主持并组织翻译外国书报，将外国人对中国的评论译成《华事夷言》，成为当时中国官吏的重要"参考消息"；为了解外国的军事、政治、经济情况，将英商主办的《广州周报》译成《澳门新闻报》；为了解西方的地理、历史、政治，组织翻译英国人慕瑞所著的《世界地理大全》，编为《四洲志》；他还组织翻译瑞士法学家瓦特尔的《国际法》等著作。通过分析外国的政治、法律、军事、经济、文化等方面的情况，他更加深刻体会到只有向西方国家学习才能抵御外国的侵略。

另一方面，林则徐着手整顿海防，从外国秘密购入200多门新式大炮配置在海口炮台上，又搜集并组织了大炮瞄准法、战船图书等资料以改进军事技术，并且组织官兵在东校场（今广东省人民体育场一带）学习西洋武器的使用，又招募了五千多名渔民编成水勇，加强水防。

1839年7月，义律以维护杀害中国村民的英国水手为由挑起九龙炮战和穿鼻洋海战。林则徐亲自前往虎门督战，取得反击的胜利。不过这只是战争的前奏，1840年6月，鸦片战争正式打响。英军先以广东、福建为目标，久攻不下遂转战浙江，定海沦陷，英军继而北上入侵大沽。得知消息的道光帝惊恐万分，急忙派使求和，因遭小人诬陷，明明抗英有功的林则徐却被皇帝归责"办理不善"，多次下旨斥责，林则徐却依然为广州抗英奔走察看，四处招纳贤勇，又坚决反对钦差大臣琦善畏敌求和。他对此时负责主持粤战的奕山建议防御之策，却终不被采纳。是年十月，林则徐被道光帝革去两广总督之职，自1839年3月到达广州起，他已经主持禁烟抗英军事斗争长达19个月。其间，他敢于学习外国先进科学技术的精神，受到人们的高度赞扬，被誉为"开眼看世界的第一人"。

林则徐离开广州后，于1841年三月受命前往浙江协办海防，贡献卓越。五月，道光帝却因为广东战败归咎前任，林则徐被革去四品卿衔，并且从重惩处，发配伊犁。林则徐忍辱负重，于道光二十一年（1841年7月14日）启程踏上戍途。在途经镇江时，偶遇老朋友魏源，授之以《四洲志》及相关外国资料，并嘱咐其撰写《海国图志》一书。途经河南开封逢黄河灾起，奉旨治河，事成依然戍守伊犁。

十一月初九，林则徐终于到达新疆，颠沛的戍途当中，他始终忧国忧民，从不唏嘘自己的坎坷命运。

到达伊犁以后，林则徐拖着自己年高体衰的身体，亲自在伊犁和新疆各地"西域遍行三万里"，对南疆八城进行了实地勘察，并由此意识到西北边防的重要性。他翻译资料，察觉出沙俄将对中国构成的威胁，于是率先提出了抗英防俄的"防塞论"国防思想，向伊犁将军布彦泰提出"屯田耕战"的政策，以兵农合一抵御沙俄的威胁。不仅如此，他还大兴水利，发明和推广坎儿井和纺车，被人们称为"林公井""林公车"。

道光二十五年（1845 年），林则徐被重新起用，调任署陕甘总督，次年转任任陕西巡抚。道光二十五年（1845 年）九月，奉召回京候补；十一月以三品顶戴署理陕甘总督。道光二十六年（1846 年）四月，授陕西巡抚，镇压刀客。道光二十七年（1847 年），升任云贵总督，先后平息、镇压西北及西南民族冲突和人民起义，整顿云南矿政。

道光二十九年（1849 年）秋，林则徐因病向朝廷辞职归籍。道光三十年九月（1850 年 10 月），林则徐再次被朝廷任命为钦差大臣，赴广西镇压农民起义。是年十月，林则徐抱病起程，11 月 22 日于途中潮州普宁县（今广东普宁北）行馆病逝，终年 66 岁。咸丰元年（1851 年），咸丰皇帝赐祭葬，谥号"文忠"，晋赠太子太傅，照总督例赐恤。林则徐逝世后，全国哀悼，福州建祠奉祀。著名思想家、史学家魏源曾为他写下这样一副挽联："品望重当朝，犹忆追陪瞻雅范；褒荣垂史乘，徒殷景仰吊遗徽。"乃是对其一生人品与功绩的崇高评价。

到梦醒的时候了

当清政府的态度从抵抗转向妥协时，英国侵略者的野心更是疯狂无止境，而清政府却一味地满足侵略者这种无耻的贪婪。

西方列强为什么对中国如此肆虐和疯狂无耻呢？清政府又为何一再妥协退让呢？

落后就会挨打！

大清曾自诩"天朝上国"，一场鸦片战争让那些美梦中的统治者惊醒。在漫长的古代社会，中国曾创造了灿若星辰的"世界第一"。可是，经过中英鸦片战争，中国一触即溃、俯首求和的现实，使中国的形象一落千丈，而西方人很快便以傲慢的神情来看待中国。

第一次定海海战之后，清政府遂向英国侵略者妥协。然而当英国全权代表义律将草约送到英国后，以英国女王为代表的英国政府对义律的行为却大为不满。作为战胜者，他们觉得应该得到更多的东西，而义律勒索到的东西太少了。因此，英国政府决定扩大战争，遂召回义律，决定扩大对华战争以攫取更大利益。

英政府改派璞鼎查为侵华全权代表，用洋枪洋炮从清政府手里夺得更大的权益。清政府统治集团以为在它做出更大让步之后，战争就会停息，恢复战前的老局面，继续安享"太平"。然而，英国侵略者在其野心没有得到满足之前，压根儿没打算罢休。

1841年8月，英军集结大批军队再次北上，由璞鼎查率领，接连攻陷鼓浪屿、厦门、定海、镇海及乍浦，清军在战争中连连失利，一败再败。定海已经是第二次被攻破，总兵葛云飞、郑国鸿、王锡朋率5000名守军英勇抵抗，与英国侵略军血战六昼夜，最后英勇牺牲。英军占领这些地方后，到处烧杀抢掠。由于侵略战争进展得十分顺利，璞鼎查竟狂妄地向英国政府建议："女王陛下可以宣布，中国的某些港口，或者某些沿海地区，将并入英国的版图。"

英军接着攻打长江的门户吴淞，江南提督陈化成率军坚守吴淞。最后陈化成与部下死守西炮台，孤军作战，直至战死。吴淞口一失，上海、宝山跟着失守。接着，英军沿江西上。英军舰队开到镇江，副都统海龄率官兵奋勇抵抗，经过激烈的巷战，直至打到最后一人，镇江失守。英军直逼南京，清军节节败退，朝野上下人心惶惶。然而，清政府越是乞降，侵略者越是气焰嚣张。

面对着定海、镇海、宁波三城的失守，道光皇帝的天朝上国梦却还没有惊醒。道光帝任命他的另一个皇侄奕经为扬威将军，前往浙江收复失地。结果奕经大败，狼狈逃往杭州，不敢再与英军交战。

坐镇京城的道光皇帝听到战败的消息，十分惊慌，立即派耆英和伊里布赶到浙江去向英国侵略者求和。

英军舰队抵达南京江面，架起大炮，宣称要开炮攻城。这时，清政府完全被侵略者的淫威所吓倒，彻底屈服了，赶紧派耆英、伊里布赶到南京议和。

至此，第一次鸦片战争结束。

1842 年 8 月 19 日，清政府代表耆英、伊里布登上英国军舰"康华丽"号，在英国殖民者的枪炮和旗帜下，伴随着一声声"女王万岁"，与英国全权代表璞鼎查正式签订了第一个丧权辱国的不平等条约——《南京条约》。

到此，历时两年多的鸦片战争以可耻的"城下之盟"而告结束，天朝上国的美梦彻底破碎了。

这一纸条约不仅是英国侵略者对中国人民的无耻掠夺，使清政府的财政更加困难，人民的负担加重，而且开创了侵略者对中国勒索赔款的先例。

《南京条约》的影响不仅如此，原本属于中英两国的鸦片战争，却让很多西方列强趁火打劫。美国和法国也乘人之危，相继以武力威胁清政府签订了《望厦条约》和《黄埔条约》，从中国勒索了不少好处。紧接着，葡萄牙、普鲁士、比利时、西班牙、荷兰、挪威、瑞典、丹麦等国也纷至沓来，都来"分享肉羹"，纷纷与中国签订了不平等条约。

一死百了

道光帝在 30 年时间内，见证了一个帝国由盛转衰的悲剧，而他本人，虽然非圣主，却也不是个昏君。如果不是恰逢三千未有之大变局，他或许还可以做个安乐皇帝。

然而作为鸦片战争的头号当事人，道光无可避免地成为后世最具争议的人物之一。古往今来，以弱胜强、以少胜多的战例不胜枚举，然而碰到了性格疑虑犹豫、反复无常的道光，则此战最终败北。在禁烟之时，严禁与弛禁犹豫摇摆；战争爆发时，道光在主战与主和之间反复无常；用人当任时，道光则以一己好恶和宵小谗言，任贤与任奸功罪倒衡。在这场历史悲剧中，道光遂扮演了悲剧的主角。

鸦片战争胜负未分之时，林则徐便遭到了贬谪。随即，道光帝便派投降派琦善为钦差大臣去广东，与英国谈判。临行之前，道光帝定下要求：上不失国体，下不开边衅，意思是说，给英国割地赔款不行，与英国发生军事冲突也不行。按照道光的打算，是要让英国人竹篮打水一场空。

琦善无能，向英方让步，私下将香港划给了英国。这让道光帝大怒，在逮捕了琦善之后，派遣杨芳、奕山向英军进攻，结果却失败而归，绝望的道光帝只能投降，割地赔款。如此反复无常、左右摇摆的君主，如何能够让大清军士上下一心，把英军打回老家去呢？

此后，道光帝更是不思进取，不图改良，不知求富图强之道，致使西方列强步步紧逼。所以《清史稿·文宗本纪》论述道："论曰：宣宗恭俭之德，宽仁之量，守成之令辟也。远人贸易构衅兴戎，其视前代戎狄之患，盖不侔矣。当事大臣先之以操切，继之以畏葸，遂遗宵旰之忧。"鸦片战争的失败有臣属不尽责的原因，摇摆不定的道光帝也难辞其咎。

当时，得知林则徐这样的忠贞之士遭到贬谪后，愤懑的魏源铺纸提毫，奋笔疾书：

楼船号令水犀横，保障遥寒岛屿鲸。

仇错荆吴终晨错，闲晟赞普诅攻晟。

乐羊夜满中山夹，骑劫晨更即罢兵。

刚散六千君子卒，五羊风鹤已频惊。

刚开始，林则徐倒还看得开：只要道光帝励精图治，群臣上下一心，文武协力，这朗朗乾坤未尝不能扭转。然而，时局的发展大大出乎了林则徐的意料，道光皇帝竟然听信了首席军机大臣穆彰阿为首的投降派的谗言，将林则徐和邓廷桢革职充军。

时任户部尚书的王鼎，眼见国家危难，民族危亡，毅然将生死置之度外，多次怒斥穆彰阿"妨贤"、琦善"误国"，不惜让道光帝震怒，唯望能够唤醒道光帝，让他坚持抗战。当所有希望都变成失望，失望化作绝望之时，王鼎只能以死报国。道光二十二年（1842年）四月三十日，王鼎自缢身亡，并留下遗书："条约不可轻许，恶例不可轻开，穆不可任，林不可弃也。"林则徐听闻王鼎尸谏的消息，悲痛万分，遂写下《哭故相王文恪公》诗：

廿载枢机赞画深，独悲时事涕难禁。

艰屯谁是舟同济，献替其如突不黔。

卫史遗言成永憾，晋卿祈死岂初心？

黄扉闻道犹虚席，一鉴云亡未易任。

为了维持现状，维护投降派的利益，在王鼎死后，穆彰阿的亲信、军机章京陈孚恩急忙去王家成功骗取了遗书，在他的威胁利诱下，王鼎之子王沆被迫接受"代为改草遗疏"。最终，道光帝只知王鼎"暴病而亡"，下诏悯恤优抚，追赠太保，谥文恪。王鼎的一片忠心，只能谋日月之昭彰了。

道光晚年，痛定思痛，逐渐抛弃了投降派，对那些有功的抗敌将领，想尽办法加以优待和保护。然而，他却总是顾此失彼，不想成为千古罪人的道光帝，竟然连选储君之时，也是举棋不定。当时，四皇子和六皇子都有资格，四皇子贤孝，六皇子虽是庶出，却天资聪颖。正当道光帝准备选择六皇子之时，竟然被一个太监偷窥到了，而且还被太监传了出去。道光帝很不高兴，遂一怒之下改立了四皇子，也就是后来的咸丰帝。

自然界的时令虽是初春时节，大清王朝的气数已是暮秋时候。于是，在紫禁城中，自然形成了一股伤春悲秋的自然与人文氛围，不堪忍受巨大孤独和压力，不堪忍受耻辱又不能改变命运，想要扭转乾坤却又不知从何着手的道光帝，终于闭上了他的眼睛。

残疾君王有妙计

文宗体弱，骑术亦娴，为皇子时，从猎南苑，驰逐群兽之际，坠马伤股。经上驷院正骨医治之，故终身行路不甚便……

——《清史稿》

据上述史料记载，道光帝的四皇子奕詝，也就是后来的咸丰皇帝，登基之前，狩猎时从马上摔了下来，经过太医的精心治疗，骨病虽然好了，却落下残疾，成了跛子。

那么，这么一个身有残疾的皇子是怎样赢得道光的宠信而登上大统之位，成为天下之主的呢？

奕詝排行第四。道光帝有9个儿子，到道光二十六年（1846年），大阿哥奕纬、二阿哥奕纲、三阿哥奕继都已死去，皇四子则实居皇长子之位。道光考虑到自己年岁已大，身体又不好，立储之事成了当务之急。道光的儿子虽然只剩六个，但想要在其中选出一个可以延续大清后世的继任者，并非易事。

当时，五阿哥奕誴已经过继给了醇亲王绵恺为子，失去了继承大统的权利。六阿哥就是奕䜣。老七、老八、老九年纪尚小，无须考虑在内。所以，皇太子人选实际上只有奕詝和奕䜣。

奕詝的母亲在他10岁时就已经去世，一直是由静贵妃，也就是奕䜣的母亲来照顾，所以奕詝视静贵妃如同生母，视奕䜣如胞弟，奕䜣如视之。奕詝和奕䜣的关系一直都很好，这就更增加了道光选择皇储的困难。

奕讠和奕䜣，这两个儿子之间到底选择哪个来继承祖宗的江山，道光帝犹豫不定。

立储不是儿戏，于是，道光帝便开始考察四阿哥和六阿哥的能力。首先，道光帝想考考这两位皇子的骑射功底。皇四子的师傅为杜受田，皇六子的师傅为卓秉恬。他们的老师都分别给自己的学生出了主意。奕䜣的箭法是阿哥中最好的，他捕获的猎物自然也是最多的。道光一看十分高兴，心想奕䜣确实有本事，而皇四子奕讠肯定是不如自己的六弟。这就显示了杜受田的政治智慧，他教奕讠索性一箭不发，自然也就没有任何收获了。道光看到奕讠如此无能，十分生气。奕讠却说："父皇恕罪，儿臣以为眼前春回大地，万物萌生之际，正是禽兽生息繁衍之期，儿臣实在是不忍心杀生，恐违上天的好生之德。"

这就是"藏拙示仁"的妙计，把自己的短处藏起来，来表示自己仁爱。道光觉得奕讠很符合儒家"仁"的思想，心中便暗暗地肯定了奕讠。

据史料记载，为了最终确定自己的选择，道光帝在一次病重时，召奕讠和奕䜣二皇子入对，借以决定储位。两位皇子各请命于自己的老师。奕讠的老师杜受田对他说："阿哥如条陈时政，智识万不敌六爷。唯有一策，皇上若自言老病，将不久于此位，阿哥唯伏地流涕，以表孺慕之诚而已。"如其言，帝大悦，谓"皇四子仁孝"，储位遂定。

这便是藏拙示孝的典故，可以说，奕讠能登上皇位，与恩师杜受田的政治智慧是分不开的，"藏拙示仁"，又"藏拙示孝"，在"仁"和"孝"这两个字上表现得比较突出，所以道光就选择奕讠做了皇太子。可见，道光在选皇太子的时候，只考虑到了德而没考虑才，杜受田的政治智慧让道光帝选择了一位没有治世才能的平庸皇子继承了大统。

"四无"皇帝

许多史学家称咸丰是一个"四无"皇帝：无远见，无胆识，无才能，无作为。

道光在选择继承人的时候，错选了奕𬣞这位文才武略、骑马射箭都差一大截的皇子。他太平庸，毫无文华武英之姿。

咸丰继位时，国库空虚，军伍废弛，吏治腐败，天灾不断，民众起义此起彼伏，西方列强更是虎视眈眈。

1850 年至 1861 年，在 11 年的皇帝生涯当中，咸丰没有过一天安生的日子。1850 年至 1864 年爆发了太平天国农民起义战争，1856 年至 1860 年又爆发了第二次鸦片战争，都是对清王朝致命的一击。

在这动乱的年代，中国的历史由此发生了重大转折。而处于风雨飘摇的乱世时期，他却看不到历史发展的趋势，依然沉浸于天朝上国的美梦当中，沉浸于自己的万物之主的幻想当中。殊不知，当时天下大势已变，世界格局正在悄无声息地敲打着旧的体制。

咸丰对老师杜受田依赖性过大。尽管杜受田在帮助奕𬣞登上帝座时显示了对中国政治的深刻理解，说明他是一个政治智慧高超的人，但是他本人最大的缺陷是缺乏为官处世的实际经验。杜受田没有做过地方官，也没有处理过具体政务，未在实际操作层面的司官一级工作过。这样一位纸上谈兵的帝师辅佐咸丰，根本不可能对天下大势做出正确的判断。

咸丰皇帝又是一个无胆识的皇帝，他自幼体弱多病，素有咯血的痼疾。御医给他开出良方，说鹿血可治此病。于是，他在宫中养了100多只鹿，随用随取。鹿血也因此成了他苟延残喘、须臾不能离开的救命良药。他贪生怕死，只想享受皇帝给他带来的一切便利，而不敢面对摆在眼前的内忧外患。他沉湎于声色，继位的第二年，就下令挑选秀女入宫。以后，他又几次挑选秀女，并破除祖宗规制，选汉族秀女入宫。

1861年，英法联军攻到了北京城下。列强到处烧杀抢掠，无恶不作，而咸丰却表现得惊慌失措，最后只好带着慈禧和肃顺等一班人马连夜逃离京城，赶到了承德。

咸丰皇帝还是一个无作为的皇帝。他20岁登基，比起他的父亲道光和雍正帝继位的时间，可以说很年轻，但他在重大事件面前无所决策，一味沉迷于酒色，荒废朝政，误国殃民。

封个王来当当

1851年1月11日，洪秀全在广西桂平金田村起义，起义军称太平军，建国号太平天国。3月，洪秀全在广西武宣东乡称天王。8月20日，太平军在广西平南官村一带大败由向荣率领的清军，取得自金田起义以来最大的一次胜利，继而乘胜北上大旺墟，后沿大同江水旱两路到达永安州（今蒙山）。

1851年9月25日，太平军攻克永安城，占领了自金田起义以来取得的第一座城市。作为州治所在，永安城是一座繁华坚固的中型城市，而从此以后它将被世人熟知，因为就在那里，洪秀全制定了一系列太平天国的基本军政制度，史称"永安建制"。

永安建制主要包括以下几方面：

分封上，论功行赏。封杨秀清为东王、萧朝贵为西王，列一等；冯云山为南王、韦昌辉为北王，列二等；石达开为翼王，列三等。西、南、北、翼四王皆受制于东王。其他所有立功的将士都得到晋封官职，封秦日纲为天官丞相，胡以晃为春官正丞相。

历法上，颁行由冯云山制定的《太平天历》。废清朝纪年，以金田起义之年为太平天国辛开元年。规定一年为三百六十六日，单月三十一日、双月三十日，分为十二个月和为期七天的礼拜。立春、清明、芒种、立秋、寒露、大雪六节气为十六日，其余十八节气皆十五日。仍以干支纪年，但将地支中"丑"改为"好"，"卯"改为"荣"，"亥"改为"开"。

军制上，借鉴于《周礼》，以五人为"伍"，设伍长；五"伍"设两司马；四个两司马编制设一卒长管辖……依次五五进位，再往上则是旅帅、师帅、军帅。一军辖五师，理论上有一万三千一百五十五人。除此还确立了官制，官级共有军师、丞相、检点、指挥、将军、总制、监军、军帅、师帅、旅帅、卒长和两司马，分12级。

礼制上，规定了一整套严格的尊卑等级和烦琐的礼仪制度。天王洪秀全称"万岁"，东王杨秀清称"九千岁"，西王萧朝贵称"八千岁"，南王冯云山称"七千岁"，北王韦昌辉称"六千岁"，翼王石达开称"五千岁"；洪天王年仅两岁的儿子洪天贵福被封为"幼主"，称"万岁"，以后的儿子则一律称为"殿下千岁"，女儿们称为"金"。军中高级将领称作"大人"；中级军官到兵头将尾的两司马，统统称为"善人"；其子女，男的被称为"公子""将子"，女儿称作

"玉""雪";女将领称为"贞人",各级头目的妻子称作"贵",并根据丈夫的具体职衔细分为"贵嫔""贵姒""贵姬""贵嫱"不等。

建制的内容还包括圣库制度的建立,命令将士蓄发,刊刻书籍,强调军队纪律,以及加强对起义者的教育等。总的说来,永安建制应该算是为太平天国建立政权奠定了基础。可惜的是,太平军在永安终是没能站住脚。1851年年底,由乌兰泰带领的清军攻破了永安州防线要点水窦村,太平军被迫从永安突围,北上进围桂林。

自欺欺人的大同梦

1853年,太平军攻陷南京,改南京名为"天京",定为首都。随后颁布纲领性文献《天朝田亩制度》,规定了以解决土地问题为中心,包括社会组织、军事、文化、教育等方面的革命斗争纲领及社会改革方案。

《天朝田亩制度》集中体现了太平天国反封建的革命性质,它的创制者们希望通过这样的方案,建立一个"有田同耕,有饭同食,有衣同穿,有钱同使,无处不均匀,无人不饱暖"的理想社会。这是因为他们自身对封建剥削有着切肤之痛,然而对于资本主义,由于接触了解不多,他们的确并无多少预见。因此,《天朝田亩制度》同时具备了革命性和封建落后性,这个矛盾是由农民小生产者的经济地位所决定的。这也决定了太平天国领袖们所绘制的平分土地和社会经济生活的蓝图,在实际上根本不可能实现。事实上,为了适应现实的迫切需要,他们不得不采取一些较为切实可行的措施。在《天朝田亩制度》颁布后不久,杨秀清、韦昌辉、石达开等就曾根据天京粮食供应紧张的情况，向洪秀全建议在安徽、江西等地"照旧交粮纳税"。这表明太平天国最后还是承认了地主占有土地，并允许地主收租。封建的生产关系和阶级关系虽然受到冲击，但始终没有得到扭转。

在清政府统治的 200 多年间，土地高度集中，农民破产流离，地租高昂，赋税沉重，严重恶化了农民与封建地主阶级的矛盾，使其发展到极其尖锐的程度。广大贫苦人民迫切要求推翻清王朝反动政权，渴望实现"田产均耕""均田均赋"的小康之世，消灭剥削。而《天朝田亩制度》中提倡平分土地的平均主义，在当时的历史条件下就显现了其充分的革命性，成为农民亘古未有的大喜事、盼望千年的"福音"。毫无疑问，《天朝田亩制度》的出世不但合乎农民的需要，符合当时经济发展的客观需要，更是顺应历史发展，它的平分方案坚决否定了封建地主所有制，也为中国萌芽中的资本主义扫清了道路，为其发育成长创造了必不可少的客观条件。

天王梦碎了

永安建制封王之时，洪秀全就曾规定西王以下皆受东王杨秀清节制。这是因为早在举义之前，杨秀清就曾和西王萧朝贵联手上演过一出"天兄天父"下凡的把戏，有了这个代"天父"传言的特殊地位，东王便得以与天王分享在宗教上的最高发言权。在太平天国前期，洪秀全讲求帝仪制和沉溺于宗教迷信，潜居深宫，疏于朝政，因此其地位虽在各王之上，在制度上却是一个虚君。所以当南王冯云山及西王萧朝贵相继战死后，军政实权就愈发集中到东王杨秀清一人的身上。

在定都天京以后，东王与其他诸王的关系日渐恶化。有一次，北王的下属犯了错误，东王因此问责北王，甚至还下令杖打北王。其后，北王的亲戚因为跟东王的亲戚发生财产争执而激怒东王，东王让北王议罪，北王被迫判其亲戚五马分尸。还有一次，翼王石达开的岳父黄玉昆因公事得罪东王，被杖刑三百，革去了爵位及降职，燕王秦日纲及另一高官陈承瑢在这次事件中亦被东王以杖刑处罚。连天王洪秀全也曾多次被假装"天父下凡"的东王以杖刑威吓，大家对权力膨胀的东王都敢怒不敢言。

1856年，太平军西征获胜，接连攻破了江北、江南大营，成功解除天京三年之围。天京得到巩固以后，杨秀清权力欲望急剧膨胀，遂起废洪自立之意。8月22日，杨秀清再次以代天父传言的方式，召洪秀全到东王府，逼洪秀全封自己为"万岁"，激化了领导集团内部的矛盾。此时，北王韦昌辉请求天王诛杀东王，天王却没有采纳其建议。后东王以西线紧急为由，把北王韦昌辉和翼王石达开调往前线督师，天京只剩下了天王和东王。不久，陈承瑢向天王告密，揭露东王弑君篡位的企图，于是天王密诏北王韦昌辉、翼王石达开及燕王秦日纲，暗中商议铲除东王杨秀清。

9月1日，北王韦昌辉率三千精兵赶回天京，当夜在城外与燕王秦日纲会合，陈承瑢开城门接应，凌晨突袭东王府，杨秀清被杀，府内数千男女随从家属也被尽数灭口。其后北王以搜捕"东党"为名，诱杀在天京的东王部下各级文武及其家属5000人。东王部属余众奋起反抗，双方展开血战，历时两个月，死者共计两三万人。

十余日后，翼王石达开自武昌赶回天京，责备韦昌辉滥杀无辜的行为，引起韦昌辉的杀心。石达开为躲避追杀，连夜逃出天京，但韦昌辉尽杀其留京家属及王府部属。石达开逃至安庆，召集部众4万，起兵讨伐北王，同时上书天王洪秀全，要求杀北王以谢天下，否则班师回京以清君侧。此时在天京以外的太平军大多支持翼王，北王情急之下攻打天王府，洪秀全和朝中大将因此认清韦昌辉的真面目，诛杀了韦昌辉。后来洪秀全又派兵把秦日纲和陈承瑢押回处斩。长达两个多月的天京变乱（又称杨韦事变）终告一段落。

另外，洪秀全在《赐英国全权特使额尔金诏》中曾明确指出杨秀清是"遭陷害"而死的。这正与"告密"说相应，因为如若"告密"者告密不实，被"告密"者自然就会遭到陷害。诏中说："爷遭东王来赎病，眼蒙耳聋口无声，受了无尽的辛战，妖损破颈跌横。爷爷预先降圣旨，师由外出苦难清，期至朝观遭陷害，爷爷圣旨总成行。"

这意味着，杨秀清在遭受陷害后不久，太平天国曾公开为之平反昭雪，定杨秀清被杀之日为东王升节扎，简称东升节。洪秀全在《天历六节并命官富作月令诏》中说："天历三重识东王，降托东王是父皇，爷前下凡空中讲，爷今圣旨降托杨。七月廿七东升节，天国代代莫相忘，谢爷降托赎病主，乃埋世人转天堂。"

回光返照，大势难返

太平天国经历了天京事变之后，元气大伤，而正是在这一时期，崛起了两位太平军领袖，一个为李秀成，一个为陈玉成，前者被封为忠王，后者被封为英王。

李秀成，1823年出生于广西藤县大黎里新旺村，初名以文，家境贫寒，无田无地，受人鄙夷，和父母一起"寻食度日"，生活之艰难可想而知。成年之后，洪秀全的拜上帝教给生活毫无希望的李秀成带去了希望。就此，李秀成于道光二十九年（1849年）加入了拜上帝教，对洪秀全及其教旨十分崇敬，并于两年之后义无反顾地加入起义的太平军营。

在军营里，李秀成充分地发挥了自己的军事才能，作战勇敢，擅用计谋，从一个普通士兵迅速成长为青年将领，成为杨秀清座下猛将之一。咸丰三年（1853年），太平天国定都天京，李秀成被擢升为右四军帅。数月之后，李秀成被升任为四监军。同年十月，石达开带着李秀成前去安庆安抚民心，李秀成"逢轻重苦难不辞""修营作寨，无不尽心"。次年春，便被提拔为二十指挥，前往庐州镇守。

随着太平天国运动的风起，清政府开始下大力气进行镇压，派出将领吉尔阿和总兵张国梁到了镇江，全力镇压太平天国，从而威胁天京。为解镇江之围，李秀成和秦日纲、陈玉成等人于咸丰六年（1856年）二月前往镇江进行救援。

陈玉成，道光十七年（1837年）出生于广西藤县大黎里西岸村，初名丕成。天王洪秀全嘉其忠勇，改名玉成。和李秀成一样，陈玉成也是农民出身，家中上无片瓦，下无立锥之地。从小便是孤儿的陈玉成，只能和叔父陈承瑢相依为命，艰难度日，后来在叔父的带领下，陈玉成于咸丰元年（1851年）参加了金田起义。

参加起义后的陈玉成做了一名童子军，积极苦练，成就了一身好枪法，很快便坐上了童子军首领的位置。此后，其骁勇善战之名鹊起，为太平军核心将领所知晓，并在参加起义两年后，当上"左四军正典圣粮"，主管军粮。

咸丰四年（1854 年）六月的一场战役，让陈玉成震烁三军。当时太平军西征攻取武昌，清军负隅顽抗，导致太平军久攻不下，幸得陈玉成"舍死苦战，攻城陷阵，矫捷先登"。为了能够尽早地攻取武昌，打敌人一个措手不及，陈玉成亲率五百"天兵缒城而上，以致官兵溃散，遂陷鄂省"。

　　就这样，年仅 18 岁的陈玉成立下战功，被提升为殿右三十检点（位在丞相以下），统领后十三军及水营前四军，也赢得了"三十检点回马枪"的美称。此后，陈玉成更是连战连捷，声名如日中天，两年之后，便被提拔为冬官下丞相。

　　此时，李秀成的地位虽然难以企及陈玉成的高度，但是陈玉成却早就知晓了李秀成的名声，再加上燕王秦日纲，三人都不约而同地相信，太平军有能力打败清军，解开镇江之围。然而，当秦日纲大军前往救援镇江之时，竟然遭到了清军的顽强阻截，双方僵持不下。于是，陈玉成不惜以身犯险，坐着小舟前往镇江，与当地守将吴如孝取得联系。李秀成则巧出奇兵，带三千人趁黑夜越过汤头岔河，双方大军内外夹击，将吉尔杭阿杀得大败，镇江之围就此解开。

　　后来，李秀成、陈玉成二人在石达开等各路大军的通力协作下，一举拔除了威胁天京的清军"江南大营"。经过长达四昼夜的激烈战斗，清军统帅向荣败逃丹阳，太平军紧追不舍，上天无路入地无门的向荣只能自缢而死。

　　天京事变后，太平天国由盛转衰，清军遂加紧了对于太平军的攻势。在石达开的部署下，太平军稳守要隘，伺机反攻。陈玉成、李秀成、杨辅清、石镇吉等后起之秀开始走上一线，独当一面，天京变乱以来造成的被动局面逐渐得到扭转，洪秀全也开始重新建立全新的领导核心。

咸丰八年（1858年），洪秀全恢复前期五军主将制，陈玉成和李秀成分别担任了前军主将和后军主将。同年8月，陈玉成、李秀成约集太平军各地守将在安徽枞阳会和，在多方通力合作和奋力拼杀下，终于粉碎了清军合围天京的江北大营。

正当李秀成和陈玉成二人在战场上舍生忘死、为国建功时，洪秀全封其族弟洪仁玕为干王。洪仁玕尚无尺寸之功就受此封号，多少让人有些不服。清军看到了机会，遂向李秀成写了一封信，劝他投降清政府。然而，这封信却最终落到了洪秀全的手中，洪秀全大惊之下，遂将李秀成的母妻押当，而且还不让李秀成返回天京。此时，李秀成依然在浦口与敌军生死力战，作战骁勇，忠贞不渝。洪秀全逐渐解除了疑虑，并亲书"万古忠义"四字送给李秀成，敕封其为忠王。

不久，清军卷土重来，以江南大营为根据地，全力进攻太平军。李秀成遂奉命率精兵从浦口出发奇袭杭州。在李秀成浑然天成的指挥下，太平军很快攻克杭州，更引得江南大营统帅和春前往救援。如此引蛇出洞，江南大营瓦解。此后，李秀成开始全力进攻苏州和常州地区，而湘军则趁机围攻安庆。安庆是仅次于天京的政治、军事中心，其得失对于太平天国成败举足轻重。于是，洪秀全让陈玉成所部从长江北岸进攻武昌，而李秀成的军队则从南岸进攻，清军惊恐万状。

很快，李秀成便攻下了武昌县，然而另一边的陈玉成却在集贤关等处作战失利。此前李秀成便执意不肯西征，只是碍于洪秀全的权威被迫如此，得知了这个消息后，李秀成立马带领大军撤出了湖北，双方大军会师的计划就此落空，更为严重的是，安庆的局势更加危急。洪仁玕指责其"弃而不顾，徒以苏杭繁华之地，一经挫折，必不能久远"。果然不出洪仁玕所料，尽管天京方面付出了巨大的努力，最终还是难免安庆陷落。

安庆失陷后，陈玉成率部镇守庐州，"请命自守"，同时打算分兵扫北，"由汴梁直取燕京，共归一统"。然而此时，陈玉成的处境也极为不妙，一方面，洪秀全对其做了革职处分；另一方面，清军多隆阿部加紧进攻。后来，陈玉成放弃庐州北去，到达早就暗投清政府的苗沛霖所在的寿州。

《被掳纪略》记载：苗将英王陈玉成上来。英王上去，左右叫跪。陈玉成大义凛然道："尔胜小孩，在妖朝第一误国庸臣。本总裁在天朝是开国元勋，本总裁三洗湖北，九下江南，尔见仗即跑。在白云山踏尔二十五营，全军覆灭，尔带十余匹马抱头而窜，我叫饶你一条性命。我怎配跪你？好不自重的物件！"面对敌人的威逼利诱，陈玉成不为所动："大丈夫死则死耳，何饶舌也！"同治元年（1862年）6月4日，陈玉成于河南延津就义，时年25岁。

另一边，李秀成在进攻上海之时，重创了英法干涉军和洋枪队，不久之后又破清营30余座，收复嘉兴，并在浙江慈溪一战中打死"常胜军"头子华尔。此时，局势渐渐不利于太平军。随着陈玉成的身死，太平军士气受挫，中外联合，将太平军的根据地打得越来越小。

此后，清军围困天京，李秀成多次尝试救援未果，只能向洪秀全建议："京城不能守，曾帅兵困甚严，濠深垒固，内少粮草，外救不来，让城别走。不如舍天京，尽弃苏浙两省地，御驾亲征，直趋北方，据齐、豫、秦、晋上游之势以控东南。其地为妖兵水师所不能至，洋鬼势力所不能及，然后中原可图，天下可定也。"不过，他的建议遭到了洪秀全的拒绝。

同治三年（1864年）6月1日，洪秀全久病不治而死，天京城很快陷落，李秀成也在天京城外东南的方山被清军擒获。太平天国运动就此一蹶不振。

卷土重来

亚罗战争

咸丰六年（1856年）九月初十，清广东水师在广州江面上检查了一艘名为"亚罗"号的船，逮捕了船上12名涉嫌水手。这纯系中国内政，与英国毫不相干，但英驻广州领事巴夏礼闻讯后，遵照英国政府的指示，以"亚罗"号曾在香港登记，属英国船为由，要求释放全部被捕水手，被水师官员拒绝。于是，巴夏礼一面向公使包令报告，捏造水师官兵在逮捕水手时扯下了船上的英国国旗，污辱了英国的尊严；一面致函两广总督叶名琛，要求赔礼道歉，释放被捕人员，并保证今后不发生此类事件。这就是"亚罗"号事件的大致内容。

"亚罗"号是一艘划艇，咸丰四年（1854年）在内地造成。它的设计者是中国人苏亚成，该划艇综合了中西合璧的样式，后卖给居住在香港的中国人方亚明。咸丰五年（1855年）八月十七日，该船在香港殖民政府注册，取得了为期一年的执照，并雇用了一名爱尔兰人为船长，但水手全都是中国人。到"亚罗"号事件发生时，其执照已过期12天，按法理，已不再受香港政府的保护，但英国官员却对清政府隐瞒了实情。更为重要的是，"亚罗"号是一艘海盗船，也是一艘走私船，多次在海上进行抢劫、走私活动。澳门政府曾经发现这艘船的海盗活动，并想把它扣留下来，但它却侥幸逃脱了。清水师官兵正是得到了几天前在海上被劫商人的举报，才检查并扣押这艘船的。被捕的12人中，有两名是臭名昭著的海匪。

按照英国的航海惯例，船舶进港停靠后，需降下国旗，等到离港时再升起。当清朝水师官兵上船搜查时，该船的船长正在另一艘船上用早餐，该船也未做任何开航前的准备，也就是说，此时船上若升起国旗，那只能是意味着水手们反叛船长，准备潜逃了。清水师官兵说搜查这艘船时并没有见到船上升有国旗，但该船船长一口咬定他在远处看见了扯下国旗的全过程。作为海盗船的船长，他的证词疑问丛生，破绽百出。

退一步来说，即使"亚罗"号的执照尚未过期，即使"亚罗"号从事的不是走私和海盗活动，即使清水师官员扯下了英国国旗，中英之间如此微小的纠纷，通过协商也是很容易解决的。但巴夏礼、包令却一味扩大事态，乘机讹诈，用包令自己的话来说，就是"希望能在混水中摸一些鱼"。九月十二日，即事件发生的两天之后，叶名琛答应释放水手9人，并将获犯送到英领事馆，但巴夏礼百般挑剔，拒不接受。十四日，巴夏礼根据包令的训令，提出两天内释放人犯、赔礼道歉的无理要求，被叶名琛拒绝。十八日，包令照会叶名琛：如果你们不尽快答应我们的条件，弥补你们的错误，那么休怪我们命令我国水师攻城，将和约中没有答应的入城、租地等事项变成事实。此处所谓"和约缺陷"，就是中英长期交涉的入城、租地等事项。二十三日，巴夏礼限叶名琛24小时内承认其条件，否则攻城。叶名琛答应释放水手10人。次日，叶名琛答应释放全部水手，但因本国水师并未将船上的英国国旗扯下，所以不答应赔礼道歉一项。于是，包令即将事务移交英驻东印度及中国区舰队司令西马縻各厘手中，令其进攻广州。亚罗战争，即第二次鸦片战争开始了。

九月二十五日，西马縻各厘率英舰3艘，突然闯入珠江，越过虎门，攻占广州东郊的猎德等炮台。叶名琛此时正在阅看武乡试，闻讯后说："肯定不会有事的，傍晚时他们自会离开。"叶名琛下令水师战船后撤，并不准放炮还击入侵的英国军舰，言毕继续阅看骑马射箭。二十六日，英军攻占南郊凤凰冈等处炮台，叶名琛仍不动声色，继续阅看武乡试。二十七日，英军占领海珠炮台、商馆等处，兵临广州城下，叶名琛这才下令中断中外贸易，企图以此制裁英国。二十九日，西马縻各厘照会叶名琛，提出入城要求。叶名琛没有给他答复，恼羞成怒的西马縻各厘下令于当日下午炮轰两广总督衙署。署内兵役逃匿一空，而叶名琛端坐二堂，毫无惧色，并发布告示：要求广州军民齐心协力，痛加剿捕，不论是谁，杀死一名英军可以得到30元赏银。三十日，英军炮轰新城城墙，到傍晚的时候，城墙被轰塌了一缺口，叶名琛仍不为所动。十月初一下午，100多名英军攻入新城。叶名琛于当日上午因去文庙烧香，听到新城被英军攻入的消息后，暂时躲避在新城的巡抚衙署。当晚，西马縻各厘因兵力不足，无法占据广州，不得不从城内撤兵。此后，英军连续炮击广州，并三次照会叶名琛，仍旧提出道歉、入城等无理要求。叶名琛在三次回复中照样加以拒绝。初九，西马縻各厘照会叶名琛，表示断绝两国友好关系，并于十三日攻毁猎德炮台，十五、十六日攻占虎门各炮台。二十日，英国公使包令前往广州，要求进城与叶名琛会见，被叶名琛一口拒绝。

与前一次战争相比，叶名琛这次的举动可以说是擅权自专。其中最重要、最突出的表现是，他不但很少向咸丰帝请示，甚至不及时报告广州所发生的重大情况。远在京城的咸丰帝，当时并不知道广州发生了什么事情，仍把注意力集中在到上海谈判修约的美国公使身上。

十一月十七日，也就是"亚罗"号事件发生两个多月后，咸丰帝才收到叶名琛关于"亚罗"号事件的奏折。叶名琛和当年鸦片战争时的杨芳、奕山一样，在奏折中隐瞒吃了败仗，只说是自己这一方打胜了。他谎称击退英军进攻，毙伤英军400余名，并称：调集两万多名水陆兵勇就足够堵截剿灭英军了。在此错误情报的影响下，咸丰帝自然无法做出正确的决策，他命令叶名琛：如果英国连吃败仗之后，自己知道不该惹祸而前来要求停止战事的话，你只要想方设法控制他们的行动，消除争端就行了。如果他们仍然任意胡作非为，你万万不可迁就他们，和他们议和，不要像耆英等人那样做出迁就议和的误国的下策，以致开启他们向朝廷要求权利的祸端。咸丰帝认为叶名琛熟悉英国的情况，一定有驾驭他们的办法，下令让他相机行事。当年在鸦片战争中因弹劾琦善私许香港而名噪一时的怡良，此时任两江总督，他通过上海这一窗口了解了广东战争，但因叶名琛为咸丰帝的宠臣，不敢说明实际情况，只是将广东的战况委婉地在奏折中加以说明。咸丰帝全然不信，让怡良不要被眼前的情况所迷惑。

叶名琛如此办理，一方面是因为遍及半个中国的太平天国运动浪潮，使朝廷忙得没有喘息之机，无兵无饷又无主见，地方官上奏往往不能奏效，反会获罪，隐匿实情不报或谎报军情已成为地方官的常情；另一方面是因为叶名琛自以为抓住了英军的老底，只不过是借"亚罗"号事件来进入广州城，英军的进攻只不过是道光二十七年（1847年）英军行动的重演。反对入城是叶名琛起家的根本，他绝不可能轻易让英军进入广州城。于是，他采用道光二十九年（1849年）的老方法，以断绝通商、兴办团练来对付英国，使自己不致重蹈当年耆英在英国兵威下屈服的覆辙。他认为，包令、巴夏礼不过是虚张声势，恫吓一下而已。西马縻各厘的几艘军舰能量有限，只要清军能够坚持到底，英方必无计可施，自然会撤退。因此，尽管英方的炮弹和照会纷纷交过来，叶名琛仍不为所动。"镇静"成为他对时局的态度和对策了。

广州附近的水陆战事，虽是英军常占上风，然而英国由于兵力不足，无法长期作战，所以常处在打打停停的状态。西马縻各厘于十二月先从商馆把军队撤到南郊凤凰冈，又从凤凰冈再退出珠江。叶名琛以为其"镇静"的计策产生了作用，得意扬扬，于咸丰七年（1857年）正月上奏，说在水陆战中都打了胜仗，现在英军的情况处于不利地位。咸丰帝对此深信不疑，谕令叶名琛：如果英军首领自知理亏，对所犯的罪行表示悔恨，要求议和并不再提起进城的事的话，你只可答应他们的请求，消除兵端，但不可迁就他们，以免他们故态复萌，肆意要挟我大清国答应他们的过分要求。战场上受挫的清王朝，此时竟幻想并等待着英国的求和！朝廷的决策与广东的实际，完全南辕北辙，而咸丰帝不准"迁就"的谕旨，也使叶名琛只能硬着头皮撑到底。三月，叶名琛第三次向咸丰帝谎报胜利。此后，他干脆连报都不报了。咸丰帝在北京等得心焦，于五月下旨，令叶名琛将近况详细并全部奏报上来，以便令他放心。而在此时，100艘广东水师船和雇来的红单船在珠江上被17艘英舰打得大败，广州外围炮台纷纷被英军占领，广州城实际上已经处于内江无战船、外围无炮台，孤城困守的局面，而叶名琛的第四次奏折，仍然不据实报告。主管对外事务的钦差大臣叶名琛，正是用欺瞒蒙蔽咸丰帝的办法，成为清政府对外政策的决策人，使清王朝在完全不知情之中，再次卷入大规模的战争。

亚罗战争，是第二次鸦片战争的开始。严格来说，它还不是中英两国之间的全面战争，而只是广东清军与香港英军的较大规模的军事冲突，但是随着冲突的升级，全面战争也随之爆发了。

英法联军攻陷广州

"亚罗"号事件的消息传到伦敦之后，英国政府全力支持包令、巴夏礼的战争行动，并准备调遣军队，扩大战争。此时的英国首相，正是鸦片战争时期任外相的巴麦尊。他一直主张武装侵略中国，扩大英国在华利益，但是英国议会中许多人持不同的意见。咸丰七年（1857年）二月，上院一议员提出一项议案，谴责英国在华官员擅用武力，经过辩论，这项议案以110票比146票被上院否决。巴麦尊政府以36票的优势获胜。此时，下院一议员也提出了类似的议案，表决时以263票比247票得以通过。根据英国的政治制度，政府的重大决策被下院否决后，或者是政府总理辞职另组政府，或者是解散下院重新大选。巴麦尊在下院议案通过后的第二天，宣布解散下院。结果，巴麦尊一派在重新选举中获得大胜。二月底，英国政府派额尔金伯爵为办理对华交涉的高级专使，准备对华正式用兵，并与法国、美国频频联络，准备联合行动。

"亚罗"号事件发生前，法国传教士马赖非法潜入未开放的广西西林县传教，在咸丰六年（1856年）正月被当地官员处死。这就是"马神甫事件"，又称"西林教案"。事件发生后，法国驻华官员多次要求赔偿、道歉。叶名琛或者置之不理，或者给予拒绝。八月，法国政府在其驻华官员的要求下，准备向中国派遣军队，并且和英国驻法公使商量联合用兵的事情。此时，得到英国政府的请求，法国与其历来在欧洲或殖民地事务上格格不入的英国，结成同盟。咸丰七年

（1857年）三月，法国政府委派葛罗为办理对华交涉的高级专使，率兵来到中国。

"亚罗"号事件发生后，正在上海交涉修约的美国驻华委员伯驾闻讯赶回香港，准备参与行动。咸丰六年（1856年）十月，美国的两艘军舰由珠江驶向广东，被清军误击，美国军舰紧接着攻克了5座清军的炮台。事后，叶名琛对误击事件道歉，美军退出所占炮台。尽管伯驾等美国在华官员一再要求武力侵华，建议占领台湾、舟山等地，然而美国对外用兵权归于国会，国内又南北对立，势如水火。因此，美国政府仍坚持用"和平"的方法达到修约的目的，婉拒英国结为同盟的要求，但在修约问题上却答应同英、法一致行动。咸丰七年（1857年）三月，美国政府派列卫廉为驻华公使。

此外，还有俄国。俄国由于侵华方式和目的与英、法、美有所不同，所以俄国的侵略对中国造成的损害最大。

这样，当时世界上最强大的四个国家——英、法、美、俄联手对付清王朝，其中英、法是主凶，美、俄是帮凶，而此时的清王朝正处于国内普遍反叛的困境。太平天国、天地会和各少数民族纷纷竖起义旗，关内十八行省中，已有十三省卷入战争，其余直隶、山西、甘肃、陕西、四川等省，也不时爆发一些颇有规模的聚众抗官事件。这种清朝自建立以来从未遇见的混乱局面，使清王朝陷于立国以来前所未有的危险境地。因此，尽管咸丰帝内心仍坚持对外强硬的主张，但在叶名琛一再奏报"胜利"之后，仍然害怕英国会再次报复，引起战争，谕令叶名琛尽早了结中英争端。至于停止对外贸易，历来是清王朝"驾驭外夷"的重要手段，但此时国内战争的规模，使清政府财政空前紧张，粤海关每年数百万两的关税已成为清王朝坚持战争的重要饷源。原来一直是外国人要求恢复通商，而现在却变成了清朝皇帝要求恢复通商，并在给叶名琛的谕令中多次提出。

叶名琛早已得知额尔金来华的情报，但他认为，这是因为英国政府不满意包令等人对中国的挑衅，因而另外派人来广东订约。咸丰七年（1857年）闰五月，额尔金到达香港，想要联合法、美进行交涉，但法、美新使未到；想要进攻广州，兵力又不足。此时，印度爆发了士兵起义，使得原来想要调往中国的英军不能如期前往。额尔金见此时留在香港毫无意义，便返回印度，并将已调往香港或尚在途中的英军撤回印度，用以镇压士兵起义。叶名琛却把额尔金的行动误认为是英国无能的表现，认为他的"以静制动"方略取得了很大效果。

九月，列卫廉和俄国公使普提雅廷先后抵达香港；十月，额尔金返回香港。此时，英国已基本控制了印度的局势，将兵力转移到中国。英国在香港、广州一带有军舰43艘，舰上官兵5500余人，香港还有陆军4000余人。法国在香港、澳门一带有军舰10艘。兵力已集结完毕，四国使节在商议后，于二十七日让额尔金、葛罗分别照会叶名琛，提出三项要求：第一，入城；第二，赔偿英国自"亚罗"号事件以来的损失，为马神甫事件向法国道歉、赔偿；第三，清朝派"平仪大臣"与英、法进行修约谈判。这个照会限定叶名琛十日之内答应前两项，否则"令水陆军重为力攻省垣"。这无疑是最后通牒。

但是，叶名琛却不这么认为。中英争端以来，他在香港等处派有大量探子收集情报，但他仍用陈旧的观念去分析情报。他所感兴趣的是，额尔金在印度兵败逃至海边，正好得到法国军舰相救，才逃过这一劫难，英国女王的"国书"刚刚送到香港，令"中国事宜务使好释嫌疑"，"毋得任仗威力，恃强行事"等此类子虚乌有之事。根据他的分析，额尔金新到任，如果将以前英方提出的要求置之不理，害怕国内的舆论对他不利，因而这次的照会不过是试一下而已。另外，印度士兵起义后，英军没有饷银来源，如果能像道光二十一年（1841年）奕山似的给予银两600万，也能解燃眉之急。于是，叶名琛得出结论，额尔金的照会是英国在无计可施之后的"求和"行动。叶名琛还据错误的情报认为，葛罗的这次照会是英国从旁怂恿的结果，不是法国自己的要求，而且在美国的大肆嘲笑后，已感到惭愧。根据以上分析，叶名琛于十月二十九日复照额尔金、葛罗，拒绝了英、法的要求。

三十日，英法联军占领广州珠江对岸的河南。十一月初九，10天期限已经到了，英、法专使通知叶名琛，他们已经把事务移交给军事当局。同一天，英法陆海军司令也照会叶名琛等大吏，限两日内，广州清军退出九十里之外。叶名琛无视这些行动，仍拒绝接受英、法的要求。两日过去了，英法联军还没有行动。叶名琛以为英、法不过是恫吓而已，再加上叶名琛好扶乩，此时谶语都是吉祥的预告，使其增强了这种认识。广东著名行商伍崇曜，看到这种情形想要出面向英、法贿赂以求和，托人向他进言，遭到痛斥。十二日，他上了一道长达七千言的奏折，声称"英夷现已求和，计日准可通商"，表示要"乘此罪恶贯盈之际，适遇计穷力竭之余"，将英方的历次要求"一律斩断葛藤，以为一劳永逸之计"。咸丰帝接到此奏折，心中悬虑已久的中英争端，竟能得到如此圆满的解决，总算放下心来。谕令中称："叶名琛既窥破底蕴，该夷伎俩已穷，俟续有照会，大局即可粗定。"他指示叶名琛，"务将进城、赔货及更换条约各节，斩断葛藤"。

咸丰七年（1857年）十一月十三日，即叶名琛上奏的次日，英法联军以战舰 20 余艘、地面部队 5700 余人向广州发起进攻。炮弹落到总督衙署，兵士们又一次一轰而逃，而叶名琛仍然独自在府内寻拾文件，声称"只有此一阵，过去便无事"。十四日，英法联军攻入城内，广州城陷，叶名琛等大吏仍居城中，并不逃跑躲避。广东巡抚柏贵请行商伍崇曜等人出面与英法议和，伍崇曜进见叶名琛，叶名琛仍然坚持不许英国人入城会见。二十日，叶名琛再次重复过 25 天就没事了，各士绅说和就可以了，万万不可允许英法入城。二十一日，英法联军搜寻广州各衙署，捕走叶名琛，送上英舰。叶名琛仍保持钦差大臣的威仪，准备与英法专使谈判，然而额尔金、葛罗根本不见他。第二年，叶名琛被送往印度，仍以"海上苏武"自居，最终囚死异域。叶名琛的所作所为，当时人们曾讥讽为："不战不和不守，不死不降不走，相臣度量，疆臣抱负，古之所无，今亦罕有。"

《天津条约》的签订

咸丰八年（1858 年）正月，英、法、美三国驻上海领事向清政府递交照会，重申他们修约的要求，并要求清政府派钦差大臣前往上海谈判。二月，英、法、美、俄四国使节到达上海，当他们得知清政府拒绝在上海谈判，并命令他们回广东谈判的消息后，决定北上，直接与清廷交涉。三月初，四国使节先后到达天津海河口外。十一日，四国使节要求清廷六日内派大员前往大沽谈判，否则将会采取必要手段。

咸丰帝此时极不愿开战，认为"现在中原未靖，又行海运，一经骚动，诸多掣肘，不得不思柔远之方，为羁縻之计"。他派直隶总督谭廷襄出面与各国谈判，并命令他尽量瓦解四国的联合，对俄表示和好，对美设法羁縻，对法进行劝导，对英严词诘问，先孤立英国，然后由俄、美出面说合。谭廷襄奉旨行事，结果处处失败。英、法两国专使或者以照会格式不对的名义，拒绝接受，或者因为谭廷襄没有"钦差全权"的头衔，不同他会晤。谭廷襄所能打交道的，只有以"伪善"面目出现的美、俄公使。6天过去了，期限也到了，由于额尔金与英国海军司令西马縻各厘的矛盾，英军兵力尚未集结，尤其是能在海河内行驶的浅水炮艇不足，英法联军推迟了进攻。

此后的交涉中，咸丰帝对四国的要求一概拒绝，只同意可酌减关税，但又不准谭廷襄同四国决裂开战。这一决策难倒了承办官员。由于英、法专使始终拒绝会晤，谭廷襄等人只能求俄、美从中说合，而俄、美又提出了谭廷襄不敢答应、咸丰帝也不会答应的要求。谭廷襄在交涉中看出俄、美与英、法沆瀣一气，认为俄、美"外托恭顺之名，内挟要求之术"，假借说合之名，"非真能抑其强而为我说合"。在此一筹莫展之际，他提出全国规模的"制敌之策"：上海、宁波、福州、厦门等通商口岸，定期闭关，停止贸易；两广总督尽快想办法收复广州，使英、法等国有所顾忌受到威慑；然后由他出面"开导"，使各国适可而止，及时撤兵。咸丰帝则认为，"此时海运在途，激之生变"，黄宗汉还没有到任，柏贵已被挟制，"若虚张声势"克复广州，被英、法等国"窥破"，只能使形势更加恶劣。因此，他仍让谭廷襄对四国的要求进行驳斥，并布置了驳斥的理由。而对于谭廷襄自以为大沽军备完整，不惜一战的思想，则警告说："切不可因兵勇足恃，先启兵端。"这样，退兵的办法，仅剩下谭廷襄的两张嘴皮子，但英、法专使又不见谭廷襄，谭廷襄即便浑身是嘴也无处说去。

四月初六，英、法专使及其海陆军司令商量后，决定以武力攻占大沽，前往天津。初八，英、法专使要求，其可以在海河内行驶船只，限清军两小时内交出大沽。大沽位于海河出海口，是京、津的门户，战略地位极为重要，该处设有炮台4座。英法联军占领广州后，咸丰帝听说英、法等国即将北上，遂下令加强该处的防守，派援军6000余人。此时大沽一带共有清军约万名，其中驻守炮台3000余名，其余驻扎炮台后路各村镇，作为增援部队。当英、法的无理要求被拒绝后，英法联军遂以炮艇12艘、登陆部队约1200人进攻大沽南北炮台。经过两个多小时的激战，守军不敌而败，驻守炮台后路的清军更是闻炮即逃。十四日，英法联军未遇抵抗，占领天津。十八日，四国使节要求清政府派出"全权便宜行事"大臣，前往天津谈判，否则将进军北京。

大沽炮台的失陷，极大地震动了清王朝。上一次战争因为已是很久之前的事，他们也只剩下一些模糊的记忆，未想到精心设防号称北方海口最强大的大沽，竟会如此轻易地落于敌手。战前对防卫颇具自信的谭廷襄，言词大变，称"统观事务，细察夷情，有不能战，不易守，而不得不抚者"，要求咸丰帝议和。大沽、天津不同于广州，距北京近在百里，感到皇位基座微微颤摇的咸丰帝，于二十日派出大学士桂良、吏部尚书花沙纳为"便宜行事"大臣，前往天津，与各国谈判。第二天，咸丰根据惠亲王等人的保奏，起用曾在登基之初被降为五品员外郎的耆英，以侍郎衔赴天津办理交涉。他想利用耆英当年与英国等国的交情，在谈判中能得到点儿便宜。

二十一日，桂良、花沙纳到达天津，先后会晤四国使节。英、法、美态度强硬，俄国使节却声称若同意应允俄国的条件，他们可以替清廷向英、法说合。对咸丰帝寄予厚望的耆英，英、法专使却拒绝会晤，只派出两名译员接见。自从英法联军攻陷广州之后，劫掠了两广总督衙署的档案，对耆英当年阳为柔顺、实欲钳制的底蕴，了解得一清二楚。耆英与英、法代表会面时，英国译员手里拿着档案，对着耆英讥笑怒骂，大肆凌辱。耆英此时已年近七旬，政坛上被冷落了8年，本来对于这次复出喜出望外，自以为凭自己当年与英、法等国的老交情，必定能有所收获，自己也可以东山再起，可他没想到会受到这等羞辱，实在难以忍受，两天后便从天津返回北京。桂良、花沙纳没有兵权，面对英、法的嚣张气焰，只能忍气吞声，开展"磨难"功夫。他们多次请求态度相对温顺的俄、美出面说合。俄、美乘机借调停之名而最先获利。五月初三，《中俄天津条约》签订。初八，《中美天津条约》签订。

清政府与俄、美签订条约之后，原以为俄、美"受恩深重"，理应知恩图报，帮助清政府说合，但是俄、美只是表面上敷衍清政府，实际上却希望英、法勒索得越多越好，那么他们就可以凭借最惠国条款"均沾"利益。十二日，英方发出照会，声称如果清廷仍不做出决定，英军就要进军北京。十五日，英方提交和约草案五十六款，"非特无可商量，即一定字亦不容更易"。咸丰皇帝听到这个消息，准备再次开战，而桂良等人知道开战必败，于是在五月十六日，与英国签订了《中英天津条约》，又在第二天与法国签订了《中法天津条约》。条约签订之后，桂良才上奏咸丰帝，极力陈述不可再次开战的原因，"只好姑为应允，催其速退兵船，以安人心，以全大局"。炮口下的谈判，结果肯定是这样的。咸丰帝非常恼火，只能把气撒在替罪羊身上。十九日，咸丰命令耆英自尽，罪名是"擅自回京"。

条约签订之后，侵略者要求照《中英南京条约》的例子，由皇帝朱批"依议"后才肯撤兵。二十三日，咸丰帝批准了中英、中法《天津条约》。二十八日，英法联军撤离天津，到六月初七，退出大沽口外。

可惜了那园子

咸丰十年（1860年）10月18日夜里，一向静谧的北京西郊却颇不平静。圆明园一带火光冲天，烈焰飞腾。在火光的照耀下，影影绰绰看到无数太监、宫女东奔西走，试图躲避灾祸。然而他们的努力却是徒劳的，千余名英法联军一边四处纵火，一边将侥幸逃脱的太监、宫女推到熊熊燃烧的火焰中。大火足足燃烧了两天两夜。当笼罩在圆明园上空的滚滚浓烟逐渐散去，只剩下余火在废墟上哔哔剥剥地发出微响，住在附近的老百姓才敢悄悄从家中出来一探究竟。他们惊讶地发现，昔日戒备森严的皇家禁地，已经是墙倒屋塌，宛如人间地狱一般。

火烧圆明园，这在中国乃至世界历史上永远都是耻辱的一笔。

圆明园所在的海淀一带，是个水泊密布、草木繁盛的地方。元明时期，已经有人在此修建园林寺庙，此地被称为"丹菱沜"。到清代康熙年间，康熙帝在此修建了畅春园，并将周围一些旧有园林加以修葺，分封给诸皇子，分封到皇四子胤禛名下的是一片称为"镂月开云"的园林。由于胤禛笃信佛教，自号"圆明居士"，因此将这片园林改名为"圆明园"。雍正继位之后，圆明园也随之扩建为皇家园林，从雍正三年（1725年）起逐年都有修葺。

圆明园的全面扩建是在乾隆时期。由于乾隆曾经先后六下江南，当地园林建筑给他留下深刻的印象，因此他意欲将江南风光全面移植到圆明园中。他一方面委托外国传教士郎世宁、蒋友仁等人制图设计，一方面又召集能工巧匠进京施工，并亲自主持扩建工程。整个工程历时 30 余年，到乾隆三十五年（1770 年）方才全面告一段落。由于外国传教士的参与和中国工匠的巧夺天工，圆明园可以说博采众长，运用了古今各种造园技巧，融汇了中外各种园林风格。当时的外国传教士参观圆明园后将其称为"万园之园"。

嘉庆年间，对圆明园又进行了一定程度上的扩建，将其附近的长春、绮春两处附属园林并入其中。三处园林以圆明园为主，其余两处为辅，各自独立而又相互连通，形成了园中有园的别致景观，因此又统称为"圆明三园"。经过清王朝几代皇帝先后长达 150 余年，耗去白银两亿两之巨的苦心经营，到咸丰年间，圆明园已经是一片规模宏大、空前绝后的园林建筑。

由于圆明园内建筑众多，造型各异，因此景观也极其丰富。圆明园四十景据说是由乾隆皇帝钦定，并亲自赋诗，最后由画师绘画，御笔题咏。

园中究竟是怎样的惊世奢华？从法国大作家雨果的描述中可以看出："你可以去想象一个你无法用语言描绘的、仙境般的建筑，那就是圆明园。这梦幻奇景是用大理石、汉白玉、青铜和瓷器建成，雪松木做梁，以宝石点缀，用丝绸覆盖；祭台、闺房、城堡分布其中，诸神众鬼就位于内；彩釉熠熠，金碧生辉；在颇具诗人气质的能工巧匠创造出天方夜谭般的仙境之后，再加上花园、水池及水雾弥漫的喷泉、悠闲信步的天鹅和孔雀。一言以蔽之：这是一个以宫殿、庙宇形式表现出来的充满人类神奇幻想的、夺目耀眼的宝洞。这就是圆明园。"

然而，就是这么一座美轮美奂的皇家园林，却在第二次鸦片战争中遭到了残酷的蹂躏。

咸丰十年（1860 年）9 月，再次来袭的英法联军已经逼近了北京城，迫不得已的咸丰帝只得派出怡亲王载垣等人赴八里桥与联军代表谈判。在八里桥谈判之际，清廷居然自作聪明地将联军代表一行 39 人扣押并监禁起来，企图以此要挟英法联军退兵。

清政府在大敌当头之际，不去考虑如何组织兵力作战，反而想出此等下下之策，殊不知此等做法不仅无助于联军退兵，反而给予对方继续进攻的口实。

果然，见到谈判失败，巴夏礼等人又被清廷扣押，英法联军决定继续用兵。在遭遇了几次毫无威胁的抵抗后，英法联军于 10 月初兵临北京城下。

此时的咸丰帝已逃往热河行宫，留在北京城负责善后的是恭亲王奕䜣。由于联军由东面而来，奕䜣重兵布防于东城一带，企图抵挡。然而，这一军事情报却被俄国公使伊戈那提耶夫获取，他建议英法联军避实击虚，绕行攻击西北城郊。联军依计而行，于 10 月 6 日直扑圆明园而来。此时，虽有僧格林沁、瑞麟等清军余部出城抵抗，但大势已去，联军于当日傍晚几乎不费吹灰之力地抵达了圆明园门外。

此时的清廷防守北京城犹嫌自顾不暇，根本没有余力顾及圆明园，因此圆明园几乎是不设防状态。面对着汹涌如潮水袭来的英法联军，只有 20 余名圆明园技勇太监进行了微弱而坚决的抵抗，然而很快就以身殉国了。

联军一拥而入，攻占了圆明园，管园大臣文丰涕泗横流，投福海而死。进入圆明园的联军被园中的富丽堂皇惊呆了，由于担心可能会对接下来与中方的交涉造成不利的影响，他们一开始还勉强压抑着心中的贪欲，命令士兵不得抢劫财物，然而很快他们就控制不住在战争中业已混乱的本性。第二天，英法联军的上层军官便开会讨论如何分配园中的财产，并很快动手实行。可是，计划中的搬运很快就变成了毫无章法的抢劫，冲昏了头脑的士兵成群结伙地开始抢掠财物和艺术品，后来军官也参与其中。

然而，更糟糕的事情还在后面：在抢劫的过程中，联军士兵发现了之前被清廷扣押的39名联军人质，已有26人死去。已经抢劫抢到头脑充血的联军勃然大怒，英军指挥官额尔金伯爵决心给予清政府以无法挽回的损失作为报复。于是，在10月16日，本已抢劫得心满意足的英军又返回圆明园，肆意纵火，将圆明园化作一片灰烬。

圆明园的大火击倒了清廷，恭亲王奕䜣被迫答应了英法联军的所有要求，签订了《北京条约》，而咸丰也因受打击过大，于第二年驾崩了。

兰贵人被册封

咸丰二年（1852年）的大清帝国并不平静，太平天国连战连捷，一路北上，从西南到华南都笼罩在战火硝烟中。然而，大敌当前的形势并不能让登基伊始的咸丰帝将注意力转移到军国大事上来，这一年适逢三年一遇的选秀女入宫，他还在兴致勃勃地挑选着美女。

清代制度，所有八旗女子，都有入宫侍奉皇族的义务，但并不是所有女子都有资格入宫。为了遴选符合条件的女子，清朝入关之后，制定了所谓"选秀女"的制度。选秀女分为两种：第一种主要是为皇族挑选妻妾，因此比较正式，每三年一次，由户部负责，只有现任一定品级以上官职的八旗人家才有资格将女儿送入皇宫参加遴选。参选女子还必须身家清白，体貌端正。中选女子除了有可能被皇帝看中成为妃嫔甚至皇后之外，至少也有成为皇室直系子孙正室的机会。另一种选秀则主要是为皇宫及各王府挑选宫女，因此规格就低得多，由内务府在内务府三旗的包衣人家中挑选，中选女子由于出身较低，最多能够成为皇室子孙的侧室。

为了保证秀女的质量，清廷还制定了一系列辅助措施，如只有13—17岁并且符合条件的女子才能参加选秀女，落选者只有过了年龄才可以自行婚嫁，等等。

在这一年的选秀中，有一名姿容艳丽、皮肤白皙、声音婉转动听的17岁少女引起了负责选秀官员和咸丰帝的注意，这名女子是安徽宁池太广道道台惠征之女。咸丰将其留在宫中，并封为"兰贵人"。

正史中并没有记载兰贵人的名字，很多野史将她的名字写作"兰儿"或者"玉兰"，但事实似乎并非如此。根据慈禧娘家后人的回忆，兰贵人入宫前的名字叫"杏贞"，在家中大家都管她叫"杏儿"。

兰贵人姓叶赫那拉，曾祖父吉朗阿是嘉庆年间的刑部员外郎，祖父景瑞是道光年间的山东司员外郎，而外祖父惠显是满族八大姓之一的佟佳氏族人，道光年间先后做过安徽臬台、驻藏大臣、京营卫翼总兵。

道光十五年（1835年），杏贞出生，然而，杏贞的童年过得并不开心。道光二十三年（1843年），已去世的吉朗阿被牵涉到户部库银亏空中，景瑞被勒令补清吉朗阿欠下的两万一千六百两库银。这笔数目在当时不啻为一个天文数字，倾其所有也无法还清库银的景瑞因此被革职下狱。惠征的仕途虽未受牵连，但全家的经济状况却变得极为糟糕。

道光二十九年（1849年），在惠显的帮忙下，景瑞被释放，并以原官致休，惠征也被外放道台，先后在山西和安徽任职。到咸丰二年（1852年），已经17岁的杏贞参加了户部主持的选秀，并被选入宫中。杏贞入宫以前的情况，其实并没有留下多少记载，甚至她的出生地，迄今尚无定论。

一种说法是杏贞出生在北京。清朝在选秀女时，会记录候选人的名字籍贯等个人信息，称为排单。根据杏贞妹妹，后来成为醇亲王福晋入宫时的排单来看，她家住在北京西单牌楼北劈柴胡同（现名辟才胡同）。然而，由于杏贞的排单还没有被发现，因此这并不能作为她的出生地的确凿证据。另一种说法是由于惠征曾经在外地任职，因此杏贞是否出生于北京亦难下结论。在浙江乍浦地区，就广泛流传着慈禧太后出生于此的说法。

被封为兰贵人的杏贞，一开始并没有得到咸丰帝的宠幸，此时咸丰帝的心都在同时入宫的丽贵人他他拉氏身上。然而，仅仅过了两年，情况就发生了变化。咸丰四年（1854年）二月，兰贵人被封为懿嫔，并于十一月举行了册封典礼，她正式成为皇帝的嫔妃，拥有了一定的权力。相比之下，丽贵人和婉贵人虽然也在同年升为嫔，但二人的册封却事出有因：丽贵人是因为为咸丰皇帝产下一女，而婉贵人的父亲则是御史，并且二人的册封典礼举行时间也晚于兰贵人。由此看来，在错综复杂、钩心斗角的后宫斗争中，懿嫔成功地占据了咸丰皇帝的心。

至于兰贵人是怎样在众多佳丽中脱颖而出，成功从丽贵人身边分一杯羹的，民间流传着多种说法：一种说法如电影《火烧圆明园》中，兰贵人久居深宫，寂寞无聊，把手帕叠成老鼠的样子，抛掷取乐，恰好丢到偶然经过此处的咸丰脚下。咸丰被兰贵人的天真所吸引，这条手帕成为定情信物。

另外一种说法认为，兰贵人由于无法接近皇帝而颇费思量，后来她用重金收买了咸丰帝身旁的太监，对咸丰皇帝的爱好摸得一清二楚，于是想出了一条妙计。有一天，她从太监处得知咸丰恰巧要经过圆明园的"桐荫深处"出宫，她便着意梳妆打扮，早早在此等候。待咸丰的身影远远地出现时，她便曼声唱起了江南小曲儿。兰贵人的声音本就悦耳，再加上小曲儿又甚为动听，居然有余音袅袅、绕梁三日的感觉。缓缓走近"桐荫深处"的咸丰自然听到了这断断续续传来的歌声，不禁驻足侧耳凝听，听了一阵，不禁兴趣大起，便临时起意，决定巡幸此处。于是，咸丰见到了早有准备打扮得花枝招展的兰贵人。咸丰一见，大为高兴，赐予兰贵人"天地一家春"的称号。兰贵人更加曲意奉承，从此便圣眷不衰，深得咸丰的宠爱。

这个说法充分显示了兰贵人的聪明才智。

牝鸡司晨

中国古语有云"母以子贵"，特别是在皇宫内院，为皇帝生育子女，保证龙脉的延续，是皇帝最为关心的事情。这件事对于咸丰而言，意义更为重大。那一年，丽贵人的怀孕曾经让咸丰激动不已，可惜后来丽嫔生下了一个女孩。

兰贵人在被册封为懿嫔之后，自然希望给咸丰帝生一个儿子，让自己更进一步。懿嫔于咸丰五年（1855年）六月被确诊怀孕。咸丰六年（1856年）三月，懿嫔分娩，产下咸丰皇帝的长子，就是后来的同治皇帝——载淳。

兴奋不已的咸丰帝非常疼爱这个孩子，将他的出生看作是对大清列祖列宗最好的告慰，御笔亲书写下了这样的诗句："庶慰在天六年望，更钦率土万斯人。"咸丰给予了懿嫔以足够的奖赏和荣宠，不仅赏赐懿嫔的娘家人房屋宅院，还立刻将懿嫔封为妃，第二年又晋升为懿贵妃。此时的后宫，除了高高在上的皇后钮祜禄氏，懿贵妃已经将与她同时入宫的秀女远远地甩在身后了。

已经成为懿贵妃的杏贞并不满足于这样的地位，她还梦想着有一天被封为皇后。为此，她需要比别的嫔妃更加熟悉咸丰的好恶，在不动声色中迎合咸丰。与宫中其他嫔妃相比，懿贵妃有一个独一无二的长处，那就是她读书较多，特别是能够读写汉文。与大多数嫔妃闲来无事不同，懿贵妃始终保持着学习的热情。据清人笔记记载，早在她初入宫闱，还是兰贵人的时候，就曾经不惮暑热，用功读书，从而吸引了咸丰帝的注意。此外，她为了消遣，还学习过一段时间的书法绘画，无论是花鸟鱼虫，还是颜柳欧赵，都略通一二。

懿贵妃在这方面的特长引起了咸丰帝的兴趣——他发现有一定文化的懿贵妃可以帮助生性疏懒的他处理政务。由于咸丰才学平平，并不是一个有为之君。他登上皇位时，大清帝国正在内忧外患中风雨飘摇，这要求他不得不把更多的精力放在处理政务之上，每天都需要批阅大量的奏章和密折。时间一长，咸丰帝受不了了。这个时候，他想起了懿贵妃。既然懿贵妃能书会画，又看得懂汉文，那自然也可以帮助自己批阅奏折。

起初，咸丰只是拿出一些请安折子、事务报告等不甚重要或者例行公事的折本，让懿贵妃按惯例批复"知道了""转各部知道"等。这样一来，咸丰的处事效率果然提高了不少。尝到了甜头的咸丰进而变本加厉，逐渐开始拿一些军机处送来的重要折子，甚至是机密折子给懿贵妃批阅。这些奏折本应由咸丰亲自批复，但他懒得动笔，只是自己看一遍，再口拟谕旨，由懿贵妃誊写清楚。

按照清朝祖训，后妃与宦官不得干政。为了彻底落实这一禁令，康熙时期还将其制成铁牌竖立在宫门外，以儆效尤。应该说，懿贵妃的举动，早已是赤裸裸的干政之举。可是，在咸丰看来，这并没有什么不妥之处。懿贵妃只是作为一名誊写员，帮助他减轻负担，而军国大事最后的决策权还是在他的手里，只要他心中有数，调度有方，就不会出现后宫干政、牝鸡司晨的状况。

对于懿贵妃来讲，情况却有所不同，原本她只是个深居宫中的妇道人家，虽然粗通文墨，却对政务军务一无所知。通过批复奏折文书，又有咸丰的讲解和示范，她"时时披览各省章奏，通晓大事"，逐渐明白了一些为君之道。

也许，一开始她只是以此来表示对咸丰的关心，利用其自身得天独厚的条件为丈夫分忧解难，从而巩固在宫中的地位。但是，尝过了"一朝权在手，便把令来行"的滋味以后，她的野心逐渐膨胀起来。天长日久，连咸丰都没有发觉，懿贵妃早已从一个弱女子变成了对权力怀有热切渴望的野心家。

到咸丰朝后期，懿贵妃已经成为咸丰须臾也离不得的人。此时已经不是因为懿贵妃的美貌或是才艺，而是她已经能够时时为咸丰出谋划策，分担他对政务的忧愁和苦恼。在太平天国步步紧逼、清廷一筹莫展之时，她曾经劝说咸丰帝在此非常时刻应抛开满汉分际，重用曾国藩、胡林翼等一班汉臣，赋予他们更大的权力。咸丰帝听从了她的建议，日后这一班人不负咸丰的期待，在覆灭太平天国的战争中发挥了决定性的作用。

在第二次鸦片战争的紧要关口，她的冷静与魄力都表现得淋漓尽致。

根据清人的记载，当英法联军连战连捷，攻占天津时，咸丰帝正在圆明园内与一众妃嫔饮酒作乐。闻听这个噩耗，咸丰竟然手足无措，当着妃嫔的面痛哭流涕，丑态百出。见到皇帝如此，几乎所有的妃嫔也顿时哭作一团，一时哭声震天。只有懿贵妃面色如常，款款走近咸丰皇帝，冷静地建议咸丰皇帝：事已至此，痛哭又有何用？当今之计，应该速想应对之策才是。恭亲王奕訢聪明决断，又熟悉外情，陛下可以宣他进殿讨论该如何是好。

之后，当咸丰在肃顺的怂恿下决定"北狩"逃离北京的时候，懿贵妃又公开提出反对意见。她认为，如果咸丰在京，众大臣就有主心骨，办事会更加尽心尽力，而洋人也不敢肆意妄为；如果落荒而逃，不仅对士气是个严重的打击，更会让洋人乃至天下老百姓对朝廷生出轻视之心，后患无穷。

不能不说，在此生死攸关的时刻，懿贵妃的沉着机智都让她做出了在事后看来是正确的选择。饶是如此，懿贵妃的举动也已经让朝中重臣颇为不满，以肃顺、载垣、端华为首的守旧派大臣，绝对不能容忍朝堂之上出现和自己意见相左的声音，更何况这声音还是一个年轻女人所发出的。大臣们的戒惧也引起了咸丰的警惕，在他生命的最后时刻，似乎也意识到了如果没有自己的压制和管束，将来靠着儿子登上皇太后之位的懿贵妃将会一发而不可收，于是他把压制懿贵妃的重担交给了皇后。

根据野史记载，咸丰在病危时，曾有密诏授予皇后，告诉皇后如果懿贵妃之后肆意妄为，横行不法，可以出示此诏，以祖宗家法治之。咸丰帝的担心不是没有道理，可惜他却选错了对象——自幼生长在富贵之家、两耳不闻窗外事的皇后，怎么能是野心勃勃的懿贵妃的对手？咸丰一驾崩，毫无宫廷斗争经验的皇后就把这封遗诏给懿贵妃过目。虽然这使得懿贵妃暂时安静了一段时间，但也因此对咸丰乃至皇后生出的恨意，终于让皇后付出了代价。

咸丰十一年（1861年）七月，咸丰在热河驾崩，皇后顺理成章晋升为慈安皇太后，而懿贵妃则因为儿子载淳继位，凭借皇帝生母的身份晋升为慈禧皇太后。

女人来要权

咸丰十一年（1861年）九月三十日，北京城中弥漫着一股悲伤而忙乱的气氛。此时距咸丰皇帝驾崩刚刚两个多月，正处于国丧期间，酒肆茶楼大门紧锁，商铺的招牌也都取了下来。洋人烧杀抢掠后还没有完全复原的长安街上，到处高搭灵棚，立悬挽幛，在肃肃的秋风中显得格外萧瑟。穿着素色长袍马褂的行人过客都一副愁眉苦脸的表情，深一脚浅一脚地踏在因绵绵秋雨而变得泥泞不堪的路上：听说大行皇帝的梓宫已经从热河启程返京，一两天之内就要抵达，这个当口还是早点儿回家，免得冲了圣驾。然而此时，从紫禁城的方向却冲来一队人马，向着朝阳门方向一路飞奔而去，转眼就不见了踪影。只见这帮人个个弓上弦刀出鞘，威风凛凛，杀气腾腾。

这支马队出了朝阳门，一路向密云方向而去，到达密云驿馆已是定更时分。带队之人把手一举，恶狠狠地说道："派50个人把驿馆给我围起来，一个也不许走了。剩下的，跟我进去捉拿奸贼！"说完下马，咚咚几脚，将驿馆的大门踹开，后面兵丁一拥而上，早把驿馆围得个风雨不透。

驿馆外面的人喊马嘶早把里面的人惊醒了，纷纷起身查看动静。正堂房门一开，闪出一员身穿便服的中年汉子。此人身材魁梧，面目刚毅，正是御前大臣、内务府大臣、户部尚书协办大学士、署领侍卫内大臣肃顺。此次护送大行皇帝梓宫还京的正是他。

肃顺一脚踏出门来，劈头正撞上闯进驿馆的来人。他正要厉声斥责，定睛一看，却顿时大惊失色，原来来人是大行皇帝的弟弟、醇郡王奕谟。奕谟一见是肃顺，咬着牙蹦出两个字："拿下！"顿时兵丁如鹰拿燕雀一般，将兀自愣在当中的肃顺一脚踢翻，倒剪双臂捆了个结结实实。这时奕谟才面无表情地说道："肃顺接旨。"说完展开圣旨，念了起来："户部尚书、赞襄大臣肃顺飞扬跋扈，弄权误国，有篡位之心，著革去一切职务，逮捕入京，送交刑部严议，钦此！"

奕谟刚一念完，肃顺便大嚷起来："奸王！你勾结内宫，有负大行皇帝恩德……"言还未毕，早有兵丁上来，啪啪两个嘴巴，又塞了个麻核在他嘴里。奕谟长出一口气，向左右交代："我留在此地，明日奉送大行皇帝梓宫回京，你们把肃顺连夜押回北京，一路上严加看管，不得有误！"左右答应一声，将肃顺拉出了驿馆。

肃顺是宗室子弟，他的父亲是郑亲王乌尔恭阿，祖上乃是赫赫有名的"铁帽子王"济尔哈朗，但肃顺只是汉族小妾所出的庶子，因此这顶铁帽子无论如何也落不到他的头上。虽然如此，肃顺却不甘心只做个闲散的宗室子弟，成日养狗遛鸟终此一生。肃顺虽然读书有限，却很有能力，又善于笼络人心，因此颇受推崇。咸丰继位，内忧外患频仍，对国事一筹莫展的咸丰正愁无人可用，见到宗室子弟中居然有此等人才，自然大喜过望，着意提拔，几年之内肃顺就从一个散秩大臣升到了户部尚书。

和一般的满族亲贵比起来，肃顺确实与众不同。他虽然是满族人，对汉族人却毫无偏见。据说他经常挂在嘴边的话是："咱们旗人浑蛋多，懂得什么，汉族人是得罪不得的，他那支笔利害得很。"在他的大力提拔下，咸丰年间许多汉族人被委以重任，曾国藩、胡林翼等人，都受过他的恩惠。

然而，肃顺在对待西方列强的态度上却表现出极其顽固的态度，这一点也使他和朝中不少重臣产生了矛盾。咸丰十年（1860年），英法联军进犯大沽口，咸丰帝慌作一团，不知如何是好。此时朝中大臣的意见出现分歧，以恭亲王奕訢为首的文祥、桂良等人，主张与洋人议和，而肃顺等人却坚持与洋人开战。咸丰本与奕訢不甚相得，又宠信肃顺，自然听从后者之言。不料清军连战连败，肃顺所献扣押巴夏礼使英军退兵的计策也弄巧成拙。眼看英法联军兵临城下，大臣们又吵开了，奕訢等人请求咸丰留在北京城亲自主持与洋人议和，而肃顺则力劝咸丰离开北京这个是非之地，逃往热河行宫。

咸丰是个死要面子活受罪的主儿，总是觉得接见"外夷"有失身份，因此自然唯肃顺之言是听。带着妃嫔宫女，和亲信大臣一股脑地落荒而逃，把北京留给了恭亲王奕訢等一干主和派大臣，负责善后事宜。奕䜣在北京与洋人折冲樽俎，累得要死要活，咸丰倒在热河专心饮酒享乐。谁料天有不测风云，咸丰十一年（1861年）七月，咸丰在热河一病不起，留下了5岁的幼子载淳，撒手西去。

也许是回光返照，临死之前的咸丰，脑筋居然开窍了。他深知自己不在北京，又留下孀妻弱子，必然会造成政局的动荡。为了顺利扶保载淳成人，咸丰一方面将怡亲王载垣、郑亲王端华、户部尚书肃顺、御前大臣景寿，及军机大臣穆荫、匡源、杜翰、焦祐瀛等八人封为参赞政务王大臣——也就是所谓的"顾命大臣"，另一方面赐予皇后钮祜禄氏一枚"御赏"图章，赐予懿贵妃一枚"同道堂"图章，要求新君的所有诏书都由八大臣拟定，但要加盖两枚图章才能生效。这样，在内宫与外廷之间达成了一种制约关系。

咸丰的设想虽然看似周到，但却存在着一个致命的失误。

咸丰"北狩"时被留在北京的大臣中不乏朝廷重臣，以及一大批才学卓异之士、实心任事之材。例如，军机大臣文祥、直隶总督桂良，此外还有宝鋆、翁心存、祁隽藻、彭蕴章、贾桢等人。这些人的共同之处，在于对洋人的态度比较客观，主张议和，然而正是如此，遭到了肃顺等人的排挤和咸丰帝的弃用。共同的政治取向使他们逐渐成为一个比较有影响的政治集团。不仅如此，这个集团中还包括了恭亲王奕䜣。

奕䜣有真才实学，思想也比较开明，但由于夺位斗争的余波影响，此时并没有任何实际职务，仅是个空有爵位的闲散王爷。和奕䜣境遇相同的，还有五阿哥惇亲王奕誴、七阿哥醇郡王奕譞、八阿哥钟郡王奕詥、九阿哥孚郡王奕譓等人。咸丰平日并未给这些兄弟们安排任何职务，出奔热河之时却把他们留在京城挺身犯险，这自然让他们大为不满。虽然他们没有实权，但皇亲国戚的身份却也不能小视。在这种情况下，以奕䜣为首，留守北京的大臣和诸皇子逐渐勾搭连环，兼之又处于北京这一政治中心，直接处理许多军国要务，成为一股绝不逊于顾命八大臣的强大政治势力，而咸丰却完全没有想到这一点。

总之，咸丰的失误，以及他根本想不到的内外矛盾，导致了一场宫廷政变的发生。

斗争从咸丰甫一逝世就开始了。八月初一，闻听噩耗的奕䜣要求到承德奔丧，但是被八大臣拒绝了，他们要求恭亲王留在北京。奕䜣哪肯罢休，又以手足情深为理由屡次申请，八大臣考虑到人之常情，就允许了。

奕䜣到了避暑山庄，先在咸丰灵前一番痛哭。哀悼完了，他就要求见两宫太后。八大臣想以叔嫂见面不便为由拒绝，奕䜣就说八大臣可以一块儿见。这是他的一个策略，他知道八大臣不会与他一起见两宫太后。最后，八大臣没有与他一起见，他自己见了两宫太后，密谈了两个多小时，政变的计划就敲定了。然后，奕䜣又在承德待了两天，遂回北京做具体部署。

九月二十三日，大行皇帝梓宫起驾还朝。两宫太后声称孤儿寡母一路上多有不便，要求从小道先行赶回北京。肃顺并不放心，派出其余七大臣一路跟随。然而让肃顺始料未及的是，两宫太后特别是慈禧此时的魄力和勇气远非常人能比。这一行人日夜兼程，仅用 6 天就回到了北京，而此时由于秋雨连绵道路泥泞，梓宫还在路上。这就为政变提供了绝好的机会。

两宫太后回到北京以后，立刻召见奕䜣等人，并以小皇帝之名拟旨，将顾命八大臣全部革职，交部议处。第二天，一面逮捕在京中的载垣、端华等人，一面派醇郡王逮捕尚在途中的肃顺。一场震惊中外的宫廷政变就这样发生了，史称"辛酉之变"。

暗箱操作

咸丰十一年（1861年）十一月初一，刚刚正式举行登基典礼一个多月的小皇帝同治按惯例要在养心殿接见群臣处理公务。时辰未到，文武百官早已在乾清门外等候了。和往常三三两两聊天嬉笑的轻松气氛不同，这一日群臣都面无表情，不敢随意说话。毕竟刚刚经历了一场惊心动魄的宫廷政变，惊魂未定的群臣还没有回过神来。

然而，当他们进了养心殿，眼前的情景却让他们大吃一惊：只见养心殿东暖阁内正中央的须弥宝座上，端端正正坐着同治小皇帝，不明所以地眨着眼睛望着鱼贯而入的群臣。小皇帝的两边，分别站着两位盛装朝服的年轻王爷，正是恭亲王奕訢和醇亲王奕谭，二人神情肃穆，不怒自威。与平常最大不同的是，须弥宝座之后，原本空空如也的地方，如今竖着一道明黄色的屏风，影影绰绰可以看到后面有两人端坐的身影。群臣慌不迭下跪叩首，把头低得不能再低。因为他们心中都清楚，坐在小皇帝后面的两人，正是当今皇上的两位母亲，圣母皇太后慈安和生母皇太后慈禧。

也就是从这一天开始，大清国进入了两宫皇太后"垂帘听政"的历史阶段。曾经的兰贵人、懿贵妃，现在的慈禧皇太后，终于如愿以偿地掌握了大清帝国的最高权力。

前文已经说过，咸丰帝病重时，并没有"垂帘听政"的想法，而是指定了"顾命八大臣"辅佐年幼的小皇帝。然而由于咸丰帝想要在外廷和内宫之间保持平衡，也授予了两宫皇太后一定的权力。可是，早已热衷于权力的慈禧并不甘于受制于人。于是，她在与受到咸丰冷落、被排挤出权力中心的恭亲王奕䜣密谈后，决定发动政变，实行"垂帘听政"的政治体制。

早在朝廷尚未返回北京之时，关于"垂帘听政"的争论就已经爆发。在慈禧的授意之下，御史董元醇就上奏折，恭请两宫太后垂帘听政，并拣选亲王辅佐朝政。然而，大权在握的八大臣却坚决反对这一提议，甚至与两宫皇太后发生了激烈的争吵。史载，八大臣"哓哓置辩，已无人臣礼"，甚至"声震殿陛，天子惊怖，至于涕泣，遗溺后衣"。这一状况坚定了慈禧发动政变的决心，既然谈判不能解决问题，那就只好用暴力手段了。正如前文所叙，两宫皇太后最终获得了胜利。

"垂帘听政"虽由两宫太后共同主持，但由于慈安并无政治野心，因此只是例行公事，徒具形式而已，真正的实权掌握在慈禧手中。虽然早在咸丰时，慈禧就参与奏折的批复，对军国大事有所了解，但真正自己亲力亲为，未免还是有力不从心之感。好在慈禧颇为注重学习，她请南书房、上书房师傅翁同龢等人，定期进宫讲课，学习古往今来的治国安邦之策，又命人编纂《治平宝鉴》，时时阅读，增长见识。如此刻苦用功，慈禧进步很快，逐渐已经能独立批阅奏章了。

慈禧执政伊始，就亲自接见了曾国藩，随后命曾国藩为两江总督，并统领江苏、浙江、安徽、江西四省军务，四省的巡抚、提镇以下官员全部归他节制。兴奋的曾国藩甚至写信告诉朋友：这真是开国以来没有过的恩宠。在曾国藩的保举下，整个长江流域的高级官员几乎全换成了汉族人，如江忠义为贵州巡抚，毛鸿宾为湖南巡抚，严树森为湖北巡抚，李续宜为安徽巡抚，郑元善为河南巡抚，刘长佑为广西巡抚，李鸿章为江苏巡抚，沈葆桢为江西巡抚，左宗棠为浙江巡抚。

慈禧的用人之道获得了成功，这一班以文人出世，却在战场上立下赫赫战功的大臣，不仅陆续击败了太平天国和捻军，更在东南各地掀起了一股自强求富之风，号称"中兴名臣"。

两次鸦片战争的全面惨败，促使清政府的官僚发生了分化。一部分官僚开始反思曾经的天朝上国和现在的西方列强之间的差距，并认为应该系统地学习西方的先进科学技术，主张"师夷长技以自强"；而另一部分官僚则坚决反对进行任何的改变，认为天朝上国的体制万世不可变更。双方从朝中到地方都发生了激烈的争执。

在这场争论中，慈禧无疑是站在洋务派一边的，这倒不是因为洋务派在中央的首领是恭亲王奕䜣的缘故。慈禧经历了咸丰朝的"衰世"局面，深深地认识到清政府的当务之急是找出解决内忧外患的具体方略。无论是洋务派还是守旧派，其根本出发点并无二致，都是为了挽救风雨飘摇之中的清政府，但相比起守旧派官僚坐而论道，空谈理学，却拿不出任何具体措施，洋务派官僚"中学为体，西学为用"的施政纲领无疑更有可操作性。因此，慈禧太后坚定地站在了洋务派官僚一边，支持了洋务运动的开展。

在洋务派官僚的努力下，东南沿海地区兴建了一批以制造局、招商局、船政局为代表的近代工业，并且在京师兴建同文馆，在上海、广州建立方言馆，还选送派遣了一批幼童赴美留学。这些措施揭开了中国现代化的艰难进程，为中国现代化奠定了基础。

当然，守旧派官僚对洋务派的这些举措进行了强烈的攻击。以倭仁为首的官员连番上折，反对建立同文馆和总理各国事务衙门等机构。慈禧对这些奏折进行了坚决的回击。例如，慈禧曾经命倭仁在总理各国事务衙门行走，又叫倭仁保举通晓西洋之事的儒学人才，这些要求无疑是在为难倭仁，最终倭仁只得服软求饶。在慈禧的强硬坚持下，洋务运动最终没有被守旧派的阻挠所破坏，取得了令人瞩目的成就。

不过，慈禧主持下的同治中兴虽然取得了一定的成功，但其局限性也很明显。慈禧终究是封建帝王家的大家长，所有改革措施，都是为了清廷统治的延续和稳定，在这个大前提下，一切改革都可以进行，但如果认为有某项措施有可能威胁到这一前提，她就会毫不犹豫地加以终止。

见书头疼，说玩眼放光

咸丰十一年（1861年），咸丰帝在热河驾崩，留下一子载淳，年仅5岁。

同治的老师不是不好，曾经教过他的老师都是朝廷重臣、饱学之士。例如礼部尚书祁隽藻，大学士翁心存，工部尚书倭仁，翰林院编修李鸿均、李鸿藻，咸丰朝状元翁同龢都曾教过他。无奈同治喜怒无常，"天威难测"，这些老师毕竟都是臣子，不敢过分要求，只好睁一只眼，闭一只眼，得过且过。李鸿藻长年担任同治的老师，每天上课的时候不是陪他聊天，给他讲故事，就是下棋而已。而同治的几位伴读奕详、奕询等人都是他的叔叔辈，同治始终对其敬而远之，没法儿起到相互鼓励、彼此切磋的作用。伴读除了代同治受过，给他当出气筒之外一无所用。后来，恭亲王奕䜣的儿子载澂进宫伴读，载澂脑子好使，又能说会道，可是也不好好学习，反而带着同治成天玩耍嬉闹，成了同治的玩伴。同治在课堂上有精神的时候就打闹嬉笑，无所顾忌，没精神的时候就呵欠连连，瞌睡连天。《翁同龢日记》记载了同治十年（1871年）同治帝的学习情况：晨读懒洋洋，只是敷衍了事；作文腹内空空，几乎不能成篇；作诗吭吭巴巴，不忍卒读。完全就是一副老师最不喜欢的差学生模样，过了两年依然如此，连《大学》都背不下来。

如此学问，同治的治国能力可想而知。同治亲政之后，甚至连奏折都看不懂，只得叫苦连天。曾经有一次，同治和翁同龢聊天，其间居然抱怨："当皇帝的差事太累了！"贵为一国之君，治国平天下本为分内之事，同治居然把皇帝的宝座看成一个差事，自己只不过是在当差。

不仅如此，同治的精神世界也极为抱残守缺。或者是著名的清流派首领倭仁、李鸿藻等人先后担任他的老师，或者是幼年时期被迫随同父母出奔热河的经历给同治帝留下了浓厚的阴影，他虽然年纪不大，但却表现出强烈的排外情绪，有时候甚至强烈得令人生畏。据说，当同治帝还是个小孩子的时候，就让太监用泥巴捏成洋人的样子摆在桌案上，他则拿小刀把这些人偶的头一一割下来，一边割一边嘴里还念念有词："杀尽洋鬼子，杀尽洋鬼子。"待同治帝年纪稍大，他的排外情绪愈发高涨了。曾经给同治帝做伴读的兵部右侍郎夏同善有一块怀表，有一次拿出来看时间时，被同治帝看到了，便问他是何物。夏同善不敢隐瞒，便取出怀表呈给同治帝，说此物乃是西洋之物，可以计时。谁料同治闻言大大不悦，一把将怀表摔个稀烂，斥责道:"没这玩意儿,你就不知道现在几点了吗？"等他亲政以后,更是对洋务运动不以为然,认为同文馆、方言馆、船炮制造局等都是没用的玩意儿。

沉迷酒色的同治帝

清代皇子的教育是极为严格的,可是同治却是个例外。由于他从小就失去了父亲,而两位母亲又整日忙于国事无暇他顾,因此同治自小就和一帮太监、宫女厮混在一起。本来少年心性贪玩好动,又没有得到严格的管教,同治逐渐养成了懒散、不好读书的恶习。

同治一见书就头痛,但提到玩乐就两眼放光。同治遇到载澂以后,玩儿的花样更多了。载澂极力怂恿同治出宫冶游,同治被他忽悠得一颗心扑扑乱跳,于是跟着载澂出宫寻欢作乐,从此竟然一发不可收拾。

同治频频出宫,北京城几乎每个角落都留下了他的身影。在清人的笔记中,记载了大量关于同治微服私行的逸事。

同治自幼养尊处优,初接触外面的花花世界,居然如乡下人进城般目迷五色,甚至不知道买东西是要给钱的。饿了就吃,渴了就喝,吃饱喝足,掉头就走,摊贩虽然不满,但见他前呼后拥,如此做派,想来必然大有来头,只得自认倒霉,不敢声张。

不过天长日久,同治自然也有所觉察。有一次,他吃饱喝足,看到别人结账,不明所以,便问老板为什么要给钱。老板哭笑不得,说道:"我们做生意都是糊口,怎么能不要钱！哪儿像少爷您一看便不是凡人,我们是等着您一总赏下来呢！"

同治一听，也觉得不好意思，便说："我老来你这里吃吃喝喝，大概也欠了你不少了，不过我出门都不带钱，给你写个欠条你看如何？"说完便取纸笔，写了几个大字："饬广储司付来人银五百两。"老板不识字，不知道写的是什么，便拿给朋友看。朋友一见骇然，说这广储司是内务府的银库啊，敢让你从广储司领银子的，只有当今圣上啦！

老板一听顿时吓得半死，说什么也不敢去，无奈朋友怂恿，只得硬着头皮去广储司一试。管事的官员一听这事，深感为难，不知如何是好，只得回禀慈禧。慈禧便叫来同治问可有此事，同治供认不讳。慈禧一笑，告诉管事的官员："皇上虽然是胡闹，可是也不能让老百姓觉得皇上说话不算数，这钱就赏下去吧！"

随着同治年纪增长，朝中要求两宫太后停止垂帘，归政于帝的呼声越来越高。慈安禀性冲淡，对此提议自然是无可无不可，可是慈禧始终以"典学未成"为由，不允许同治亲政。这虽是慈禧权力欲望强烈使然，但这个理由倒一点儿没错，同治没有治国之才是千真万确的。

不过，慈禧终究不得不遵守祖制，于同治十一年（1872年），宣称皇帝年纪渐长，理应亲政，不过皇帝既然成人，应当先举行大婚方为妥善。于是下诏命京城内外满蒙大臣送秀女入宫备选，为17岁的同治挑选皇后。

慈禧选后的用意，是想在同治身边安插一个自己的内应，用"枕头风"间接控制同治。因此，她自然希望同治按照自己的心意立后。在众多的秀女中，慈禧看上了员外郎凤秀的女儿富察氏。说起来，这富察氏确实长得比其他秀女漂亮许多，特别惹眼。

然而慈安对此事却有不同的看法，她认为富察氏虽然漂亮，但也许是出身于小户人家的缘故，举手投足透着一股轻佻之态，一看便知缺少教养。这样的女子怎么能够统摄六宫，母仪天下。因此她看上的并非富察氏，而是翰林院侍讲崇绮的女儿阿鲁特氏。崇绮才学过人，父亲是道咸两朝重臣塞尚，岳父是郑亲王端华。因此阿鲁特氏算得上是出身于书香门第、官宦世家，从小就接受了极好的教育。据《清史稿》记载，阿鲁特氏"幼读书，知大义，端静婉肃，内外称贤"。虽然是溢美之词，却也不乏真实。总的来说，阿鲁特氏虽然长得不如富察氏，但气质却非富察氏可比。

慈安和慈禧在立后问题上产生了分歧，双方都希望立自己偏爱的秀女为妃。最后，皮球被踢到了同治的面前。

按照同治一贯好冶游恶读书的作风，他应该比较喜欢姿色过人、艳丽无双的富察氏才对，可当他看见跪在丹墀下的一排美女时，一眼就看中了气质过人、温婉贤淑的阿鲁特氏。这让慈禧大失所望，大为光火。

尽管在慈禧亡羊补牢的安排下，富察氏被册封为慧贵妃，但婚后的同治却与阿鲁特氏伉俪情深，对富察氏不理不睬。慈禧的计策至此彻底失败了。

盛怒的慈禧将一腔邪火迁到了皇后阿鲁特氏的身上，变着法儿地刁难皇后，甚至不许二人见面，并逼着同治与慧妃同房。郁闷的同治只好变着法儿地抵制慈禧。他以身体不爽为名，独居养心殿。后来同治病重，皇后偷偷去护理侍奉，二人久未见面，不免说些儿女私情之话。谁知慈禧得知此事，火冒三丈，亲自闯入养心殿暖阁，抓着皇后的头发拖出殿外，连打带骂，还要叫太监杖责，全然不顾太后和皇后的体面。

受辱不过的皇后情急之下说了句："媳妇是从大清门抬进来的，请太后留媳妇的体面！"谁知这句话反而激起了慈禧更大的怒火，慈禧本来就为自己未能在咸丰生前册为皇后而耿耿于怀，闻听此言宛如火上浇油一般，认为皇后是刻意讽刺自己，更加不依不饶。可怜同治见此，吓得不省人事，病情转重。

不久，同治病重身亡，悲痛欲绝的皇后决心殉死，吞金自尽未遂。谁知慈禧却只是淡淡地说："就随大行皇帝去了吧！"不久，慈禧择载湉为新君，皇后在宫内已经没有任何名分可言。在同治驾崩75天之后，皇后也撒手西去。

尚未破解的死亡谜团

同治帝载淳在位时期，清王朝内乱渐靡，外祸稍轻，就连当时名重一时的翁同龢、曾国藩等人，也对同治皇帝寄予厚望，唯愿有同治一日，清王朝得以东山再起，傲立于世界民族之林。只可惜，17岁（1873年）亲政的同治帝，未及两年，即于同治十三年十二月初五（1875年1月12日）病逝，时年19岁。

同治十三年十月二十一日（1874年11月28日），同治帝在驾幸西苑后，突然感到身体不适，随即找来太医诊治，以前的医中圣手全然无从着手。十天过后，同治帝的病情突然急转直下，发热，四肢无力，浑身酸软，皮肤上还出现了没有凸起的疹形红点，而且红点很快演化为"疹形透出，挟杂瘟痘""颗粒透出"。这让慈禧大惊失色，莫非是天花？

果然不出所料，同治帝真是得了天花。为了让儿子安然闯过这一关，慈禧一面让御医加紧医治，半刻不敢耽误，一面让人将痘神娘娘请到了养心殿，举行隆重的仪式，希望能够让痘神娘娘把洒下来的水痘收回去。此外，慈禧和慈安两位太后还亲自去了景山寿皇殿向祖先祈福，希望他们能够帮助同治渡过这次劫难。

皇天不负有心人，同治帝的病情终于好转，身上的豆粒越来越少，一个个开始结痂脱落，慈禧的心终于放松下来。但没过多久，同治帝的病情出现急剧恶化，"湿毒流聚腰间，红肿溃破流脓水。……痘后余毒湿盛"。不久之后，"痘痂俱落，而腰间溃孔，左右臀部溃孔……"此后御医们束手无策。这年十二月初五酉刻，同治于养心殿东暖阁驾崩。

同治驾崩后，朝廷发布公文，声称同治皇帝因患天花不治身亡，然而单单一道公文并不能阻止流言和疑惑四起。《清稗类抄》就揣测了同治帝的死因大概有三种：

一者，是传说同治非慈禧亲生，慈禧害怕同治阻碍自己，遂将之杀害；二者，是因为皇帝想要立皇储，找来了李鸿藻商议，这让慈禧很惊恐，于是中断了同治帝的治疗；三者，是因为同治帝的皇后与太后不和，同治帝便安慰她，让她等自己好了，就补偿她，岂料这件事情让慈禧知道了，将皇后拖出去打了一顿，同治帝遂气愤而死。

和以上三种说法相比，更多人趋向于相信另一种说法——同治帝死于梅毒。患此病的人，皮肤上毒疮会红肿溃烂，状似杨梅，民间起名为"杨梅疮"。依照同治帝临死之时的病状，再联系到同治帝生前种种，这种说法似乎有根有据。但是梅毒并不会在短期内让人丧命，不治而死者，必须要等到五年、十年甚至是更长的时间，而同治帝从患病到死亡，也就几个月的事情，因而他死于梅毒一说，尚有待商権。如果同治帝既不是死于天花，也非死于梅毒，那么他又是如何魂归西天的呢？

要破解这个难题，还原历史真相，还需要从当时最真切的医药记载出发。在20世纪70年代，《万岁爷天花喜进药用药底簿》从清宫档案中被搜了出来。根据书簿中的记载，从同治帝得病到驾崩前后36天的时间里，同治皇帝的脉象、用药处方和服药情况都证明同治帝死于天花而非梅毒。

之所以天花会置同治帝于死地，只有一种解释，即在天花后期，同治帝不幸皮肤感染。史料记载中说当时同治帝"发热头眩俱退，惟湿毒乘虚流聚，腰间红肿溃破，浸流脓水，腿痛筋挛，头项胳膊膝上发出痘痈肿痛"。这让同治帝本来就患了天花的身体雪上加霜，最终皮肤病发展到了"走马牙疳"的地步，也就是医学上所谓的"坏疽性口炎"。

当然，也有人怀疑，敬事房太监和御医为了掩饰同治帝的丑闻，很可能刻意地掩盖了事实的真相，将《万岁爷天花喜进药用药底簿》的所有一切都按照天花的病症造假。

作为同治帝佩服和亲近的帝师，自同治帝患病开始，翁同龢就片刻不离同治帝身边，一面监督御医的职责，一面嘘寒问暖，安抚同治帝的心情。对于同治帝之死，除了慈禧之外，恐怕只有翁同龢最为伤心了。同治帝患病期间，御医诊治的那些脉象和处方，都被翁同龢一一记录了下来，与《万岁爷天花喜进药用药底簿》的记载一对照，相差并不大。

被抱来的小皇帝

同治的驾崩让享国 200 余年的清帝国第一次出现了皇储断档的危机。

根据野史记载，同治去世后，慈禧命宫中侍卫封锁消息，秘密请尚被蒙在鼓中的恭亲王奕䜣进宫。奕䜣进得宫来，猛见同治的尸体放在养心殿中，吓得魂飞魄散。此时慈禧却面色平静得像刚睡醒一样，手持蜡烛在旁边徐徐说道："事已至此，怎么办？"

这不仅是有关大清"国本"之事，也涉及她是否还能继续把持大清的最高权力。对于已经垂帘听政十余年的慈禧来说，对权力的追求和控制早已成为生命中最重要的事情，她不会眼睁睁地看着大权旁落的。

按照清王朝父死子继的不成文规则，同治帝载淳死后，应该由"溥"字辈接任皇帝，朝中一些大臣也如此想，便推举道光帝长孙溥伦入主大宝。但这正是慈禧太后所不愿意之事，因为如果一旦这样，她的身份就变成了太皇太后，从而失去了继续"垂帘听政"的权力，所以她以支脉太远而拒绝了这一提议。慈禧太后的意思，是继续从"载"字辈中挑选一人担任皇位，并且此人还必须是同治皇帝的近亲，如此她就可以继续以皇太后的身份继续把持朝纲。这样一来，可选择的余地就变得很小了，候选人不外乎是咸丰帝几个兄弟的儿子，也就是同治的堂兄弟。慈禧最终挑中的是醇亲王奕譞的次子载湉，也就是后来的光绪帝。这是为什么呢？

原来，在道光皇帝的几个儿子中，当时仍健在，并且育有后代的，就只有恭亲王奕䜣和醇亲王奕譞。但恭亲王奕䜣作为议政王、领班军机大臣，已经权倾朝野，倘若再有儿子继承皇位，奕䜣不啻是无冕之王，权力过大。况且，奕䜣诸子年纪也都不小，不便控制。相反，醇亲王奕𫍽为人低调，而其次子载湉当时只有 4 岁，不大不小，便于从小控制。更重要的是，奕𫍽的正福晋，乃是慈禧的亲妹妹，两家可谓是亲上加亲。于是，事情就这么定了下来。

家中平白出了一个皇帝，似乎是件天大的喜事，但醇亲王奕𫍽可不这么想。他深知慈禧的为人，明白自己的儿子当皇帝并不是要君临天下，而是要给慈禧做个帮衬。因此在得知这一决定后，他当时就昏了过去。

应该说，奕𫍽是个极为聪明的人，当然他的聪明与奕䜣不同。奕𫍽的聪明表现在文武全才，有经天纬地之能上；而奕䜣的聪明则表现在深知进退、韬光养晦上。由于曾经参与辛酉政变，又亲自捉拿了八大臣之首的肃顺，醇亲王在同治朝深受慈禧的重用，先后担任都统、御前大臣、领侍卫内大臣、管神机营事、管善捕营事、步军统领、弘德殿行走等职，是仅次于恭亲王的重臣。然而他为了避免遭到慈禧太后的猜忌，在光绪皇帝甫一继位之时，就上奏折要求辞去一切职务。在其再三哀求之下，慈禧最终同意了他的请求，仅保留了亲王双俸的待遇。

不仅如此，奕𫍽还秘密给慈禧上了一道名为《豫杜妄论》的密折，其内容大致是说，由于载湉当了皇上，自己虽然身为皇父，但绝对不会要求追封皇帝的称号。如果自己有一天死了，有不知好歹的大臣，请求慈禧或光绪追封自己，请拿出这封折子驳斥他。事情果然不出醇亲王的预料，十几年以后醇亲王去世，果然有大臣提出此议，结果被慈禧骂得狗血淋头。由此观之，奕𫍽实在是一个深谙政治斗争之道、有大智慧的人。

载湉的继位引起了朝中一些大臣的强烈不满。因为经过200多年来清朝历代皇帝不断地调整和完善，皇位继承制度已经形成了一套较为严密和合理的规则：首先，父死子继，清代历史上从来没有兄终弟及接替皇位的成例；其次，清代皇帝的确立，早期是由满族亲贵共同协商，或者皇帝留下遗诏决定的，在雍正创建秘密立储制度之后则依此而行；再次，但凡幼主继位，通常先帝都会安排辅政大臣辅佐新君。具有强烈权力欲的慈禧却罔顾祖宗家法，一口气将这些成例全部打破，以一己之言，决定了皇位的归属，并继续垂帘听政。难怪一些守旧的大臣会极度不满，甚至以死抗争。

光绪五年（1879年），同治下葬于惠陵，御史吴可读请求陪同送葬。结果吴可读半路自杀身亡，留下一封遗折，请求慈禧待异日光绪成年之后，将其子过继给同治，作为下一任储君，以保持大清国祚绵长。这一"尸谏"事件震动朝野，慈禧太后迫于舆论压力不得不批准了吴可读的建议。

无论如何，4岁的载湉被扶上了皇位，年号光绪，而慈禧太后也顺理成章地再次"垂帘听政"。光绪的幼年生活几乎和同治无甚区别，从6岁开始，进入毓庆宫读书，先后教过他的老师有翁同龢、孙家鼐、夏同善等人。光绪在这些饱学宿儒的教导之下受到了良好的教育。和贪玩懒学的同治不同，光绪从小就非常知书达理，慈禧也称赞他"实在好学，坐、立、卧皆诵书及诗"。两代帝师翁同龢与光绪感情甚好，在其《翁同龢日记》中记载了大量光绪小时候的逸事：光绪8岁那年，曾经向上天祈雨，为了表示虔诚，居然自行斋戒，并要求上书房的师傅一例办理；9岁那年过生日，宫中唱戏庆祝，光绪甚为不满，认为沉迷戏剧，有害无益。光绪小小年纪，其行为举止便深合儒家之道，这让翁同龢大为高兴。

等光绪年纪稍长时，他不仅熟读经史子集，而且能诗善书。据史料记载，"上（光绪帝）之文学本源极厚。书法钟颜，端厚浑朴，诗文极雅"。光绪自小养成了读书的好习惯，当他亲政以后，处理朝政之余，尚且手不释卷，终日阅读，而且中西书籍，均有涉猎。此外，光绪的记忆力也相当好，称得上博闻强识。据说，当他亲政以后，阅览奏折一目十行，只要一遍便了然于胸。有些年深日久的折子，军机大臣甚至都不记得，而光绪还背得出来。有一次，有大臣从江南返回，觐见慈禧和光绪，不免谈些地方见闻。慈禧偶然提到河南上报某县遭受冰雹袭击，但一下居然想不起是哪个县，光绪在旁立刻提醒道是巩县。过了一会儿，慈禧又问起永定门外前几年修建的电车是何人所为？光绪应声答道是德国公使海靖。由此可见，光绪的记忆力颇为了得，对国事也甚为关心。

被当皇帝很受挫

应该说，光绪的能力，完全有资格独立处理政务，虽未必会成为一代有道明君，但必然不会像咸丰、同治那样昏庸无用。不幸的是，他当皇帝这件事本身就是一个悲剧。正如前文所说，他的继位，纯粹是为了配合慈禧掌握权力的要求。因此，当他年纪渐长，要求亲政的时候，便不可避免地与慈禧发生了冲突。

慈禧与光绪的关系，实在说不上有多好，由于二人没有血缘关系，所以慈禧对这个小皇帝并没有特别深刻的感情。据说光绪10岁那年，慈禧生了一场大病，光绪为此心急如焚，半夜暗暗向上天祈祷，甚至要效仿古人"割股奉亲"之举，拔刀自伤，意欲割肝做药，幸亏左右侍卫连忙抢救，才不致酿成大祸。谁知道这样一份孝心，慈禧知道之后却神色漠然，不为所动。

慈禧始终提不起对光绪的兴趣的原因，可能还与年幼的光绪更加喜欢温柔可亲的慈安有关。年幼的光绪闲来无事，总是往慈安宫里跑。可是此时的慈安和慈禧早已由于安德海的事情心生嫌隙。同治八年（1869 年），慈禧身边的当红太监安德海擅自出宫，有违禁令，被山东巡抚丁宝桢诛杀，据说此事得到了慈安太后的批准。慈禧得知后，自然对慈安怀恨在心，由此二人结怨。光绪七年（1881 年），慈安逝世，年幼的光绪从此更显孤立。

慈禧不喜欢光绪，便经常有意无意地为难小皇帝。光绪体弱多病，身体一直不好，据说是因为从小就营养不良所致。根据清宫规矩，皇帝每日进膳，都要上几十道菜，可是皇帝一个人怎么吃得了那么多，顶多就是拣离自己近的菜吃几口，结果就是离皇上特别远的菜每天都用小火煨着，每次都放在原来的地方，夏天时居然大多都发馊变臭了。就是皇上吃得到的几道菜，也不是现做，而是早就做好的，味道自然很差。

年幼的光绪正在长身体的时候，却吃不到什么像样的东西，有时候甚至忍饥挨饿。实在忍不住的时候，光绪也会让御膳房换换菜谱，做些新菜。可御膳房对光绪的命令压根儿不理不睬，而是要禀明慈禧批准。慈禧自己每顿都吃小灶现炒，根本不管光绪，反而经常教育光绪要勤俭节约云云。如此几次，光绪再也不敢抱怨膳食。

此外，慈禧酷爱听戏，每次看戏都会叫光绪前来陪同。可是她根本不考虑小孩子的心情，总是点些《天雷报》之类阴森恐怖、神神鬼鬼的戏，给年幼的光绪心灵上留下了很深的阴影，以至于日后光绪非常害怕打雷。后来光绪长大了，慈禧干脆不给他座位，就让他在旁边站着陪侍。

之后，光绪与慈禧因为光绪大婚的事闹得很不愉快。光绪十三年（1887年）冬，17岁的光绪皇帝将要亲政了。按照惯例，要先举行大婚典礼。慈禧太后此时的心境，与当年为同治皇帝选后时并无不同，仍然是想要在光绪皇帝身边安插一个自己人。因此，她安排了自己的亲侄女、都督桂祥的女儿参选。

光绪帝并非慈禧亲生，而是慈禧的亲妹妹之子，这样算来，光绪其实是慈禧的外甥，也就是说，那位被慈禧安插进来的桂祥之女，实际上是光绪帝的表姐。

选后仪式安排在体和殿进行。这一天，备选的秀女依次排列在殿内，等待皇帝的挑选。殿内放着一张小桌子，上面放着一柄金镶玉的如意，两个红色绣花的荷包。按照清宫惯例，皇后和嫔妃由皇帝亲自挑选，如果皇上看中哪位女子，欲立其为后，则将如意赐之，欲立为妃者，则将荷包赐之。慈禧在安排秀女顺序时，特意让自己的侄女排在首位。此时没有了慈安的掣肘，慈禧自然以为光绪会乖乖听从安排。

年轻的光绪并不笨，他自然知道慈禧只不过是安排了一出戏而已，所以他根本不想配合慈禧把这场戏演下去。当慈禧拿起如意，光绪直截了当地说道："婚姻大事，还是皇爸爸来做主，儿臣就算了吧！"谁知慈禧并未答应。也许在她看来，过程和结果同样重要。光绪毕竟年纪尚幼，看到慈禧如此做派，居然以为自己即将亲政，慈禧也要尊重自己的意见了。大喜之余，一把抓起如意，看也不看站在第一排的桂祥之女，径直走到站在第二排的江西巡抚德馨之女的面前，准备把如意赐给她。

就在这关键时刻，慈禧再也忍不住了。她严厉地喝了一声："皇帝！"光绪吃了一惊，愕然回过头来看着慈禧，此时慈禧却又闭上了眼睛，一语不发，只是朝着第一排的方向努了努嘴。光绪愣了一下，还是无可奈何地慢慢折回身来，把如意重重地往桂祥之女的手中一塞，迅速回到了慈禧身旁。

虽然身为皇帝，可是面对专权的慈禧，光绪也只有认命的份儿。光绪与表姐，也就是隆裕皇后在成婚前的关系一直不错。作为姐姐，隆裕对光绪特别照顾，就像对待自己的亲弟弟一样，两人的关系十分融洽。可是突然间，慈禧把表姐指给了自己当皇后，光绪心中实在难以接受。但为了服从慈禧，也为了讨好慈禧，光绪别无选择。

经此一场风波，光绪自然也不愿再挑选嫔妃。可是慈禧太后仍然不依不饶，她认为既然光绪有心于德馨的女儿，即使召入宫中作为嫔妃，日后定然也有夺宠之忧，于是自作主张，将两个荷包给了站在第三排的礼部左侍郎长叙的两个女儿，一场可笑的选后仪式就这么结束了。然而慈禧并没有想到，在这一次选后中，她仍然没有获得胜利。她的无意之举为自己树立了一个敌人：长叙的小女儿，就是后来的珍妃。

光绪的一生就只有这么一后二妃，是清朝皇帝中后妃最少的皇帝，也是成婚最晚的皇帝。慈禧的做法是出于政治上的考虑，目的就是要把朝政交给光绪后，还能够利用皇后来操纵光绪，最起码可以监视和掌握皇帝的一举一动。

可以想象，光绪自然不会对这样一场政治婚姻感到满意，尽管珍妃、瑾妃也不是他亲自挑选的，但为了报复慈禧，他刻意疏远被封为隆裕皇后的桂祥之女，而亲近珍妃和瑾妃。与隆裕大婚当晚，光绪甚至做出了一个有悖于皇帝身份的举动——扑倒在隆裕怀里大哭着说："姐姐，我永远敬重你，可是你看，我多为难啊！"这主要是光绪对慈禧安排的政治婚姻的不满。

从小养尊处优的隆裕皇后怎么能忍受光绪的这种轻蔑？因此二人时常发生争吵。光绪十八年（1892年）夏，光绪与隆裕皇后又因为小事激烈争吵起来，光绪帝许是心情不好，骂得很凶，郁闷的隆裕皇后气不过，便到慈禧的寝宫发牢骚。

隆裕的本意，只是找个人倾诉一下，获得一些安慰就可以了。谁知慈禧闻听此事，勃然大怒，当着一众太监、宫女大骂光绪，转脸又好言劝慰皇后："别太难过了，你还年轻，不用为这个病秧子想不开。我有的是办法收拾他。"隆裕皇后一听此言，知道自己做过了头，然而也无可奈何。后来连续几个月，慈禧对光绪都没有好脸色，甚至一言不发。从此，慈禧就埋下了铲除光绪的心思。

光绪亲政以后，慈禧规定，光绪必须每隔一日向她奏报政务，听候训示，还经常派人监视他的行踪。而光绪慑于慈禧的威严，每日请安时都浑身颤抖，有什么政务上的事情也根本不敢自作主张，还要主动向太后请旨才能实行。戊戌变法失败，慈禧太后以"训政"为名，重新临朝视事，居然连垂帘听政的形式都免了，与光绪帝一起坐在须弥宝座上接受群臣的叩头谢恩。

俗话说"天无二日，国无二君"，这话在慈禧的面前被打破了。有大臣奏对政务，全凭慈禧一一裁决，光绪在一旁只是默然不语。有时候慈禧觉得不妥，用胳膊肘碰他，示意他说两句，光绪才提起精神，胡乱应付两句而已。要是光绪说得不妥，还要遭到慈禧的斥责。

在慈禧太后的眼中，光绪帝不过是一个她实现权力欲望的玩偶与傀儡。

洋务运动的兴起

外国资本主义在两次鸦片战争以后，不断加紧了经济上、政治上对清政府的控制，致使清朝统治机构的半殖民地化程度日渐加深。后来，清朝统治集团内部逐渐有一些官僚开始与洋人、洋务打交道。这些与洋务关系密切的人，逐渐形成了一个派别，而且比较有权有势，被称为洋务派。所谓"洋务"，当时也被称为"夷务"，是指一切同外国资本主义有关的事物。只要是办理过与洋人有关事务的人，均被称为洋务派。在清朝中央以总理衙门大臣奕䜣、侍郎文祥等人为代表，地方上则以封疆大吏曾国藩、李鸿章、左宗棠、张之洞等人为代表。他们手中大权在握，可以左右清朝的政局。清政府在两次鸦片战争中的失败使他们接受了沉痛的教训，尤其是他们都曾同外国侵略者勾结起来共同镇压人民反抗，从自己的亲身经历中，他们深知西方列强"船坚炮利"，于是便积极主张多多引进西方的科学技术，仿造西方船炮枪弹，运用西式方法来训练部队等。总之，洋务派要将他们学习西方的主张全部转化为实践，从而掀起一场有声有色、长达数十年之久的洋务运动。

洋务派兴办洋务的指导思想很明确，即"中学为体，西学为用"。他们认为，西方的政治制度比不上中国，中国的火器比不上西方列强，只要清王朝掌握了西方的近代军事技术和装备，便可以重振国威，扬名于世。另外，由指导思想和实践也可以看出洋务运动的目的。洋务派主张学习和利用西方先进的科学技术是为了拯救和维护清朝封建统治，所以，当人民的反抗斗争对其统治构成威胁时，就学习洋人的长处以镇压民众的反抗；当外国侵略势力明显动摇其统治时，便取洋人长技以"制夷"。

兴办企业

从 19 世纪 60 年代开始，洋务派以"自强"为口号，依照西方资本主义国家的方法来研制新式枪炮和船舰，兴办了一批军事工业企业。其中规模较大的军工厂主要有：

江南制造总局

同治四年（1865 年），在曾国藩的支持下由李鸿章在上海建立。总局购买了美国旗记机器铁厂和苏州制炮局的部分机器，同时又委派容闳从美国购进一部分机器，综合构成该局的生产设备。创办经费为 54 万余两白银，以后又投入很多经费。拥有工人两千余人，在洋务派创办的军工企业中，规模最大。主要是生产枪炮、弹药、水雷和小型船舰。该局还附设译书馆，翻译西文书籍。

金陵机器局

同治四年（1865 年），李鸿章署理两江总督时，把他在苏州创办的洋炮局迁到南京并加以改造扩建而成。主要生产枪支、火炮，为淮系军阀供应军火。

福州船政局

同治五年（1866 年），左宗棠在福州闽江马尾山下设立该局，也称马尾造船厂。该局以 47 万两白银起家，是洋务派创办的规模最大、设备最齐全的轮船修造厂。该厂还附设船政学堂，专门教授英语、法语、算法和画法，为驾驶轮船和造船培养专门人才。该局系南洋水师的基地。

天津机器局

这是同治六年（1867年）崇厚在天津筹建的，英国人密妥士任总管，从国外购买机器，制造火药，虽耗资巨大但成效不佳。同治九年（1870年），李鸿章调任直隶总督时接管了该厂，招募洋匠，添置设备，扩大规模，使该局有了一些起色。随后又扩大规模，分为东、西两局。东局设在天津城外东南方的贾家沽，西局设在天津城南海光寺。主要生产弹药、水雷、炮架、洋枪等。

19世纪70年代以后，洋务运动的重点转向兴办民用工业企业，但军事工业的扩展却丝毫未放松，许多省份相继兴办了小型军工企业。此外，张之洞于光绪十七年（1891年），在汉阳创办了湖北枪炮厂，这是洋务运动后期兴办的最大的军火工厂。

上述军工企业性质都属于官办，严格地控制在清政府和湘、淮系等军阀集团手中，绝对不允许商民插手和仿办。这些企业的性质和特点主要有以下三个方面：

一是，具有浓厚的封建性。这些企业完全采用官办的形式，由官款拨充各局、厂的创办经费和巨额的常年开支，具体来说，是由军饷中拨出一部分或从税收中支付。企业管理机构按照封建衙门组建官僚机构。工人大多来自清军士兵，各局、厂的管理制度仍采用封建军队式的，对工人"以兵法部勒"，以"武弁"统领。企业生产的产品由清廷直接调拨给军队，不在市场上出售。企业既不计算成本，不负盈亏，也没有从利润转化而来的资金积累。所以，它是官府控制、垄断下的具有浓厚封建气息的近代企业。

二是，依赖性和买办性的特色很明显。这些军工企业从设计施工、购置机器设备、生产技术，直到原料供应，没有一样不依赖外国。当然，在当时的历史条件下这些也是无法避免的，但关键在于这些企业长期都是在外国人的操纵之下。例如，以李鸿章为首的淮系军阀所创办的军工企业主要操纵在英国人手中，左宗棠的湘系集团兴办的军工企业被法国人所控制。外国资本家还通过洋务派推销国内早已落后或者淘汰的设备和器材。一些洋务派官僚在采办经营过程中趁机贪污受贿或扩充个人势力。可谓是名为"自强"，实则封建军阀趁机各自扩充本派的实力。

三是，其中包含一定的资本主义因素。这些军工企业采用了在当时的中国还算比较先进的大机器生产，集中了一批出卖劳动力的工人，形成了资本主义形式的阶级关系。企业的产品虽不面向市场，但其本身具有部分的商品属性，从某种意义上说也受价值规律的支配。所以说，这些军工企业中间包含一定的资本主义因素。

洋务派从 19 世纪 70 年代到 90 年代，在兴办军工企业的基础上，又打出"求富"的招牌，开始大量兴办民用工业企业。洋务派从 19 世纪 70 年代起大办民用企业主要有两个原因：首先，他们在创办军工企业的实践中遇到一些困难，比如资金奇缺、原材料供给不足和运输落后等，加上经办人员极度的挥霍浪费而使企业难以维持，使他们认识到"必先求富而后能强"，也就是说必须通过大力发展民用工业企业来积累资金，打下雄厚的经济基础，才能辅助军工企业的发展。其次，他们想通过兴办民用企业来抑制洋商倾销洋货和列强的经济掠夺。洋务派代表人物在奏章、书信、谈话中都表示过要"稍分洋商之利""欲收已失之利还之于民"等想法。虽然洋务派在兴办民用企业的过程中各有企图，甚至还有一些表里不一的伪君子，但也不能说他们没有抑制洋商和夺回利权的意图。从他们兴办民用企业的实践来看，也的确尝试过一些抵制洋商倾销洋货的努力。

自19世纪70年代到90年代的20余年间，洋务派创办了20多个民用企业，涉及交通运输、采矿、纺织、冶炼等行业，规模较大的有以下几个：

上海轮船招商局

同治十一年（1872年）由李鸿章在上海创立。这是近代中国第一家轮船航运公司，也是洋务派兴办的第一个民用企业，形式为官督商办。当时，李鸿章上奏获准后，清廷拨直隶练饷局制钱22万串，折合白银13.3万两作为股本，委托沙船富商朱其昂、朱其绍兄弟在上海设局筹集商股而创办。初期仅有轮船3艘，到光绪三年（1877年）已有大小船只共30艘，在各口岸设27处分局。该局在经营过程中遭英、美轮船公司的不断排挤，在极其困难的情况下，它不仅没有被挤垮，而且蓬勃发展，是民用企业中最有成就的一个。

开平矿务局

光绪四年（1878年）李鸿章在天津创设。最初由李鸿章派唐廷枢在天津计划创立开平矿务局，目的是开采唐山煤矿。原拟官办，后因清廷财政困难，改为官督商办。光绪七年（1881年）开始开采出煤，每天的产量达五六百吨。由于该矿设备优良，煤矿储量大、煤质好，产量逐年增加。除供应轮船招商局、天津机器局、北洋海军用煤外，还在市场上大量出售，在天津很好地抑制了洋煤进口。

上海机器织布局

这是李鸿章于光绪八年（1882年）派人收集商股在上海筹办的，是近代中国第一个机器棉纺织厂，于光绪十六年（1890年）投产。资本来源于公款和商股，股资由50万两逐渐增至100万两。从英、美两国购置了纺织机械，包括轧花、纺纱、织布一整套设备，共有3.5万枚纺锭，布机达530台。经营兴盛，利润很高。光绪十九年（1893年）由于失火而被毁灭殆尽。不久，李鸿章派盛宣怀重新建厂，更名为华盛纺织厂，性质仍是官督商办。

电报总局

光绪五年（1879年），李鸿章为了军事上的需要而在大沽炮台至天津之间试设电报，试验成功。光绪六年（1880年），李鸿章在天津设立电报局，任命盛宣怀为总办，第二年就开始铺设天津到上海的线路，年内竣工。这是中国第一条长途通信线路。同时，在紫竹林、大沽口、济宁、清江、镇江、苏州、上海分设七个分局。光绪八年至十年（1882—1884年），上海至南京、南京至武汉的电线相继架设完毕。在光绪八年（1882年），因官款不足，电报总局又吸纳商股和民资而改为官督商办。

铁路交通运输业

光绪元年至二年（1875—1876年），英国人在上海至吴淞段修筑了铁路，全长18千米，从此中国便有了铁路。后因机车轧死一人，清廷要求司机偿命，并派李鸿章到上海进行谈判。愚昧的清政府出28万两白银购回铁路、机车，然后把机车抛入江中，铁轨、车辆被弃置在海滩，后来全部烂掉了。此后，清政府内部争论了许多年铁路问题。开平矿务局于光绪六年（1880年）修筑了唐山到胥各庄的铁路，总长 11 千米，用以运煤，这是中国近代史上自办的第一条铁路。这条铁路后来又延长到天津，又从唐山延至山海关。光绪十三年（1887年），台湾修筑了从基隆到台北的铁路，后又把铁路延长到新竹。从此，中国的铁路事业逐渐发展起来。

洋务派接着又创办了台湾基隆煤矿、黑龙江漠河金矿、兰州机器织布局、汉阳铁厂、湖北织布局等民用企业。

这些民用企业大致分为三种经营方式，即官办、官督商办、官商合办，但官督商办的方式占主导地位。这是因为清廷缺乏资金，不得不利用社会上现有的私人资本，以解决经费来源，而拥有货币财富的买办、商人为获取最大利润，也企图在官府的保护下更加顺利地经营企业，二者便自愿结合起来，产生了官督商办这种形式的近代企业，并且一直延续到 19 世纪 80 年代。之后，官督商办的形式逐渐被官商合办所代替。官商合办也就是官、商各认股份，拥有各自的权利义务，共同经营管理企业。但是由于这种经营管理存在很多弊病，企业仍处于清政府控制之下，企业的正常发展还是遇到了很大阻碍。

民用工业企业主要具有以下几个方面的性质和特点：

第一，民用企业总体上属于资本主义性质，但仍带有明显的封建性。这些企业的资金，主要是由官僚、买办、商人以私人入股的形式筹集的。企业中雇用了大批工人，这些工人以出卖劳动力为生，与企业的主人是资本主义的阶级关系，企业的产品大部分都投放市场，经营的目的是为了最大限度地盈利，所以这种企业是具有资本主义性质的企业。但是，在洋务派官僚的控制下，这些企业在经营管理上又带有浓厚的封建性，其管理机构实为封建官府衙门的翻版。在企业中不仅由官府来决定一切，而且亏损总要由商股承担，并且官府还经常向企业进行勒索，商人被迫向封建统治者"报效"。

第二，洋务派把持下的民用企业具有垄断性，压制了民族资本主义的发展。洋务派不仅对民间发展近代工业从不给予鼓励，反而处处进行阻挠，严禁民间人士自办企业，对民用企业实行封建垄断。例如，李鸿章创办上海机器织布局后，就奏准获得10年专利权，10年之内不许商人另设新厂。福建轮船招商局设立后，李鸿章也多次阻挠广东、上海等地商人创办新的轮船公司。

第三，民用企业对外国资本主义存在很大的依赖性，并且在经营管理上极为腐败。虽然民用企业与外国资本主义势力的利益存在冲突，甚至有尖锐矛盾，但它们在很大程度上依赖着外国资本主义。同军工企业一样，它们在机器设备上、技术上、资金上依赖外国，有的几乎完全由外国侵略者操纵、控制。由于企业经营管理存在很多腐败现象，因而成为官僚买办营私舞弊的场所，最终由于官吏中饱私囊，而使大多数企业亏损非常严重。

但是洋务派兴办的民用工业企业归根结底还是中国近代史上比较先进的资本主义性质的企业，它在一定程度上推动了社会经济的发展。首先，这些新式工业企业规模较大，并开始使用大机器生产，开创了近代工业企业经营管理的新格局，奠定了中国资本主义近代工业基础。当然，这个基础比较薄弱。其次，民用企业生产的产品目的是要投放市场，这不仅扩大了资本主义商品经济的影响，而且其中一些产品还抵制了洋商洋货。再次，民用企业同军工企业一样，引进西方先进的科学技术，培养了一批工程技术人才和一批近代产业工人，积累了大量技术资料，传播了近代科技知识，对中国资本主义工业的发展起了积极的促进作用。

加强海军、倡导西学

在兴办军工、民用企业的同时，洋务派还筹建了海军，加强海防建设，设立外文学馆，派遣留学生到国外学习先进科技。

从 19 世纪 60 年代开始，由于列强疯狂侵略我国邻邦和边疆地区，导致边疆地区出现了普遍危机。同治十三年（1874 年），在美国的怂恿和支持下，日本出兵侵略我国台湾，东南沿海局势变得非常紧张。光绪元年（1875 年），两江总督沈葆桢、直隶总督李鸿章等人上奏请求筹建北洋、南洋和粤洋三支海军。经总理衙门核准，每年调拨海关银 400 万两来资助筹办海军，计划 10 年之内建成。光绪十年（1884 年），三洋海军已初步建成。北洋海军归北洋大臣管辖，拥有 15 艘船舰，负责防卫山东、直隶、奉天海域；南洋海军属南洋大臣统辖，拥有 17 艘船舰，负责江浙海域的安全；福建海军由福建船政大臣管辖，拥有 11 艘船舰，防卫闽粤海域。在中法战争中，经过马尾之战后，福建水师几乎全军覆没。清政府在光绪十一年（1885 年）又增设海军衙门，统理海军、海防事宜，任命醇亲王奕譞为总理海军大臣，而会办李鸿章却掌握着实权。此后，李鸿章趁机扩充由他所统领的北洋海军，任用淮系将领丁汝昌为水师提督，扩充舰只到 22 艘，成为海军中实力最强的舰队。此间，为逢迎讨好慈禧，奕譞、李鸿章等人不惜挪用海军经费修建颐和园。光绪十四年（1888 年）以后，海军不再增加船舰及其他装备，军纪越发涣散，派系斗争严重，内部矛盾加剧。

洋务运动有一项重大贡献，那就是设立各种学馆，派遣留洋学生。为了培养精通外语和熟谙洋务的人才，洋务派积极筹划设立各级各类学馆、学堂。咸丰十一年（1861年），奕䜣奏请设立京师同文馆，第二年该馆正式成立，以教授外文为主，同时也开设了天文、历史和数理化等课程。此后，广州、上海等地纷纷效仿，成立学馆。光绪六年（1880年），李鸿章奏请设立天津水师学堂，光绪八年（1882年）设一分馆，定名为管轮学堂。水师学堂学生学习天文地理、几何代数、平弧三角、驾驶御风、测量演放鱼雷等项。管轮学堂学生学习算学几何、三角代数、物力汽理、机器画法、机器实艺、修造鱼雷等课程。光绪十一年（1885年），李鸿章在天津创办了武备学堂，专门用来轮流培训淮军及北洋各军军官，并聘请德国军官李宝等对官兵进行德国式操练，以提高各军能力。据保守统计，到光绪二十一年（1895年），洋务派共创办20余所外语和各类工业技术学堂。许多军工或民用企业还附设翻译馆，用来讲习、翻译外国书籍。

同治九年（1870年），在中国近代第一个留学生容闳的建议下，曾国藩奏请派遣留学生出国，清廷批准了此事。同治十一年（1872年），中国第一批学生从上海出发赴美留学。到光绪元年（1875年），共派遣120名留学生。此后，赴外国留学人员还在不断增加。例如，李鸿章在筹办海防的过程中，感到船舶与驾驶人才奇缺，便于光绪二年（1876年）奏请派福州船政局附设学堂的18名学生赴法国学习制造轮船，另外又派12名赴英国学习驾驶。福州船政局先后派出众多留学生，其中有许多在国外深造成才，如严复、刘步蟾、林永生、萨镇冰等，他们后来均成为海军中的优秀教官和将领。李鸿章在筹办海防的同时，也对陆防进行了一番整顿，光绪二年（1876年），曾选拔一批年轻的中下级军官卞长胜等七人赴德国学习陆军的有关军事技术，光绪五年（1879年）学成归国，按照德国操法训练军队，大大提高了将士的军事技术。

总体上讲，在30余年间，洋务派相继创办了几十个近代化的军工、民用企业，组建了近代化的海军，并成立了传播西学的学堂。在世界资本主义势力频繁入侵，商战、兵战蜂拥而至，民族危机日渐加深的形势下，这些做法无疑是进步的，有重大意义。洋务派引进了西方的生产技术和设备，并且引进了先进的生产力，创办了许多近代工业企业，这一系列活动都不自觉地促进了资本主义生产关系的产生和发展。这就使古老中国的生产方式发生了一些深刻变革，开始用大机器生产来逐渐取代家庭手工业和小作坊生产，改变了几千年来一直沿袭的封建经济结构。所以从客观上讲，洋务运动成为中国资本主义近代化的起点。

当然，洋务派学习和利用西方先进的科学技术，兴办近代工业企业的根本目的是为了拯救和维护清朝封建统治，他们主观上并不是要触动封建主义的体制和根基，而是企图对西方近代科技进行移花接木，以使中国封建体制适应正在发生剧烈变化的国内外形势。事实上，洋务派不仅创办了中国第一批近代工业企业，而且冲击了封建思想文化的堤坝，使其产生了一个缺口，为西学的进一步传入创造了良好条件。随着西方科技知识的传入，西方的哲学、政治思想开始影响中国。西方的社会政治学说成为批判封建主义的锐利武器，奠定了资产阶级政治运动的物质和思想基础。新的经济因素必然带来新的政治、思想、文化因素，也一定会对中国传统的经济结构、思想文化结构带来很大的冲击，所以说洋务运动产生的多重后果绝对是洋务派始料不及的。

洋务运动事实上没有而且也不可能把中国改变成为西方列强那

样的资本主义国家，更没有达到其"自强求富"的理想目标。当时就有人评论洋务派是"一手欲取新器，而一手仍握旧物"，只"新其貌，而不新其心"。他们从未打算改变腐朽的封建社会制度，在"中学为体，西学为用"方针的指导下来进行洋务活动，其结果必然是经营管理腐败。有许多官员徇私舞弊，贪污受贿，中饱私囊，任人唯亲，冗工滥食。许多重要企业甚至成为封建军阀集团争权夺势、扩张割据势力的资本。

打仗放一边，祝寿最要紧

天津，直隶总督兼北洋大臣衙门后堂。

直隶津海关道兼直隶津海关监督盛宣怀来了，跟他一起来到直隶总督李鸿章面前的，还有一个木盒子。

李鸿章打开盒子：数根根茎茁壮、齐全的上好高丽参！

李鸿章一眼便认了出来，在国内，只有宫中才可能在朝鲜朝贡时得到如此品质的人参。民间，乃至官场上，除了朝廷的恩赐，绝无任何合法渠道可以得到它。

走私——这是李鸿章想到的第一个词，也是唯一的一个可能，而盛宣怀的话让李鸿章更为愤怒：这只是所查获的走私货物中极小的一部分，而涉嫌走私的，正是他为之付出全部心血的北洋水师。

北洋水师利用军舰载客挣钱，利用军舰的豁免权从朝鲜向国内走私货物早已是公开的秘密，甚至连海军提督、北洋水师实际上的直接领导者丁汝昌，都在刘公岛上盖起商铺，并对外出租，靠从中收取租金牟利。

军队经商，历来是大忌，无论古代还是现代，这一点都是政府所严禁的。如今北洋水师打着朝廷海军的旗号肆无忌惮，怎不让李鸿章为之愤怒？

更为荒谬的是，军队本应时刻保持着的训练操守，完全是流于形式。海军章程上的规定，全都成了一纸空谈。

《北洋水师章程》明确规定：海军之中，总兵以下各级官兵，必须常年在舰上居住，不得私自上岸，更不能在陆地上搭建、置办公馆。唯一可以例外的是需要接待朝廷官员视察的海军提督。

然而实际情况却是一到晚上，军舰上的北洋官兵人数剩下的还不足一半，其余的都跑到了岸上吃喝嫖赌。李鸿章不得不承认，北洋水师初建时的朝气此时已经荡然无存了。

李鸿章也知道，丁汝昌之所以如此纵容官兵，实际上还是朝廷的原因。

筹备海军之时，朝廷答应每年拨付南北洋水师 400 万两的军费，但从 1887 年至 1894 年的整整 8 年时间里，水师两部总共才从朝廷的口袋里拿到 1400 万两，距离 3200 万两的应得数字少了不止一半。

就是这可怜的 1400 万两是不是全数用到海军建设上了呢？把持朝政的慈禧太后可不想这么做。

1894 年是慈禧太后的六十大寿，不能马虎行事，所以朝廷开始在 1888 年对清漪园展开重修工程，并取"颐养冲和"之意，将之改名为颐和园，由清代 200 多年间主持皇家建筑设计的雷姓世家样式雷的第七代传人雷廷昌主持。

当雷廷昌伸手要钱的折子递到光绪皇帝手中时，皇上就已经宣旨，让户部如数拨款，但户部尚书翁同龢把账本给光绪过目：782 万两，大清国库里的全部家当。这些钱倒是够修园子，但如果全部用来修建园子，满朝文武就没有俸禄可发了。

慈禧冲着翁同龢发了一通火，也对财政的现状表示无可奈何。鸦片战争以后，不断地割地赔款，不断地镇压各地的起义，将康乾时期积攒下来的家底全都赔了出去。但园子不修，慈禧又绝不甘心。最后，还是一直跟李鸿章有罅隙的翁同龢出了个主意：向海军军费伸手。

大清的海军组建自鸦片战争之后便被提上了日程。林则徐提出，要建立起一支由150艘西式舰船组成的具有独立指挥系统的海上新型舰队，方能"往来海上追奔逐北，彼能往者，我亦能往"。魏源在林则徐的认识基础上，进一步提出"师夷长技以制夷"的观点，认为应学习西方"一战舰，二火器，三养兵练兵之法"，其中战舰是重中之重。

但这些救国方略上报到朝廷时，鸦片战争已经结束，清政府在享受割地赔款换来的那份安宁。"一切以隐忍待之"的思想在道光帝的头脑中占了上风。林则徐等人的一片苦心，全被朝廷当成耳旁风。

清政府很快便尝到了没有海上力量的苦头。1856年10月，第二次鸦片战争爆发，依靠传统旧式水师护国的清政府，接二连三地惨遭败北。当时便有人提出向西方购买战舰，但因为在经费方面的掣肘而未能成行。

第二次鸦片战争结束后，太平天国起义仍旧如火如荼，恭亲王奕䜣再次提出购买兵船。面对严峻的局势，清政府方下定决心。

1862年，清政府向英国政府购了总排水量为2635吨、总功率为660马力的6艘军舰，共耗银65万两。承办此次购船事宜的英国总税务司李泰国认为这是控制中国军队的大好机会。在英国政府的支持下，曾参加过鸦片战争的英国海军上校阿思本被委任为舰队司令，并毫不掩饰地把舰队命名为"英中联合舰队"。舰队的所有舰只都由英国官兵掌控，甚至连军舰的命名和海军军旗的样式都由他们说了算，而且规定舰队只接受中国皇帝和李泰国两人的命令，李泰国还有权决定中国皇帝的命令是否有效。这支几乎是李泰国私人部队的舰队，史称"李泰国舰队"。

抵达中国的"李泰国舰队"让朝廷大出所料，军政大员们无论如何也不能接受一支不受自己控制的舰队。经过反复争辩，清政府拿出了最终的解决方案：赔了 32.8 万两的白银，将这支舰队拆散，分别卖给了印度、日本和埃及。

舰队卖了，但是国家没有海上防御工具是万万不可的。1864 年，以恭亲王奕䜣、直隶总督李鸿章、两江总督曾国藩、两广总督张之洞、闽浙总督左宗棠等洋务派为代表，以"师夷长技以自强"为口号的洋务运动在朝野兴起。打造一支可以抵抗外侮的近代海军，便成了洋务派的首要之举。

于是北洋水师应运而生，在李鸿章的奏请下，丁汝昌任水师提督，统领北洋舰队。马尾海战之后，福建水师全军覆没，清廷方才知道一支近代化海军对于保家卫国是多么重要，便加大了打造海军的力度，正式成立海军衙门，任命醇亲王奕譞总理海军事务，庆郡王奕劻和李鸿章协办。

1887 年秋，中国所有在外定购的军舰已全部回国，加上原有的自造舰艇，北洋水师的舰艇总数达到 62 艘，计 5 万余吨。再加上归海军衙门节制的南洋、福建（战后重组）、广东水师，总吨位为 8 万余吨，炮 500 余门，鱼雷发射管 70 余具，实力居世界第九位。而在远东地区，清政府的海军力量占据首位。

北洋水师共耗资 974.85 万两白银，这对因战争及赔款而使得财政捉襟见肘的清政府来说可不是一笔小数目。李鸿章对这支可称得上是自己嫡系的军队更是爱护不已。

1888 年 12 月 17 日，刘公岛上，清廷正式宣告北洋水师成立，同日由刘步蟾等将领参与制定的《北洋水师章程》也由清廷颁布施行。清朝拥有了一支表面强大的海军。

李鸿章把北洋水师视若珍宝，翁同龢却将之视为眼中钉。在这位户部尚书的眼里，李鸿章和他的北洋水师就是一个填不满的无底洞：买军舰需要钱，造军舰需要钱，军火、军饷、日常维护……处处都要用钱。大清几乎用了倾家荡产之力，来供养李鸿章的这支"私家军"，翁同龢自然不满。既然颐和园要兴建，正是李鸿章该出力的时候了。

重修颐和园的 7 年时间里，慈禧太后一共从海军衙门拿走了 750 万两白银，这些已经超出了 1400 万两的一半，而计划中需要拨给海军的剩余部分则全部被朝廷拿去修三海（北海、中海、南海）。实际能到海军手里的银子连舰队日常的维护都不够，还怎么支付水师官兵的军饷？

大清水师官兵也是血肉之躯，不能靠餐风饮露活着。朝廷指望不上，李鸿章捉襟见肘，水师官兵只能铤而走险，为自己谋生路。在这样的情况下，北洋水师的腐败气味已经透过厚厚的战舰钢甲，弥漫到大清海疆上去。

且战且求和

1894年，清政府派大同镇总兵卫汝贵率十三营盛军，高州镇总兵左宝贵率九营奉军，提督马玉昆率四营毅军，副都统丰升阿率六营奉天练军盛字营和吉林练军，共三十二营，总计13500人，入朝参战。卫汝贵率盛军6000人入平壤，提督马玉昆率毅军2000人进义州，左宝贵率所部准备开赴平壤。为往牙山增兵，李鸿章雇用英国小商轮"飞鲸"号、"爱仁"号，载一营清军前往，由北洋舰队的"济远""扬威""广乙"三舰护航。六月二十一日，又租了英国商轮"高升"号，载着二营清军，运往朝鲜，军械物资则由北洋舰队的运输舰"操江"号运送。清军运兵计划被日本间谍窃取，日军遂准备在朝鲜海面截击中国军舰和运兵船。二十二日，"飞鲸"号、"爱仁"号抵达牙山。次日凌晨，"济远""广乙"二舰从牙山返航，行至牙山口外的丰岛海面遭到日本军舰的猛攻。日军"吉野"号首先开炮，"秋津洲""浪速"号也猛烈开火。北洋舰队被迫进行还击。开战不久，双方战舰都被击伤，"广乙"号中弹后起火，失去战斗力，管带林国祥令南驶搁浅，后自行炸毁。"济远"号管带方伯谦仓皇躲入仓内，并下令挂上白旗逃离战场。"吉野"号穷追不舍。爱国水手李仕茂、王国成两人自动操尾炮轰击，四发三中，把"吉野"号击退。"操江"号和"高升"号被"浪速"号、"秋津洲"号包围。"操江"号被俘。"高升"号上的爱国官兵视死如归，冒着敌人的炮火，英勇还击，直到船体全部沉没，1200名官兵除300名获救外，其余皆壮烈殉国。

二十六日，日军向牙山东北二十公里的成欢进犯，聂士成率领3000名清军奋勇抵抗。二十七日凌晨，于光等在佳龙里伏击日军，击毙日军中队长尉松崎臣等人。后因日军增援，于光等牺牲。日军猛攻聂军较薄弱的左翼，聂士成多次派兵增援，均未能成功。聂士成率众抵抗日军进攻，击毙了日军大队长桥本昌世少佐和多名士兵，终因弹药不足，遂奋力杀出重围，成欢失陷。

四路大军入朝后，清军占据了优势，本应抓住战机，主动南下进攻汉城的日军，可是虽然光绪帝下旨："星夜前进，直抵汉城""相机进取，力挫凶锋"，李鸿章却置谕旨于不顾，令各军"先定守局，再图进取"。结果，四路大军入朝后，既不南下攻敌，又不据守险要之地，而是聚集在平壤，给敌军以陆续增援和集结兵力的时机。六月底，叶志超率部从牙山败退，七月下旬逃抵平壤。他谎报军情，向清政府邀功。清廷不辨真伪，对他赏银两万两以示嘉奖，并任命其统帅平壤各军。逃将升官，败军受赏，消息传出，全军哗然。叶志超对战守不做认真部署，每日与诸将狂喝滥饮，坐等日军来攻。日军利用这一有利时机大力增兵朝鲜，至八月上旬，先后运送陆军3万余人在仁川、釜山、元山等地登陆。

七月初一，中日双方正式宣战。宣战后，清政府继续坚持避战静守的策略方针，在平壤消极防御，坐待日军从容进兵。八月十三日至十五日，日本陆军约1万人，按预定计划分四路包围了平壤。十六日，日军分三路对平壤发动总攻，战斗在大同江南岸、玄武门和城北牡丹台及城西南同时进行。经过两天的激战，平壤被日军攻陷。左宝贵等爱国官兵为国捐躯，叶志超等弃城北逃。

十八日晨，完成护航任务返航的北洋舰队在驶至大东沟附近海面时遇到日军联合舰队。为了偷袭北洋舰队，日军联合舰队司令伊东佑亨竟下令悬挂起美国国旗，以此为掩护，急速驶向北洋舰队。中午时分，丁汝昌判断出这支急驶而来的是日本舰队，命令各舰升火，准备战斗。黄海海战终于爆发了。

日舰共有12艘船，其中包括由"千代田""松岛""桥立""严岛""扶桑""西京丸""比睿""赤城"八舰组成的本队和由"吉野""浪速""高千穗""秋津洲"四舰组成的第一游击队，旗舰为"松岛"号。北洋舰队包括"定远""镇远""济远""经远""致远""靖远""来远""广甲""扬威""超勇"10艘战舰，"广乙""平远""福龙"也曾一度参战，旗舰为"定远"号。丁汝昌先以"犄角鱼贯阵"迎敌，后见敌舰是"一字竖阵"，又下令改为"犄角雁行阵"，以"定远""镇远"两舰居中，其余各舰横着排列。但尚未完成队形变换，激战已经开始，所以刚交战时，北洋舰队是以"人"字阵与日舰对垒。距敌近6公里时，"定远"舰管带刘步蟾即下令开炮遥击，各舰相继发出第一排炮弹，但由于距离太远均未能击中目标。日舰在相距3公里时，发炮轰击，第一游击队四艘战舰向距主力舰较远的右翼"超勇""扬威"两舰集中进攻。"扬威""超勇"中炮起火，"超勇"沉没，"扬威"搁浅，失去战斗力。"定远"舰施放大炮，船身颠簸，站在飞桥上督战的丁汝昌因而被抛到舱面负伤，改由刘步蟾指挥。刘步蟾镇定自若，水兵们顽强抗敌，"定远"等舰猛击敌舰"比睿""赤城"两舰，使它们都退出战斗。

下午，日舰采取首尾夹攻战术，对北洋舰队构成很大威胁。"致远"舰管带邓世昌率舰迎击日本舰队，鏖战中弹药即将用完，而船体受伤严重，"吉野"号又迎面开来，邓世昌便下令加大马力撞向"吉野"号，准备与敌人同归于尽。"吉野"号一边慌忙躲避，一边施放鱼雷。"致远"舰不幸被鱼雷击中，全舰沉没，邓世昌等200余名官兵，除 20 余名获救外，其余皆壮烈牺牲。见"致远"舰沉没后，"济远""广甲"两舰遂夺路逃走。"济远"舰慌不择路，竟撞沉了搁浅的"扬威"舰。"广甲"舰偏离航线，搁浅在大连湾的三山岛外，次日被日舰击沉。"经远"舰受到日本第一游击队的围攻，全舰将士在管带林永升的指挥下，孤军奋战，发炮攻敌。在炮战中，林永升等 200 余名官兵仅 16 人获救，其余皆壮烈殉国。"定远""镇远""来远""靖远"四舰在极端不利的情况下沉着应战，先后击中敌舰"松岛""西京丸""吉野"等，杀死杀伤众多敌人。海战进行了 5 个多小时后结束，双方互有损失，日舰稍占优势。李鸿章旋即下令北洋舰队回威海卫据守。日军占领朝鲜全境并掌握了渤海、黄海的制海权，分陆、海两路向中国进逼。

　　九月二十六日，日本侵华第一军在山县有朋的率领下，从朝鲜的义州向清军的鸭绿江防线发动攻击；第二军在大山岩的指挥下出大同江，在花园口登陆，直犯金州，南攻辽东半岛。二十七日，与马金叙、聂士成交战后，日军攻陷虎山。二十八日清晨，日军进攻九连城，守将吕本元、刘盛休早已逃之夭夭，日本侵略者因而不费一枪一弹即占领了这一重镇，后又攻陷安东（今丹东）。同日，花园口也被日军占领，随后日军又侵占了貔子窝。十月初七，日本侵略者开始进攻金州，旅顺总兵徐邦道自告奋勇赴金州抗敌。初八，双方在距金州五公里的石门子展开大战。徐邦道因孤立无援，退守旅顺。初九，日军侵占金州，然后兵分三路向大连进犯。大连虽有炮台，配备了最新式的大炮，弹药储存丰富，但守将赵怀益贪生怕死，临阵逃脱，这样，日军于十月初十不战而得大连，当地的 120 门大炮及大量炮弹、军用物资全部落入敌手。

二十一日，日军开始进攻旅顺。旅顺尽管拥有 30 座炮台，近 150门大炮，环海布有水雷，驻有 30 余营军队，但是作为实际统帅的龚照玙贪鄙庸劣，金州失守前曾一度逃到天津。临时统领姜桂题也是一个无所作为的庸才。因此当日军进攻旅顺时，只有徐邦道率部奋勇抗敌，并于次日在土城子一带沉重打击了日军。二十三日，徐邦道统率的爱国官兵伤亡也不小，而且疲饥交加。此时，黄仕林等人却率部逃走，其部下公然抢劫银号公库，使旅顺陷于一片混乱中。二十四日，日军会攻旅顺，徐邦道寡不敌众，被迫突围。次日，旅顺失陷。日本侵略者进入旅顺后，进行了灭绝人性的大屠杀。他们见人就疯狂地乱砍乱杀，有的被割去双耳，有的被砍掉脑袋，有的被挖去双眼，有的被钉在墙上，有的妇女被奸污后开膛剖腹。这场大屠杀共进行了四天，尸横遍野，血流成河，仅有 36 名当地人幸免于难。日本侵略者在他们的脸部刺上免杀的记号，让他们来抬同胞的死尸。日本侵略者的残暴本性暴露无遗。

为了乞求和平，十一月二十四日，清政府正式通知日本，决定派张荫桓、邵友濂为全权大臣赴日媾和。但是，日本侵略者并不肯就此收兵，他们又把侵略的矛头指向了北洋舰队的重要基地威海卫。十二月，日本从国内调派了一支军队抵达大连湾，与进入辽东半岛的部分日军会合成新的军团，以大山岩为司令官，共计 2 万人，由联合舰队25 艘军舰、16 艘鱼雷艇掩护，准备进攻山东半岛。日军首先进攻成山以抄威海卫的后路。十二月二十五日，日本侵略者攻陷成山和荣成县城后，由陆路向西挺进。山东巡抚李秉衡派兵与敌在枫岭、桥头等地交战，屡战屡败，威海卫后防诸要塞全部落入敌手。光绪二十一年（1895 年）正月初五，日军向威海卫南帮诸炮台发起进攻，同时，联合舰队也从海上发起攻击。

当时，北洋舰队尚有 2 艘铁甲舰、5 艘巡洋舰、6 艘炮艇、12 艘鱼雷艇，战斗力还比较强。但李鸿章等人严禁海军出击，命其死守威海卫，陷于被动挨打的不利局面。从一月初五起，日本联合舰队在伊东佑亨的指挥下，对威海卫发动了多次进攻，南北帮炮台先后被日军占领。北洋舰队因而受到日本陆、海军的夹击。十一日，"定远"舰中鱼雷搁浅。次日，"威远"舰也中鱼雷沉没，"来远"舰中雷。十三日，日本联合舰队发动总攻，旗舰"松岛"号受到重创。北洋舰队 12 艘鱼雷艇擅自逃逸，有的被俘虏，有的被击沉。十四日，日舰又一次发动攻击，"靖远"舰受重伤。总教习美国人浩威、英国人马格禄鼓动北洋舰队的外国人及威海卫营务处提调牛炳昶等，逼迫丁汝昌投降，被丁汝昌拒绝。十五日，日舰再次进攻，"靖远"舰中炮搁浅，其余舰艇的弹药已将用尽，浩威、马格禄等人再次劝降，还挑动士兵逼迫丁汝昌投降。丁汝昌见大势已去，派人炸沉"靖远"舰。"定远"舰管带刘步蟾也派人将"定远"舰炸沉，然后自杀殉国，实践了他自己在开战初立下的"苟丧舰，将自裁"的誓言。十七日，丁汝昌也在绝望中自杀身亡。十八日，"广丙"舰管带程璧光乘"镇北"炮艇把降书递给了日本联合舰队，日本侵略者获得了"镇远""平远""济远""广丙"四舰和六艘炮艇及刘公岛上的全部军用物资。二十三日，日本舰队开进威海卫港，并在刘公岛登岸。北洋舰队全军覆没。

在日军进攻山东半岛的同时，中日双方在辽东也分东、西两路展开了激战。东路大高岭一线，依克唐阿、聂士成率部与日军不断周旋。湘军与聂士成军换防后，同东边道道员张锡銮一起，会同当地民众，分别于二月初二和初五收复了宽甸和长甸。在西线，清军先后五次反攻海城，但均告失败。日军侵入辽东半岛后，从海城、岫岩、盖平分三路出击，清军一路溃败。日本侵略者在占领鞍山等地后，于二月初八大举进犯牛庄。当日军杀进牛庄市区时，守将魏光焘、李光久等正在吸食鸦片，看到日军后迅速逃走了。广大爱国官兵自发地抵御日军，有的据屋后墙角死守，先后有 2000 人牺牲。次日，牛庄失陷。牛庄失守后，吴大澂从田庄台逃到石山站。守卫营口的宋庆当晚也统率 3 万大军逃到田庄台。十一日，日军不战而得营口。十三日，日军猛攻田庄台，宋庆经过激战，敌不过对手，弃城逃走，未及撤离的近 2000 名官兵惨遭杀害。日本侵略者攻陷田庄台后，纵火焚城，田庄台一市至此遂成为一堆废墟。日本侵略者占领了整个辽东半岛。

马关改变了中国

光绪二十年（1894 年）九月，英国提出的"联合仲裁"失败后，清政府转而请求美国出面调停中日争端。美国为了从和谈中得到好处，表示愿意出面斡旋。十月初九，美国驻日公使遵照本国训令告诫日本政府，战争要适可而止，否则"如果中国被打垮，英、法、俄、德等国将以维持秩序为名，瓜分中国"，这样不利于日本。在美国的劝告下，十一月初一，日本政府通过美国驻华公使转告清廷，同意与中国议和。十一月二十四日，清廷正式派户部左侍郎张荫桓、巡抚邵友濂为议和全权大臣。光绪二十一年（1895 年）正月初七，张荫桓、邵友濂同日本全权代表伊藤博文、陆奥宗光在广岛开始进行谈判。日本虽同意清政府遣使议和，但并不是真心诚意地想实现和平。这是因为，一则日本尚未实现攻占威海卫、消灭北洋舰队的图谋；二则认为张荫桓、邵友濂二人"全权不足"，不能满足其通过谈判进行勒索的要求。正月初八，双方代表进行第二次会晤，伊藤博文等按照事先的密谋，无理刁难中国代表。他们以张、邵二人的全权证书手续不完备为借口，反诬中国没有和谈诚意，拒绝开议，并肆意践踏国际外交准则，把清政府拍给中国代表的电报扣留，拒不交出。清政府为了不使和谈破裂，委曲求全，表示可以修改全权证书，日方同样予以拒绝。日本公开点名要李鸿章为清政府全权代表，清政府被迫答应。为尽快媾和，二月十八日，李鸿章以美国人科士达为顾问，带领他的儿子李经方及随员伍廷芳、马建忠等，乘坐德国轮船，赶赴日本马关。二十四日，李鸿章与日本全权代表伊藤博文、陆奥宗光在马关开始议和。李鸿章提出先停战、后议和的要求。伊藤博文见机行事，肆意勒索，遂提出包括占领天津等地在内的四项停战条件。李鸿章见日方的停战条件极端苛刻，只好撤回停战要求，先议和款。会谈结束后，在返回寓所的途中，李鸿章的左眼下部被日本刺客小山丰六郎用手枪击伤，谈判被迫中断。

李鸿章遇刺后，日本政府一度恐惧不安，既担心列强乘机干涉，又怕李鸿章据理采取强硬措施。为了在谈判中达到割占中国台湾的目的，日本又调兵进犯澎湖列岛。二十九日，澎湖列岛被日军攻陷。陆奥宗光通知李鸿章：日本政府已经同意暂时停战。李鸿章在得到陆奥宗光的通知后神情十分高兴。三月初五，双方签订了不包括台湾和澎湖列岛在内的、为期三周的停战协定。

自三月初七起，议和进入第二阶段——缔结和约的谈判。日方提出了包括要求中国承认朝鲜为完全的独立国；日本割占台湾全岛及附属各岛屿、澎湖列岛、奉天南部地方；赔偿日本军费三亿两库平银；

开放北京、重庆等七处为通商口岸等十一款议和条约底稿，条件非常苛刻，并限四日内议复。经过李鸿章的再三乞求，三月十六日，伊藤博文提出了一个修正案，将战争赔款、奉天南部割地和增开通商口岸等要求做了一些缩减。"声明此系文武熟商再三核减尽头办法，请三日内回信。两言而决，能准与不能准而已"，并以"战争持之愈久，则花费必将愈多，今日我方应允之讲和条件，并非到他日亦必须应允之"进行威胁，甚至恫吓说："倘不准，定即添兵。广岛现泊 60 只运船，可载数万兵，小松亲王专候此信，即日启程。"在日方的催逼和威胁下，三月十八日，清廷被迫电谕李鸿章与日方订约。二十三日，李鸿章与伊藤博文、陆奥宗光签订了《马关条约》十一款及《议订专条》三款。《展期停战另款》二款、《另约》三款、《马关条约》十一款的主要内容是：

第一，中国承认日本对朝鲜的控制；

第二，中国把辽东半岛、台湾全岛及所有附属岛屿、澎湖列岛割让给日本；

第三，赔偿日本军费 2 亿两库平银，分八次交清。"第一次赔款交清后，未经交完之款，应按年加每百抽五之息"；

第四，日本臣民得在中国通商口岸城邑，任便从事各项工艺制造，又得将各项机器任便装运进口，只交所定进口税；

第五，开放重庆、沙市、杭州、苏州为商埠，日船可以沿内河在以上各口自由航行，载货搭客。

中日之战和《马关条约》对中国产生的影响极为严重。尽管中国军民英勇抵抗外来侵略者，用鲜血和生命谱写出一曲曲英雄壮歌，但是仍无法从根本上扭转败局。北洋水师全军覆灭、湘军的大溃败，既是清朝封建统治者主和投降造成的恶果，又暴露了其极端虚弱的本质。中国人民受到日本侵略者惨无人道的屠杀，国家领土受到强盗铁蹄的践踏。赔款及赔款利息数额巨大，超过清政府每年国库收入的3倍，清政府被迫向列强大举借取外债，中国人民的负担更加沉重。而日本侵略者则以这笔赔款大力发展本国资本主义，逐渐转化为帝国主义国家。条约规定的日本人可在中国投资建厂的权利像一根绳索，捆绑住中国民族资本主义发展的手脚，阻碍了中国近代生产力的发展，而列强对华的资本输出便合法化了。《马关条约》的签订使列强侵华的野心急剧膨胀，各国争相在中国投资，进行资本侵略。列强在中国拼命划分"势力范围"，掀起一股瓜分中国的浪潮。《马关条约》的签订，进一步加深了中国半殖民地化的程度，中华民族的危机空前严重。

重建北洋水师

甲午战争的失败，让中国海军的精华尽失。虽南洋水师仍在，但实力远不如北洋水师，担不起守护中国海疆的重任。清政府自暴自弃，把原北洋水师当作战争失败的替罪羊，将官兵全部强行遣散，海军总理衙门撤销，内外海军学堂叫停。这些顽固派认为是办海军而招来了灾祸，主张韬光养晦，彻底停办海军事业，否则会"欲御侮反而适以招侮"。

一心想通过海军来支撑大清的李鸿章，也因这场战争的关系被明升暗降，由北洋大臣调为入阁办事，但"不得与闻政"。一年之后，又被委任为总理各国事务衙门大臣，不能再插手海军事务。清末的海军事业少了李鸿章，就等于少了一块主心骨，重振海军雄风之事，也就被清政府无限期地搁置起来。

但帝国主义列强的军舰却没有因为朝廷放弃了海军便心慈手软。随着一系列不平等条约的签订，帝国主义军舰开始不满于只在中国海上游荡，长江、黄河，凡是有入海口的中国内河上，到处挂满了异国旗帜的军舰，哪里还看得出这其实是中国的土地？

这一幕幕深深地刺痛了朝野上下有志之士的心。同是洋务派代表人物的张之洞挺身而出，要求把重建海军作为御敌之第一大任，从应付外敌之严峻形势角度出发，宜应建立两支海军舰艇部队分属两洋。钦差大臣刘坤一也在奏请朝廷的建议书中说，中国南北海疆绵长，如无海军则无物以资御外敌，中国海疆若失，国不能成国，因此，必须考虑复建海军。他认为，鉴于北洋水师作为编制已经撤除，目前建立海军有所不妥，宜应由各地方政府定下决心，做一些复建海军的前期准备工作，如建立学堂、训练新兵、购置新舰等。

张之洞与刘坤一的振臂一呼，唤醒了已陷入绝望的朝廷正直官员。他们在朝堂之上一力坚持，深剖利弊，那些顽固派理屈词穷，也不得不认可了没有海军便没有中国的事实。

经过朝臣的多方努力，1896年，清廷终于在失去北洋舰队一年之后，下令重组北洋水师。在陆军部下设海军处，并再次向英国和德国订购军舰。但在一些冥顽不化的顽固派的阻挠下，北洋水师的重建工作进展困难。

这时候，李鸿章以古稀高龄、衰朽之身，不顾舆论的压力，又重新投入重建北洋水师的工作。他虽然不能以负责人的身份直接处理具体事务，但凭着他多年丰富的外交经验，屡次化解一桩桩外交危机。

李鸿章的努力没有白费。到 1898 年，中国开始了戊戌变法，欲通过资产阶级维新来复兴大清的光绪皇帝提出，"非添设海军、筹造兵轮无以为自强之计"，北洋水师的重建工作走上了正轨。虽然戊戌变法仅维系了短短的 103 天，就被慈禧太后发动的戊戌政变给扼杀，但北洋水师的重建工作却仍得以顺利进行。1899 年，重建后的北洋水师已拥有巡洋舰 5 艘、驱逐舰 2 艘、鱼雷舰 8 艘，重新拥有了一定的规模。4 月，清廷任命叶祖珪为北洋水师统领，萨镇冰为帮统。

这支重建的北洋水师却命运多舛：1900 年，八国联军入侵中国，炮轰山海关，将数艘北洋水师的军舰掠走。清朝的海军建设再次陷入低谷。

1905 年，清政府在南洋大臣周馥的建议下，下令统一南北洋水师，叶祖珪任提督。同年，叶祖珪去世，由萨镇冰接任。光绪三十四年（1908 年）溥仪登基，次年（1909 年）改元"宣统"，随即设立筹办海军事务处，任命载洵和萨镇冰为筹办海军大臣，把全国 5 支舰队（北洋、南洋、福建、广东、湖北）统一改编，分为巡洋和长江两个舰队，并重新分配了舰船。巡洋舰队统领由程璧光出任，负责海防事务，下辖巡洋舰 4 艘、驱逐舰 1 艘、鱼雷艇 8 艘，练习船和运输船各 1 艘，共计 15 艘舰船；长江舰队统领由沈寿堃出任，负责长江河防，下辖鱼雷炮舰 2 艘，炮舰 12 艘，练习舰 1 艘，运输船 2 艘，共计 17 艘舰船。宣统二年（1910 年），清廷又将筹办海军处改为海军部，载洵出任海军大臣，萨镇冰改任海军统制，统一管理巡洋和长江两支舰队。

重建后的海军规模因财力所限，较之原北洋水师有很大的差距，更别提跻身当时世界的前列了。但对于中国海军事业来说，这次重建毕竟踏踏实实地跨出了一大步。到 1910 年年底，海军已拥有巡洋舰 8 艘、驱逐舰 8 艘、鱼雷艇 12 艘，再加上 1 艘练习舰及其他战舰总共拥有舰船 46 艘，其中 2000 吨级以上的战舰有十几艘，"海天""海圻"两艘巡洋舰更是达到了 4300 吨。此外，江苏、浙江、福建、奉天、山东、广西、湖北、安徽等省份仍然保留了一些舰艇。据统计，全国总共有舰艇 135 艘，共 51627 吨，但大多都为旧式小舰艇，装备陈旧落后，完全不能满足出海作战的需要。

且由他们闹去

光绪二十一年（1895 年）8 月，在北京出现了一份名为《万国公报》的刊物。这份刊物是双日刊，虽然名字和英美传教士在上海所办的刊物一样，但内容却大不相同。这份新的《万国公报》每册登载一篇论文，有时遇到长篇论文还会分期连载，内容大多是鼓吹变法，向西方学习。到了 12 月，这份刊物改了名字，叫作《中外纪闻》，改版后的刊物，内容丰富了许多，比原来要多出一倍。不仅选登邸报，刊登外文报纸和外文电讯的中译文，还介绍一些西方资本主义国家的政治经济社会情况，以及先进的科学技术等。这份杂志的出版，引起了极大的争论：守旧派官僚对其大加批判，但相当一部分具有维新思想倾向的士大夫却对此相当欢迎。这份刊物的出版者，正是康有为。

"公车上书"事件以后，康有为的名声迅速在北京一带传播开来。另外一个好消息不久又传来，在刚刚结束的会试中，他被点为进士，并受工部主事之职。此时的康有为已经并不在意这样的职位，随着名声的高涨，他已经把目光投向了更高的地方。

"公车上书"的浪潮，让康有为看到了将变法维新思想推向全国的希望。为了更好更快地达成这一目标，让变法维新成为当时中国的主流思潮，康有为拒绝了朝廷的任命，将注意力转向了开办学会，创办报纸上。他相信，通过这一方式可以吸引更多的人对他的思想和学说有所了解。

光绪二十一年（1895年），康有为在北京率先创办了《万国公报》。刊物之所以取这个名字是因为可以借助原有刊物之力，便于推广。正如康有为所料，这份刊物有力地推行了维新变法思想，给予当时北京思想界以强烈的震动。据康有为的回忆："报开两月，议论渐明。初则骇之，继而渐知新法之益，吾复挟书游说，日出与士大夫讲辩，并告以开会之故，明者日众。"

不久，随着赞成维新变法思想者人数日趋增多，康有为认为"思开风气，开知识，非合大群不可""合群非开会不可"。于是，11月中旬，在康有为的组织下，又成立了强学会。强学会的人员主要由两部分组成，除了康有为、梁启超等持维新变法思想的知识分子以外，还包括文廷式、杨锐、沈曾植等帝党成员，李鸿藻、翁同龢等帝党元老虽未直接入会，但也在暗中给予了支持。伴随着强学会的成立，《万国公报》改名为《中外纪闻》，其影响力较以前更为强大。这让朝中的保守派人士大为恐慌，更加猛烈地攻击强学会及康有为等人。

由于保守派人士的攻击和诋毁日益激烈，强学会众人开始担心康有为的人身安全。与此同时，康有为也认为应该南下，在江南地区宣传和推广维新变法思想。于是，康有为南下南京，拜访当时被认为是具有维新思想的两江总督张之洞。出乎康有为意料的是，张之洞爽快地同意了他在上海成立强学会的请求，甚至还赞助 1500 两白银作为活动经费，并且要求列名其中。受到这样的鼓舞，12 月下旬，上海强学会顺利成立，发起者有康有为、梁鼎芬、黄遵宪、汪康年、张謇等人，随即开始出版《强学报》，宣传维新变法思想。

此时的康有为显得比以前更为高调，《强学报》在其影响之下也表现出更为浓厚的政治色彩。它明确地倡导变法维新，并提出了具体的政治主张。

光绪二十二年（1896 年）年初，御史杨崇伊上书弹劾北京强学会，他攻击强学会"专门贩卖西学书籍""植党营私""将开处士横议之风"，请求清政府立即查禁。这一奏折得到了慈禧太后的支持。于是，北京强学会被迫关闭，受此牵连，《中外纪闻》也被迫停刊了。这一消息传到上海，张之洞也趁势关闭了上海强学会，《强学报》便夭折了。康有为的变法维新活动一时陷入了低潮。

正所谓"树欲静而风不止"。甲午战争以后，正在步入帝国主义阶段的列强看到日本这个后起之秀都能够在对清帝国的争夺中获利甚丰，于是纷纷扑向远东，对清帝国展开了疯狂的侵略。

光绪二十三年（1897 年），两名德国传教士在山东曹州被杀，德国趁机占据胶州湾地区。次年，沙俄以帮助清廷抵抗德国为名，将军舰驶入旅顺港，进而侵占了辽东半岛，将东三省划为势力范围；之后，英国也以同样的理由和方式，侵占了威海卫和香港新界地区，并将长江地区划为势力范围；法国则占领了广州湾作为租界，并将两广划为势力范围。一时间，整个清帝国面临着西方列强的蚕食鲸吞，顿成分崩离析之势，亡国危机就在眼前。

这时，康有为等人再也坐不住了。光绪二十三年（1897年），康有为赶到北京，接连两次给光绪皇帝上书，痛陈了清帝国目前面临的危机局势，要求立刻变法。为了准备维新变法，康有为与梁启超在北京成立了保国会。保国会制定了三十条《保国会章程》，宣称"保国家之政权、土地""保人民种类之自立""保圣教之不失"，并要求在各省府县建立分会。在当时救亡图存的大环境下，保国会的主张得到了大多数人的热烈响应。很快，保滇会、保浙会、保川会相继成立。保国会的成立，同样遭到了保守派官僚的猛烈攻击。他们纷纷上奏，攻击保国会"保中国不保大清""名为保国，势必乱国"，要求查禁保国会。然而这时候的光绪皇帝已经坐不住了，他直截了当地驳斥了这些保守派官僚："会能保国，岂不大善？"

　　此时的慈禧对维新变法的事情并非一无所知，康有为第五和第六次的上书她都通过光绪帝之手看过了，慈禧非常清楚清帝国当前所面临的危机，因此实际上她并不反对康有为的维新变法理论，甚至对某些措施还颇为赞成。然而，她始终认为，改革需要在不危及清廷统治基础和可控制的范围内逐渐进行。这种思想一方面促成了她对光绪变法改革的默认，一方面又为后来变法的悲剧性失败埋下了伏笔。因此，当光绪皇帝向慈禧要求改革时，慈禧并没有表示反对，而是放手让光绪去做，自己则移居颐和园休养。

　　光绪二十四年（1898年）6月8日，康有为拟定《请明定国是疏》，由大学士徐致靖代为上奏，请求光绪帝正式开始变法。三天后，光绪帝颁布了《明定国是诏》，变法运动开始。

光绪帝的努力

　　光绪二十四年（1898年）6月16日，天色尚未完全放亮，康有为就匆匆起身赶往紫禁城内的朝房，他是奉光绪皇帝的谕旨，前去觐见当今圣上的。康有为的心中，激动和感慨的心情交织在一起。30多年的光阴总算没有白费，今日终于可以一展宏图，大显身手。

　　康有为并不是第一次进入紫禁城，三年前参加殿试时也曾来过，不过军机处。倒是第一次来。在侍卫的带领下，康有为略有些好奇地进入军机处，侍卫打了个千，躬身退出去了。康有为从外面进来，只觉军机处内逼仄昏暗，尚自点着一盏灯，居然有些看不清楚。康有为揉揉眼睛，赫然发现在墙角的灯影里还坐着一个人。这人原本正在闭目养神，听到康有为进来的动静便睁开眼睛打量来人。康有为定睛一看，不禁脸色一变，原来此人正是新任直隶总督荣禄。

　　对康有为来说，荣禄并不陌生。1898年的正月，朝廷重臣们曾经安排接见过一次康有为。那时候，康有为侃侃而谈，将自己变法维新的理论讲得头头是道，可是这些大人们似乎并不买账，特别是荣禄，屡次搬出祖宗之法来压制康有为，让康有为大为恼火，几乎和荣禄争吵起来。后来他从帝师翁同龢那里得知，荣禄是慈禧太后的宠臣，又手握重兵，朝中大小官员都要让着他。从那时候起，康有为就暗暗地将荣禄视为维新变法道路上最大的障碍。

　　可是如今再次相见，倘若不打招呼，反而失了体面。康有为正在盘算，不料荣禄一见是康有为，居然主动站起来拱手为礼，邀请康有为坐下。康有为见此，也只好拱拱手坐了下来，然而却是脸冲外面，把半个身子侧对着荣禄。

荣禄见此情景，脸色不由得一暗，旋即又恢复了轻松，笑容可掬地对康有为说道："当今圣上下诏变法维新，真是可喜可贺。长素老弟，我们不是第一次见面了，荣某斗胆请问一句，以长素老弟经天纬地之才，对于当今时局，可有良策啊？"

康有为闻听此言并未回头，硬邦邦地回答道："当今局势，唯有变法，非变法不能救中国也！"

荣禄又道："变法固然很好，可是，祖宗之法，迄今已经二百年有余，一时之间，恐怕急切不能变通，反而伤及国本呀。"

康有为沉默了一下，并未立即回答，而荣禄也没有再说什么，气氛一时竟有些凝重。这时，只听得军机处外面侍卫的声音："康老爷，圣上已经在养心殿东暖阁了，宣您进去回话。"康有为腾地一下站起来，几步走到门前，正要挑起竹门帘出门，却又想起什么似的停住脚步，头也不回地说道："倘若新法不行，那便杀几个一二品的红顶子大员，则新法行矣！"说完，一躬身出门去了。

以颁布《明定国是诏》为契机，光绪终于享受到了君临天下的快感。他几乎每天都要发布两三件诏书，其变法涉及政治、经济、军事、文化教育等方面。

政治方面的改革诏令共有90多件，其中包括精简机构，裁减冗官冗职，例如通政司、光禄司、太仆寺、大理寺等已经明显过时的机构应立即撤除，而设置京卿学士一职，以集思广益。此外，大力倡导和鼓励"官民论政"，准许地方官与士民上书，并开放新闻自由，创立京师报馆，将上海《时务报》改为官方报纸等。

经济方面的改革诏令共有70多件，其中包括制定以工商立国的国策，并且鼓励民间兴办实业；大力发展铁路和矿业，在中央设立铁路矿务总局，并在各省设分局，鼓励私人开办工矿企业；在各省设商务局、商会，保护商人的合法权益，开放更多的口岸作为商埠；农业要引入西方先进技术开垦土地，并广泛开设农会，编译外国农业书籍，刊印农报，购买农具；此外，还要放开不准八旗子弟经商的禁令，废除其优待，允许其学习士农工商各种行业，并自谋生路。

文化教育方面的改革诏令则有 80 多件，明确要求废除科举考试制度，改考历史、政治、时务及四书五经等科目，还会定期加考经济特科；在京师开办京师大学堂，在省会城市开办高等学堂，道台驻地设中等学堂，州城府县设立初等学堂，将所有书院、祠庙、义学、社学一律改为新式学堂，兼学中西学问，并且鼓励私人开办学堂，此外还要设立翻译、农务、医学、商学、矿、路、茶务、蚕桑等专科速成学堂；挑选优秀学生到日本游学，同时派皇族宗室出国游历；还要设立译书局，对著书及有发明创造者给予奖励，保举录用具有格致之学的人才。

在军事方面，全面废除旧的军事训练方法，改用西洋先进军事训练，遣散老弱残兵，削减军饷，实行精兵简政，还要大力推行团练，鼓励民兵；在武备教育方面筹办武备大学堂，并停止考核弓刀矢马步箭，改考枪炮技能，并鼓励兴办军事工业。

为了切实执行变法的各项规章制度，光绪帝还重用了一批具有维新思想的官员。除了之前他就有所了解的杨锐、刘光第、林旭等人外，在大学士徐致靖的推荐下，湖北巡抚谭继洵的儿子谭嗣同也被召入宫中，光绪帝将他们四人提拔为军机处章京行走，并令这四人全面负责新政之事。

康有为只获得总理各国事务衙门章京上行走的官职，这一职务并不能让他直接参与到政策的制定和实施中。康有为虽然有些失望，但这并没有打消他实行变法的念头。在变法维新运动期间，他一再给光绪上奏折，陈述各种意见，提供各种建议。然而出乎他意料的是，自从那一次接见以后，光绪再也没有接见过康有为。不仅如此，就连后来的谭嗣同等人也极少见到光绪皇帝。一切事务来往，都依赖上谕和奏折。

7月，变法似乎陷入了瓶颈，光绪帝推行的所有新政几乎都没有得到贯彻落实。光绪帝决定让康有为到上海去办报，继续大力宣传变法维新思想。康有为拒绝了这一提议，继续留在北京，可是他并不知道，由于他和荣禄的那次碰面，不得体的对答使荣禄已经暗暗定下了对策，要清除他们这些可能会对大清朝统治不利的"乱党"。

空欢喜一场

光绪二十四年（1898年）兴起的这场变法维新运动，到8月间已经呈现出举步维艰的状况。由于光绪皇帝缺乏经验，加之没有得力的左膀右臂，几乎所有的改革措施都无法顺利实施，即使是各地大员，也以各种理由推三阻四，不愿奉旨行事。

此时的光绪皇帝如笼中的猛虎一样心绪不宁，他认识不到自己的施政手段和能力距离要熟练掌握这个庞大的帝国还有一定的距离，而是将一切都怪罪在大臣头上。他的脾气变得越来越坏，甚至让太监、宫女都感到战战兢兢。

与此同时，在京城西郊的颐和园里，慈禧却在过着悠闲的日子，即使有对新政心怀不满的大臣来向她诉苦，她也淡淡一笑不予回应。

虽然如此，慈禧却并不像表面上看起来那么安生。作为掌握大清朝最高权力的女人，她非常明白推行新政的难度有多大，以她对光绪的了解，自然知道光绪仅靠一个人的力量根本无法完成这项运动。

唯一的变数，在于康有为。慈禧虽然看过康有为的文章，却并没见过这个人。她在思考这个看起来有些离经叛道的书生是否真的有本事将已经死气沉沉的大清帝国扭转乾坤，重获新生。当她发现自己的情报并不足以做出这一判断时，她召见了李鸿章，希望从他那里得到一些消息，然而李鸿章却给出了否定的答案。

李鸿章认为，康有为、梁启超等人都是典型的书生意气，他们虽有满腔热血，却只懂得空谈救国，不懂得中国的官场之道，没有任何政治谋略和经验，更缺乏起码的政治手腕和妥协精神。

慈禧正是想要这样的答案。因为按照慈禧的想法，如果光绪体会到了治国之艰难，他最终会求助于自己，如果这样的话，她的自尊心得到了满足，又能够重新掌控权力。

然而，李鸿章的话只说了一半，而慈禧也不能完全理解这些书生意气可能带来的后果。李鸿章在不看好康有为的同时，他同样不看好光绪帝。因为光绪帝也不过是书生意气，而他既然贵为一国天子，缺点就会被无限地放大。光绪帝自小很少受到慈禧的疼爱，又因为选后的事情颇有龃龉，想让光绪向慈禧低头服软实在是千难万难。

事情果然不出李鸿章的预料，很快，光绪皇帝和朝中大臣之间的矛盾就激化了。

9月初，礼部主事王照上疏一封，要求皇帝与皇太后出洋游历东西洋各国。由于清廷旧制，礼部主事不能够直接上奏，王照便将奏疏交给了礼部两位尚书，拜托他们代为呈上。此时礼部的两位尚书分别是满尚书怀塔布、汉尚书许应骙，他们并不十分支持变法维新，如今又见到王照这封颇有些异想天开的奏疏，自然懒得搭理。谁料王照是个暴脾气，见两位尚书如此轻慢自己，便忍不住大吵起来，一时闹得不可开交，居然惊动了光绪帝。

光绪皇帝这段时间以来正为新政不能顺利推行的事大为光火，正欲找个借口狠狠整治一下这些和自己为难的大臣，他一听说此事，便将王照、怀塔布、许应骙三人召进宫中，厉声责问他们为何不遵守新政的规定，如今新政推行，庶民都能上书言事，为何一个礼部主事、堂堂的六品官却做不到？越说越激动的光绪帝干脆将礼部两位尚书、四位侍郎的职务一并革去，而以少詹事王锡蕃、翰林院侍读学士徐致靖暂时代理左右侍郎执行公务。

朝中的大臣见皇上动了怒，自然不敢多说什么。可是光绪太小看朝中的大臣。这些臣子大多是宗室子弟、皇亲国戚。怀塔布的妻子就是慈禧太后眼前的红人，经常进颐和园陪慈禧聊天解闷儿。被革职在家的怀塔布自然是气闷不已，便授意其妻到慈禧面前告状。怀妻便趁着入宫的时候向慈禧痛哭流涕，将事情经过讲了一遍，并且添油加醋说光绪变法新政，打算重用汉族人，把满族人都赶尽杀绝。慈禧一听这话，心里暗暗责怪光绪胡闹得太过分了。压不住火的慈禧罕见地把光绪叫到颐和园，狠狠地训斥了一番。

然而，此时的光绪已经不同往日了，初尝权力滋味的他已经不愿意再忍受慈禧的指责。他并没有冷静下来仔细思考在处理王照事件中自己是否有不当之处，反而暗暗抱怨慈禧横加阻拦、混淆是非。最终，光绪帝很容易就将矛头指向了慈禧。他坚定地认为，正是慈禧的专权，才让新政处处碰壁，因此必须除掉慈禧，才能够把所有的守旧派大臣镇住，新政才能够成功。

越想越觉得有理的光绪当即写了两封手谕，分别给军机四章京和康有为，向他们抱怨了新政推行之难，并说明自己在慈禧的控制下甚为不自由，要求他们几人速想办法云云。这几人接到了谕旨，细读之下，自然明白了光绪帝字里行间的意思。可叹这些维新志士，热血有余，理智不足，看到皇帝的抱怨，便四处想办法"营救"光绪帝。

几个人在一起合计一夜，商量出一个计策：首先，想办法调集兵力，伺机控制颐和园，并软禁慈禧；接下来，借助洋人的力量推行新政。由于当时日本前首相伊藤博文来华访问，可请伊藤博文、李提摩太等人参与政务，管理军事、财税、外交等事项，最终形成"中美英日合邦"的局面。这样则新政能行，而守旧派大臣自然也不敢多言。

计策已定，可还有一件事情需要落实：究竟谁的兵马可以调动呢？这时候，谭嗣同想到了直隶按察使袁世凯。袁世凯原来参加过强学会，是个维新人士，如今统率新建陆军，在天津小站练兵。此人正是最佳人选。

很快，光绪皇帝一封急电就将袁世凯从天津小站召到了北京。短短一周之内，光绪帝接连三天接见了袁世凯，并加封其为兵部左侍郎。正当袁世凯惊疑不定，不知为何圣眷优隆的时候，9月19日夜，谭嗣同深夜来到袁世凯下榻的法源寺，将围园杀后的计划原原本本地告诉了他。面对谭嗣同的谆谆教导，袁世凯答应得非常爽快，他一口答应调动新建陆军进京实行计划，并拍着胸脯保证道："杀荣禄，如杀一狗耳！"

然而，维新派的苦心终究化为了泡影。一方面，慈禧太后早就通过各种渠道知道了维新派意欲与洋人联手，将主权拱手付与洋人的计划。她顿时明白光绪不可能向自己低头服软。为了不让权力旁落他人之手尤其是洋人之手，她必须重新执掌朝政。于是在谭嗣同夜晚会见袁世凯的第二天清晨，慈禧忽然从颐和园返回紫禁城，直奔养心殿，控制了政局。另一方面，袁世凯的慷慨激昂只是做戏给谭嗣同看，他对双方的实力对比看得很清楚，自然不会盲目地自取灭亡。第二天早上他一回到天津，就立刻向荣禄通报了事情的来龙去脉。大惊失色的荣禄立刻带兵返回北京，并向已经控制了局势的慈禧禀报了此事。于是，维新派的全部计划，就赤裸裸地呈现在慈禧的面前。

慈禧知道全部计划后，又痛又悔。勃然大怒的慈禧再也不听光绪的解释，遂发下懿旨，以光绪生病，不能临朝视事为由，重新训政，将光绪帝软禁于瀛台，并下诏抓捕康有为、梁启超等人。没过几日，徐致靖、军机四章京，以及御史杨深秀、康有为之弟康广仁悉数被捕，而康有为与梁启超事先已经离开了北京，从此流亡天涯。这场持续一百余天，史称"百日维新"的运动就这样宣告失败。

七天后，慈禧下令将谭嗣同、林旭、杨深秀、刘光第、杨锐、康广仁等维新派人士处死，这就是历史上的"戊戌六君子"，也是为维新变法流血的第一批人。大学士徐致靖原本在处死之列，由于李鸿章的暗中营救而幸免于难。

扶清灭洋，来自民间的反抗

光绪二十六年（1900 年）春夏之交，北京城的居民惊讶地发现，城里忽然多了不少头裹红黄两色头巾，腰缠红黄两色板带，打着绑腿，身背大刀，手持长矛的男性农民，这些人自称为"义和拳"。

义和拳最初产生于鲁西南地区。这一地区位于山东、河南、江苏的交界地带，丘陵起伏，自古以来就是盗匪多发的不平之地。由于黄河古道经过其地，每次黄河决口改道，都会给当地人民带来严重的灾害。清末以来，太平天国的北伐和捻军的起义都严重地影响了这里。甲午战争时，此地的清军被调走参加战争，当地的治安情况更加恶化。在这种情况下，曾经在民间秘密流传的大刀会逐渐兴起了。

光绪二十一年（1895年），大刀会兴起于鲁西南的曹县、单县等地。最初它只是为了保卫家园和财产不受土匪的侵扰，而由当地村民自发组织形成的武装团体，参加者都是当地的富裕人家。

而与此差不多同时，在鲁西北地区出现了迷信色彩更为浓厚的"神拳"组织。与大刀会不同，神拳的参加者大多是贫苦农民。

无论是大刀会还是神拳，一开始都没有受到官府的压制，因而得以迅速地发展。然而，随着这些组织的扩张，它们不可避免地与当时同样迅速发展的天主教会组织发生了矛盾，于是暴力和冲突就不可避免了。

大刀会和神拳都宣称维护正统的社会伦理道德观念，自然会和教会的势力发生冲突。光绪二十二年（1896年），由于土地划界冲突问题，大刀会和教民之间发生了一系列的争斗。在争斗的过程中，大刀会将矛头指向了外国传教士。第二年年底，在曹州府巨野县发生了著名的曹州教案，两名德国传教士被不明身份的人杀害，据说凶手是大刀会的人。由此，官府开始打击大刀会。然而老百姓出于对官府的不信任，以及对官府和洋人勾结的痛恨，反而更加支持大刀会的行为。

神拳组织在对待教会势力的态度上，并不比大刀会相差多少，比较著名的就是冠县由阎书勤和赵三多领导的"拳民"组织。光绪二十三年（1897年），冠县梨园屯的玉皇庙被教民占据，改建为教堂，这激起了当地居民的强烈反对。阎书勤和赵三多的拳民示威并包围了正在修建的教堂，终于迫使教会放弃了这一努力。与大刀会受到的待遇一样，神拳也遭到了官府的镇压。

尽管自从曹州教案以来，官府严厉禁止此类反洋教斗争，但事与愿违，山东各处反对洋教的暴动和武装冲突越来越多，并且发展成为与清政府的战斗。例如著名的朱红灯和本明和尚率领的拳民，攻进平原县，并爆发了著名的森罗殿之战。在战斗中，大刀会和神拳逐渐被百姓混为一谈，而这两个组织之间确实也发生了相互融合的迹象，他们将名字改为"义和拳"，并且打出了"扶（助）清灭洋"的口号。

这时，山东巡抚张汝梅已经由于镇压不力而被撤换，新上任的山东巡抚毓贤是一个具有强烈排外情绪的守旧派官僚，因而对义和拳的态度要温和得多。他虽然最初也进行了几次对义和拳的镇压，但发现无济于事以后，便采取怀柔政策，除了对义和拳首领严惩不贷以外，对其他普通拳民则收编为民团，企图为我所用。于是，"义和拳"又逐步改名为"义和团"。当时适逢山东地区遭受旱灾，大量的贫农参加了义和团。结果在毓贤的纵容下，山东地区的义和团运动呈现飞速发展之势，并且向直隶蔓延开来。

义和团运动的蓬勃兴起让西方列强甚为紧张。在洋人的压力之下，毓贤调任山西巡抚，由袁世凯接任山东巡抚。袁世凯坚决反对义和团运动，在他的镇压之下，山东地区逐渐失控的局势有所缓和，义和团不得不向直隶地区移动。而直隶总督荣禄则和毓贤一样，对义和团的态度甚为暧昧。于是从光绪二十五年（1899年）下半年开始，义和团运动扩展到了直隶，并逐渐进入了北京。大清帝国最后的闹剧要开幕了。

借力打力

北京城外闹义和团的时候，慈禧正在为如何除去光绪帝发愁。

自从百日维新失败以后，光绪就被软禁在中南海的瀛台上。这是一个三面环水的岛，到隆冬时分，南海子结冰，不能自由活动的光绪只能带着太监踏冰而行。然而，就这点儿自由也被慈禧无情地剥夺了。慈禧为了防止光绪帝出门，特意叫人将冰块凿碎，苦闷的光绪帝只能以读书打发时间。

光绪对慈禧的抵制和不合作让慈禧颇为不满，因此她动了废帝的念头。由于光绪已经成年，不便控制，慈禧打算故伎重施，再次找一个小孩子作为傀儡。然而，自从戊戌变法以来，西方列强就一直对中国的政局保持着高度的关注。对于列强而言，保持中国政局的稳定，有助于他们更好地从中国攫取权益，而皇帝的更换，无疑会使政局动荡。因此，早在戊戌变法刚刚失败时，英国公使窦纳乐就直截了当地向李鸿章发出警告，不可对光绪轻举妄动。在这样的压力下，慈禧虽有废黜光绪的想法，但也只能采取比较温和的手段，徐徐图之。于是，慈禧决定不直接废黜光绪，而是先行为光绪立嗣，然后再伺机拥立新君继位。慈禧选中的皇储，是端郡王载漪的次子，十五岁的溥儁。

载漪是道光帝第五子惇亲王奕誴的次子，后来过继给瑞郡王奕志为子，并继承了郡王的爵位。由于在册封的诏书中出现了笔误，将

"瑞"误写作"端",载漪便成了端郡王。他的正福晋是慈禧弟弟桂祥的三女儿。光绪二十六年(1900年)初,年仅15岁的溥儁受诏入宫,被封为大阿哥,实际上就是立其为储。为了给大阿哥继位做铺垫,慈禧对外界宣布光绪病得很重。各国公使不相信,要求派法国医生进宫探病,慈禧坚决不允许,在各国公使的强求下,才答应把法国医生召进宫来,给光绪看病。没想到,这位医生看完病以后对人们说:"皇帝血脉正常,根本没有什么病。"

因此,册封大阿哥的决定遭到了所有外国公使的强烈反对。他们当然知道如此一来,光绪的帝位自然岌岌可危。于是众口一词,全部不承认这位大阿哥的身份,这让慈禧非常不高兴。以这一事件为契机,中外关系重新趋于紧张。

这时,山东义和团的反洋教斗争已经发展得如火如荼。在大阿哥事件前不久,英国圣公会传教士卜克斯刚刚在山东肥城被朱红灯所杀。在西方列强的压力下,毓贤被免职,然而他进京觐见慈禧太后的时候,却向慈禧太后和王公大臣详述了义和团的好处,认为可以招安义和团收为己用。也许是他的"妙计"起到了作用,慈禧并没有过多降罪于他,而是把他换到山西当了巡抚。

由于毓贤的"引见",原本将义和团视作叛乱贼寇的清廷拿不定主意了。当时光绪皇帝在百日维新中曾经寻求过英、美、日、俄等国的帮助,因此,团结在慈禧周围,反对变法维新的一般守旧派官僚本来就对洋人没什么好脸色,接着又赶上了"大阿哥事件",这些大臣对这些西方国家粗暴干涉我国内政的行为十分愤怒,再加上光绪二十三年(1897年)以后列强掀起的瓜分中国的狂潮,清廷内部已经弥漫着一股十分强大的排外氛围了。

在这种情况下，毓贤的建议不啻是给这些盲目排外的群臣打了一针鸡血。端郡王载漪原本就因为儿子没有当成皇帝对西方列强耿耿于怀，闻听义和团之事，自然喜出望外。和他一个鼻孔出气的还有庄亲王载勋、载漪的弟弟载澜等满族亲贵。这些人极力怂恿慈禧招抚义和团以抵抗洋人。慈禧被这兄几个说得连连颔首，于是随即下了一道谕旨，要求各省巡抚停止镇压义和团，并奖励其反对洋教的行为。

直隶总督荣禄忠实地执行了这道谕旨。他不仅向义和团民发放饷银，还邀请义和团首领曹福田到天津开坛聚众。而此时在山东的袁世凯却没有理睬这道谕旨，反而继续着他严厉打击义和团的一贯策略。由于受到袁世凯的打击，山东的义和团纷纷涌入直隶，到1900年四五月间，天津、涿州、保定已经出现了大量的拳坛和拳厂。

受到清政府鼓励的义和团，把反洋教的范围扩大到了反对一切外来事物。他们四处焚烧教会，抢掠财产，甚至肆意杀人。

杀红了眼的义和团让清政府也看不下去了。5月，驻扎在涞水县的清军同义和团发生了几次冲突，但是清军均不是义和团的对手。得胜的义和团从此气焰更为嚣张，他们占领了涿州，控制了从卢沟桥到保定的铁路，扒铁轨，烧车站，毁桥梁，弄断电话线。到5月底，荣禄不得不请求清廷派兵严厉镇压义和团，清廷只好调来坚决反对义和团的聂士成之武卫军来控制局势。

这个时候的慈禧再也无法稳坐江山。虽然清廷仍然对外做出了镇压义和团的姿态，但私底下却派出了军机大臣协办大学士刚毅和顺天府尹赵舒翘到涿州考察义和团是否能够为我所用。赵舒翘得出的结论是"拳匪不可恃"。刚毅则不这么看，他平素就和端王、庄王等人关系甚好，自然认为义和团"拳民忠贞，神术可用"。赵舒翘无奈，只好和刚毅向慈禧太后汇报说义和团可以因势利导，"抚而用之，统以得帅，编入行伍"。

就在清廷得出"义和团可用"这一结论的同时，驻京各国公使开始担心日益混乱的局势有可能对北京的使馆造成威胁。英国全权公使窦纳乐作为代表，要求外国军队进行支援。5月31日，337名外国水手与陆战队员从停泊在大沽附近的10多艘军舰上登陆，并于当晚抵京保卫使馆区。之后，又有89名德国与奥匈帝国的陆战队员抵京。洋人调集军队进京的消息让清廷大为不满，也激起了义和团更大的怒火。

清廷和义和团终于取得了一致。6月9日，慈禧从颐和园返回紫禁城，开始研究如何指挥义和团之事，并调董福祥的甘军进入北京，驻扎在永定门内。董福祥和聂士成不一样，他是义和团运动的同情者，因此，他的甘军中不少是义和团成员，甚至他自己也同义和团首领之一的李来中结拜为兄弟。第二天，端郡王载漪被任命为总理衙门大臣，义和团终于大规模地进入了北京城。

6月13日，义和团进入北京内城，当天烧毁了11所教堂，数以千计的教徒逃入西什库教堂和东交民巷使馆区。不久，义和团烧毁了前门的老德记西药房，附近数千家商铺也化为废墟，甚至前门城楼也被烧毁。此外，义和团大开杀戒，将教民全部拉到庄王府前的大院集体屠杀，死者中不乏妇女和儿童。受此影响，禁军、甘军也开始烧杀抢掠，以至于彼此互相残杀。北京城中人人自危，甚至权贵人家也不能幸免，不少支持义和团的大臣趁机公报私仇，肆行劫掠，北京城几乎失去了控制。

大事不妙，赶快求和

当义和团把北京城搅得翻天覆地的时候，各国公使并没有闲着。他们对清廷内部的排外气氛并不是没有察觉，对于清廷和义和团的利益关系也清楚得很。因此，虽然一方面通过外交手段不断敦促清廷镇压义和团，另一方面则打算调兵进入北京自行保护使馆。

事情果不出洋人的预料，虽然总理各国事务衙门答应了各国的增兵要求，但人数限制在每国 30 人。这些公使自然是不管这件事，而是各调了 300 余人进京。随即，清廷与义和团站在了一方，义和团冲进了北京城，见洋人就杀，所有的洋人都被堵到了西什库教堂和东交民巷。

由于义和团把所有的电线都剪断了，驻天津的各国领事已经无法和北京的使馆联系，虽然义和团进城围困使馆和教堂的消息他们尚未得知，但凭着几个月来对时势的观察，他们也明白大事不好了。于是在各国领事的协调之下，由俄、英、美、日、德、法、意、奥八国迅速组织了 2066 名联军，由英国海军司令西摩尔率领，乘坐火车增援北京。

但是联军没有想到的是，这时候清军已经被命令配合义和团的行动了。因此，当八国联军一出天津，行至廊坊一带就遭到了清军和义和团的联合阻击。由于铁路早已被义和团破坏，联军狼狈不堪，只能下车应战，可是这毕竟是一支临时拼凑的部队，而西摩尔又是海军将领，对于陆战是个外行，因此并不是清军和义和团的对手，联军且打且退，从廊坊退回杨村，险些被清军和义和团围困在此。联军伤亡惨重，只好退回大沽口。这一次援救计划宣告失败了。

义和团在这一次战斗中也损失惨重。因为配合他们作战的清军乃是聂士成的武卫军。聂士成本是极度反对义和团，一向主张严厉镇压，他曾经在给荣禄的信中写道"拳匪害民，必贻祸国家。某为直隶提督，境内有匪，不能剿，如职任何？若以剿匪受大戮，必不敢辞"。话虽如此，但在这样的大环境中，却也无可奈何。不过，聂士成还是耍了诡计，他的武卫军是清军的精锐部队，装备有重机枪。在与联军的战斗中，聂士成命令义和团为先锋，义和团并不以为意，一口答应。谁知在联军的机枪扫射下，毫无战术纪律只知道往前冲的义和团死伤惨重。幸存者见状，又调头往回跑，结果聂士成早已架好的机枪又将义和团的人射杀。这一役，义和团伤亡殆尽。

　　尽管出现了这样并不愉快的小插曲，但清政府和义和团都将这次胜利看作是一场抗击外敌的重大胜利，史称"廊坊大捷"。这一仗打下来，清廷和义和团更加有理由坚信，洋人并非不可战胜的。于是，一面命令聂士成再接再厉，攻打天津紫竹林租界，一面开始围攻北京的西什库教堂和东交民巷使馆区。

　　北京此时已经乱成一团。6 月 15 日，端郡王载漪亲率一队义和团进攻西什库教堂。法、意士兵迅速回击。两天后，清军也参加了进攻。义和团以自制的各种火器发动进攻，挖地道、埋地雷，攻势凶猛，但守军却顽强回击，数次打退义和团与清军的进攻。由于清军和义和团的长期围困，教堂内缺少粮食，半个月后，教堂内的人员开始以马匹和骡子充饥，后来则吃树皮和野草。西什库教堂被围困长达两个多月，直到 8 月八国联军进城，才将西什库教堂中的人员解救出来。

　　西什库教堂没有打下来，而东交民巷也未有大损失。虽然东交民巷的外国兵力要比西什库教堂多一些，但也只有 400 余人，而义和团和清军的人数达到了数十万人之多。根据记载，在攻打东交民巷之时，使馆区附近的民房顶上，密密麻麻站的都是义和团的人，气势惊人。然而，东交民巷仍然顽抗了两个多月，直到八国联军前来增援。

在攻打东交民巷时，端郡王见久攻不下，于是矫诏调来新建陆军中的山炮营助攻，山炮营所使用的"开花大炮"系从德国进口，威力极大，一颗炮弹重几百斤，只要两三炮，使馆就该夷为平地了。可是山炮营领官张怀芝却不敢轻举妄动，找到顶头上司荣禄，讨要一道开炮的命令。

荣禄知道，要是真的下达了开炮的命令，这炮弹如果真的落在了使馆的头上，那后果可就要由自己来承担；要是表示反对开炮，端王那里则不好交代。这可不是他愿意承担也能够承担得起的。面对张怀芝的要求，他只是含含糊糊地应付，就是不肯把一纸命令写给张怀芝。

张怀芝更不想去承担这个责任，硬是缠着荣禄讨要究竟是否开炮的命令，大有不达目的不罢休的顽固。荣禄毫无办法，两难之际只得含混地说了一句："你打吧，反正让人听到炮声就得了。"

张怀芝聪明过人，闻听此言恍然大悟，当即回到营地，号称"炮位不准"，亲自动手调试，瞄准了东交民巷内一块无主空地，然后火力全开，猛烈攻击。

炮声一夜大作，端郡王那边听得清清楚楚，以为这下可以圆满解决掉东交民巷。结果整整一个晚上，发炮五六百响，没有一个洋人在炮火中受伤，大使馆的建筑更是纹丝未损。

清军如此三心二意，义和团也没好到哪儿去。虽说他们士气很高，但由于极端排外，坚决不使用任何西洋武器，也没有战术纪律，结果做了洋人的靶子，死伤甚众。面对此种情况，义和团首领们不承认是自己战斗力差的缘故，反而认为是洋人邪术厉害。

如此打了几天，洋人未灭，反而使越来越多的义和团涌入北京城。慈禧一见不妙，便打算解散义和团，准备停战。但端郡王等人却不肯罢休，为了坚定慈禧继续作战的态度，载漪指使军机章京连文冲伪造了一份西方列强给清政府的外交照会，以强硬的语气提出了四条要求：其中包括让慈禧归还光绪全部权力，并要求将清政府的经济和军事权力交由外国人掌握。

慈禧居然对这份照会深信不疑，于是勃然大怒。6 月 17 日，慈禧决定同洋人开战，将义和团编为民团，称为"义民"，由刚毅、载漪、载濂、载澜等人统领。6 月 21 日，清廷以光绪帝的名义，发布了一道谴责洋人和表达抗战决心的诏书，在诏书中宣称对"彼等"开战。

一团散沙，义和团神话的破灭

光绪二十六年（1900 年）6 月 20 日清晨，混乱不堪的北京城内已是一片狼藉。这个时候，义和团几乎已经控制了北京城的绝大多数地方，不过时间还早，烧杀抢掠了一天的义和团员很多还在昏睡之中。街上早就没有行人了，两旁街道上的商铺只剩下经过打砸抢后残破的门窗、扯碎的旗幡，在夏日的微风中孤零零地摆动着。一队队全副武装的清军还在街上巡逻，搜捕可能出现的洋人。

驻扎在煤渣胡同的神机营霆字队枪八队，从胡同口转出来向东单牌楼的方向走去，开始例行的每日巡逻。管队章京恩海走在队伍的前面，右手搭在别在腰间的枪把上面，正在漫不经心地左右观瞧，看大街两边的胡同里是不是有形迹可疑、神色仓皇的人。

恩海所属的神机营是清廷禁军的组成部分，由端郡王载漪统率。端王爷平生最痛恨的是洋人，刚刚带上队伍，就召集所有士官训话，给他们讲扶清灭洋的道理，最后告诉他们，见洋人就杀，杀得多了，就有资格得到赏赐和提拔。端王还特别指出，重点打击对象是德国公使克林德。

克林德出生在波茨坦，曾经是一名德国军人。1881年，他辞去军职，改做外交官，不久被派往中国。他先在广州和天津当了几年领事，又到美国和墨西哥待了几年，于1899年返回中国，担任德国驻华公使。

德国人素以严谨高傲著称，克林德是军人出身，自然这种习性又加强了几分。他对清政府相当轻视，对义和团更是深恶痛绝。早在义和团在山东刚刚兴起的时候，克林德就极力要求清政府严厉镇压。义和团进入北京城后，克林德又毫不留情地下令德国使馆卫队开始了所谓的"猎取团民行动"，并要求其他使馆配合行动。他首先逮捕了一名进入使馆区的义和团民，接着又下令使馆卫队用机枪扫射聚集在使馆区外的团民。

然而，奥匈帝国使馆卫队的机枪不知为何，打出几百发子弹，却没有打死人。气急败坏的克林德展开了进一步的行动。6月14日，当义和团再一次经过使馆区时，克林德毫不留情地下令使馆卫队向义和团民开枪，当场打死20人。

克林德的行为无疑激化了义和团与洋人之间的矛盾，以至于义和团将克林德看作是元凶首恶。克林德却不以为意，他仍旧坚持对清政府实行高压政策。6月17日，慈禧太后被端郡王载漪的假照会所骗，决心对洋人开战。两天以后便照会所有使馆区人员，要求其在24小时之内撤离北京。各国公使一听自然大为不满：在目前这种混乱的情况下，撤离北京不啻为自投罗网。于是各国公使联名向总理衙门写信，述说了如上的理由，要求延缓离京的最后期限，并要求在次日九点之前给予答复。

按理说，回函递出去，等着回复就可以了，可是克林德却非常不满意。各国公使开碰头会的时候，他就一直说对中国太客气。因此，他建议所有国家公使一起去总理衙门谈判。其他国家的公使并没有接纳克林德的意见。他们大多认为这样只会让局势变得更糟，目前应该表现出低调的姿态来。克林德拒绝接受这个决议，并且决定次日自己单独赴总理衙门谈判。

克林德满心希望能够有公使改变主意，和他一同前往，但他的希望落空了，第二天早上他出门的时候，仍然只有孤零零一个人。于是，他只好带了翻译柯达士，怒气冲冲地出门了。

克林德和翻译柯达士被正在巡逻的清军士官恩海等人撞见，双方便开火打了起来，克林德身亡。

克林德的死让清廷和西方列强的关系彻底进入了战争状态。第二天，慈禧就颁发了与全世界为敌的"宣战"诏书，同时命令清军协助义和团攻打使馆。各国驻天津领事纷纷向本国告急，要求调集援军。不久，援军从大沽口源源不断地进入租界。

此时，天津的清军和义和团还在忙着攻打租界，他们虽然人数众多，但却各自为政，缺乏统一的作战规划，甚至连天津到大沽口的道路也没有切断。这自然不是日渐得到兵员补充的联军的对手。到7月上旬，联军在租界的人数已达到 1.7 万余人，并且有统一的部署和指挥，而清军和义和团则伤亡甚众。7 月 13 日，联军展开反攻，围攻天津城，清军不敌，退往杨村一带，聂士成在战斗中中炮身亡。第二天，联军占领了天津。

经过短暂的休整，人数达到 1.8 万余人的外国联军于 8 月初向北京进发了。在路上他们几乎没有遇到什么有效的抵抗，义和团毫无战斗力，清军也一触即溃。

8 月 11 日，联军占领通州，两天以后兵分三路攻打北京城。此时北京城内还有 10 万余名清军和义和团民，但是已全无战意。第二天，英军首先攻入广渠门，其他国家的军队也相继入城。经过三天的巷战，联军彻底控制了北京城。当时还留在城中的 5 万名义和团民几乎全军覆没，清军伤亡 4000 余人，联军方面仅仅死伤 400 余人。

到此为止，义和团的神话已经被完全戳穿了。慈禧和满朝文武已经束手无策，全然不知该如何是好。慈禧愤怒不已，迁怒于端郡王等人，但终究已经酿成大祸，不得已，只好再次逃跑。8 月 16 日，就在联军即将攻入皇城前的一刻，慈禧带着光绪和内宫女眷，连同一帮文武大臣，踏上了西去的道路。

八国联军夺北京

光绪二十六年（1900 年）9 月，慈禧和光绪一行人"西狩"，来到了山西首府太原驻跸万寿宫。适逢中秋佳节，自以为安全的慈禧全然不顾家国离乱之惨，悠闲地吃着月饼赏着月，把尚陷于战火中的北京城忘在了脑后。

洋人并不会因为攻陷北京城就停止进攻，对他们来说，真正的战争方才开始。早在7月，德国以克林德事件为借口，纠集了7000人的远征军赴华作战。在德皇威廉二世发布的诏令中，大肆宣扬所谓的黄祸论，借历史上匈奴大王阿提拉入侵欧洲的故事，将中国人看作是阿提拉的后代。他说："你们知道，你们面对一个狡猾的、勇敢的、武备良好的和残忍的敌人。假如你们遇到他，记住：不要同情他，不要接收战俘。你们要勇敢地作战，让中国人在一千年后还不敢窥视德国人。"经过两个多月的旅途，德军于9月到达已经陷落的北京。在威廉二世的坚持下，德军统帅、陆军元帅阿尔弗雷德·冯·瓦德西被任命为联军总司令，负责协调联军行动。

八国联军侵华期间，大肆烧杀抢掠，犯下累累罪行，特别是德军、俄军、法军，更是如此。

联军穷追猛打，而清军却且战且退。到12月底，清军已经全面退守山西境内，而联军则兵分两路，尾随不舍。到第二年3月，法军已经侵占了山西的门户——娘子关。

俄国人也不甘示弱。趁着清政府忙于同联军作战，无暇他顾，俄国人除了派兵参与联军之外，还单独派兵17万，侵占了库页岛及乌苏里江以东黑龙江以北的大片领地。

面对着八国联军步步紧逼的形势，慈禧已经毫无抵抗之心。她担心联军会将自己视作义和团运动的罪魁祸首，像直隶官员一样处死，因此她脑海中只剩下了继续跑路的想法。10月，觉得太原已经不再安全的慈禧，又将临时行宫迁到了西安。

此时的光绪虽然是跟着慈禧一路向西逃窜，但内心却是愤懑难当，一点儿也不想跑。他之前就不主张招安义和团，而应该同洋人和议,但慈禧却无视他的意见,还杀掉了数名主和派的大臣。据清人笔记记载,洋人进城之时,慈禧慌张逃窜,光绪却冷静异常,对慈禧说道:"儿臣以为可以不必逃走。想那洋人本为友邦,对我大清并无恶意,此次出兵,乃是剿灭拳匪,不会对我有碍。儿臣请求亲自去东交民巷,与各国公使面谈,必定安然无恙。"慈禧听了这话,只当光绪胡言乱语,并不理睬。光绪无奈,只好自己回到养心殿,盛装朝服,想要独自去使馆谈判。侍奉太监见光绪如此,大惊失色,连忙报告慈禧。慈禧勃然大怒,亲到养心殿,一把扯去光绪的朝服,逼着他换上粗布衣服,不许轻举妄动,随即便拉着他逃出宫去。

光绪并没死心,当慈禧一行人遇到前来护驾的岑春煊时,光绪再次提出了议和的要求。他要求岑春煊护送慈禧"西狩",自己要返回北京,亲自与洋人议和。岑春煊知道慈禧断然不会让光绪离开她的身边,于是百般推脱,光绪终于未能成行。

到太原之后,光绪第三次提出了返回北京议和的要求,但仍未获批准。当慈禧决定继续西行至西安后,光绪再也忍耐不住了。在潼关,他愤愤不平地公开表态:"朕能走,洋人就不能走吗?这么走下去,什么时候是个头啊!就算去了四川,又能怎么样?太后老了,可以去西安躲躲。朕要回北京了,否则战事不了,终究还是要倒霉!"

慈禧和诸大臣面面相觑,无言可对。然而第二天,慈禧仍然带着光绪继续西行。

慈禧深知:和谈并不是不可以,可是看要由谁来谈。早在洋人刚刚入城的时候,没有离开北京的大学士昆冈等人就找到担任海关总税务司的英国人赫德,让他"设法斡旋,以救眉急",赫德建议由庆亲王奕劻出面,与各国"商议和局大事"。昆冈随即将这个建议传给了还在流亡途中的慈禧。慈禧得信后，立刻下令已经到达宣化的奕劻立刻返回北京主持和谈。10月初，奕劻回到北京，在英军和日军的护送下见到了各国公使。根据奕劻给朝廷的奏折，奕劻不可谓不卖力，他"往拜俄、英、美、法、意、比、日本各公使，备述此次拳教相仇，致使各国动兵，并婉谢各国洋兵保护宗社臣民盛意"，十足的奴颜婢膝。可是战争进行得意犹未尽的各国公使根本懒得搭理他，纷纷跟他打官腔道："尚未奉到本国国家训条，无从议办"，只是要求清政府赶紧转变对义和团的态度，"自行实力剿办，勿再贻误"。

收到这一消息，慈禧立刻下发谕旨，宣称"此案初起，义和团实为肇祸之由。今欲拔本塞源，非痛加铲除不可。严行查办，务尽根诛"，并且督促奕劻加紧议和，"事宜从速，夜长则梦多，不可一误再误"。

不久，各国公使礼节性地回访了奕劻，对议和之事仍然绝口不提，只是提出几条要求：第一，要求慈禧与光绪下罪己诏；第二，清除朝廷内部的顽固派势力；第三，要求战争赔款，否则八国联军不会撤军；第四，北京的防务暂时由联军管理，清政府无权参与。俄国公使格尔思更要求清军在东北立刻停战，否则俄军将继续作战。奕劻对这些要求哪敢不听，连忙一一照办。尽管如此，各国公使仍然迟迟不与奕劻谈判。奕劻也明白，他虽然位高权重，但以他的资历和地位还不足以让各国公使坐在谈判桌上。因此他再次向清廷上折，要求速调时任两广总督的李鸿章进京主持谈判。在经过几次三番的讨价还价后，9月底，清廷终于发下谕旨，委任李鸿章为全权大臣，"著准其便宜行事，将应办事宜迅速办理，朕不为遥制"。

身处西安的慈禧，为了能早日"体面"回京，命令庆亲王奕劻回京会同直隶总督李鸿章与各国交涉议和，并电令和谈"可成不可败"。为了讨好列强，慈禧不断发布上谕：此次中国变乱，得罪友邦，并非朝廷旨意，对于挑起祸乱之人，清廷一定全力肃清，决不姑息。12月24日，俄、日、德、法、英、美、意、奥、荷兰、比利时、西班牙十一国提出了苛刻无比的"议和大纲"，宣布"无可更改"。慈禧太后闻讯电令"应抑照允"，后又声称"量中华之物力，结与国之欢心"。1901年9月7日，李鸿章、奕劻代表清政府和列强签订了丧权辱国的《辛丑条约》。

《辛丑条约》凡12款，另有附件19件，主要内容为：

赔款银4.5亿两，从1902年1月1日算起，分39年还清，加上利息，共9.8亿余两（史称庚子赔款）；

大沽炮台以及北京到天津海口的各个炮台一律平毁；

北京到山海关铁路沿线12处，各国可以驻兵；

在北京东交民巷一带设使馆区，各国可以在使馆区驻兵，中国人不准在使馆区内居住；

惩办在义和团运动中"得罪"帝国主义的清朝官员（上自亲王下至府县地方官被监禁、流放、处死者达100多人）；

永远禁止中国人民建立和参加反对外国的组织，违者处死，地方官镇压不力者革职；

派亲王、大臣向德国和日本赔罪；

改总理各国事务衙门为外务部，班列六部之前；

修订新商约，外国人认为各个通商章程中应行修订之处，"均行议商"。

《辛丑条约》是帝国主义在镇压了义和团运动之后，强迫清政府签订的又一个不平等条约。这个条约的签订使列强在政治、经济、军事等方面对中国的侵略大大加深。此外，侵略者还重新确立了以慈禧太后为首的清政府充当它们掠夺中国的帮凶，实际上使中国成为各国侵略者共管之下的半殖民地国家，清政府已成为帝国主义势力控制中国的工具。中国已完全成为半殖民地半封建社会。

条约签订之后，两宫立即准备回京。为了减轻地方驿站的负担，因此他们决定分三批回京，即第一批先行者为在陕没有重要工作者，第二批继行者为两宫及随行侍卫人员，第三批为在京中没有重要事务的人。

光绪二十七年（1901年）八月二十四日，两宫从西安出发。这次回京，跟出逃时相比自然是大不相同。光慈禧一人就有三千辆车，装运金、银、绸缎、古董、玩器等名贵物品。

慈禧回京师的消息传开之后，京中王公大臣暨文武大小官吏，都聚集在马家堡车站准备迎接慈禧。各国男女，都想见中国的垂帘听政者和囚禁的皇帝，因此人们蜂拥而至车站。

下午3时，火车到站，慈禧走在最前面，光绪紧跟其后。洋人见状，纷纷向前，争相一睹为快。使慈禧不悦的是，竟有外国人手持摄影机摄她的影，真乃"大不敬"。幸好不一会儿走出了站，进入八抬大轿，两宫历尽劫难后终于回到了久违的京都。

袁世凯登场

袁世凯，字慰亭（又作慰庭），号容庵，河南项城人，出生于咸丰九年（1859年）。袁家算得上是行伍世家，叔祖父袁甲三曾经督办安徽团练，后来做到署理漕运总督，算得上是李鸿章的嫡系；父亲袁保中虽然没有出仕，但也是地方名流；叔父袁保庆也出身行伍，后来当到江南盐巡道。袁世凯自幼就过继给他的叔父为子，随着养父东奔西走，先后在济南、南京等地待过，颇长见识。后来袁保庆早亡，又把袁世凯托付给袁甲三的儿子、时任户部侍郎的袁保恒照顾。袁世凯似乎不爱学习，他17岁和20岁时，两次参加乡试都未取中，从此对科举制度深恶痛绝，但偏偏爱读兵法军书，这也为他后来走上练兵的道路打下了基础。

光绪七年（1881年），袁世凯到山东登州投奔养父的结拜兄弟吴长庆。当时吴长庆是淮军的重要将领，手下"庆军"6个营驻防登州，管理山东防务。他对故人之子自然格外照顾，留袁世凯在营中当了一名会办。

袁世凯的运气不错，他刚刚进入行伍不到一年的时间，当时还是清朝藩属国的朝鲜发生政变，史称"壬午军乱"，朝鲜国王请求清廷出兵。庆军接到这一任务，随即东渡朝鲜，很快平定了政变。在战斗中，袁世凯身先士卒，博得了上至吴长庆、下至普通军卒的好感。战后，吴长庆向清廷极力保举袁世凯，引起了清廷的重视。是年，年仅23岁的袁世凯作为"通商大臣暨朝鲜总督"的身份留驻朝鲜，协助朝鲜训练新军并控制税务。袁世凯在朝鲜一待就是12年，其间他有效地控制了朝鲜，抵制了日本和沙俄对朝鲜的影响。直到甲午战争爆发，清廷失去了对朝鲜的控制，袁世凯才回到天津。战争的失败并没有影响他的仕途，李鸿章等人又保举他操练新军。

光绪二十一年（1895年），袁世凯在天津小站练兵，名为"新建陆军"。由于练兵有方，袁世凯声名日显，不久被擢升为直隶臬台，仍然主持练兵。

袁世凯的转折点正是戊戌变法，由于他可耻地出卖了谭嗣同等人，从而获得了慈禧和荣禄的重视，甚至署理了几天直隶总督，并被赐予紫禁城骑马的殊荣。不久，袁世凯又调任山东巡抚。由于他大力镇压义和团，并加入东南互保，博得了洋务派官僚和洋人的一致肯定，义和团以后的袁世凯已经成为清廷最重要的方面大员之一。

袁世凯深谙为官之道。荣禄死后，庆亲王奕劻领班军机大臣，成为慈禧身边最为宠信的人，慈禧对他几乎是言听计从。奕劻贪财，袁世凯便投其所好，赠以大量白银。所谓投桃报李，奕劻对袁世凯自然也是加意照顾，甚至让自己的儿子载振和袁世凯结为八拜之交。

袁世凯虽然厉害，但正所谓恶人自有恶人磨，在同时期和他并驾齐驱的重臣，还有另外一人，便是岑春煊。

岑春煊也是将门虎子。父亲岑毓英在咸丰六年（1856年）时统率乡勇赴云南助剿回民起义，逐渐由县丞晋升至知府，最后做到云贵总督之职。岑春煊年幼时在京城居住，但并没有一般纨绔子弟的习气。

甲午战争时，时任太仆寺少卿的岑春煊奉命出关视察。岑春煊不畏艰苦，顺利完成了使命，后来又带兵在山东一带布防，抵御日军进攻。这使他在满朝文武心目中留下了很好的印象，不久被提拔为广东藩台。

在广东藩台任上，岑春煊和两广总督谭钟麟起了冲突。原来谭钟麟久居其位，难免有贪污受贿之事，历任官员都不敢管，只有岑春煊自恃为官清正，非要和谭钟麟大闹一场。结果，政治资格尚浅的岑春煊被调为甘肃藩台。

不过，这一调任反而让岑春煊迅速飞黄腾达。自义和团运动失败后，慈禧、光绪等人"西狩"，这之前曾经号召各省方面大员调兵护驾。岑春煊抓住这个机会，带了千余人赶到昌平，护送慈禧等人一路前往西安。在路上，岑春煊竭力表现，不仅和李莲英相交甚欢，还得到了慈禧的赞许。慈禧回銮北京之后，提拔岑春煊为山西巡抚，后又提拔为两广总督。岑春煊在任上大力惩治贪腐，频频参劾官员，时人号为"官屠"。

岑春煊如此大张旗鼓，引起了庆亲王的不满，因为岑春煊所参奏的官员中，很多是经庆亲王之手买官的。如此一来，庆亲王便与袁世凯合谋要排挤岑春煊。

光绪三十二年（1906 年），庆亲王借口云南边境不宁，调岑春煊为云贵总督，两广总督则由袁世凯的亲家周馥接任。岑春煊一眼就看出来庆亲王的诡计，因此他推脱说连年戎马战争，体弱多病，转道上海，一待就是多半年。无可奈何的庆亲王只好把四川总督锡良改了云贵总督，又命岑春煊改任四川总督。

正在这时，朝廷进行的新政又出了变故。由于新官制案的规定，军机大臣中有四人将退出军机处。受此影响，庆亲王和袁世凯的势力受到了削弱，而反对他们的势力则占了上风。反对派军机大臣瞿鸿機平素就与岑春煊交好，此时便写信请岑春煊入京觐见慈禧，趁势扳倒庆亲王和袁世凯。岑春煊见信大喜，遂假意赴四川就职，乘船从长江逆流而上。

对于庆亲王而言，只要不让岑春煊见到慈禧，事情就好办了。岑春煊自然也知道这一点，为了绕开庆亲王的阻挠，他走了很妙的一步棋：船到湖北汉口，忽然电奏朝廷，说要入京觐见，随即坐火车入京。这一迅雷不及掩耳之势的做法打乱了庆亲王的部署，岑春煊顺利到达北京，并且和慈禧、光绪谈了很久。自然，岑春煊说了庆亲王和袁世凯不少坏话，把他们贪赃枉法卖官鬻爵的事情一一上奏给慈禧。慈禧自然十分不满，同时又对岑春煊格外倚重。

朝中的政治气氛已经对庆亲王和袁世凯很不利了。慈禧提拔岑春煊为邮传部尚书，使其能够直接参与中央政务。尚未上任的岑春煊随即参劾了邮传部侍郎朱宝奎，理由是其"声名狼藉，操守平常"，而慈禧居然准奏。受到鼓励的岑春煊继而向慈禧连连保举盛宣怀、郑孝胥、张謇等人。

庆亲王和袁世凯已经被逼入了绝境，只能破釜沉舟，拿出最毒辣的招数来对付岑春煊了。慈禧最痛恨的就是康、梁等维新派人士，庆亲王和袁世凯自然也知道这一点，便决定从此进攻。

不久，庆亲王借军机与慈禧商量军国大事之时，单独向慈禧密奏，极力将瞿鸿禨和岑春煊描绘成同情康、梁一党的人士，并污蔑他们所保举的人都是维新党人。这极大地刺激了慈禧。袁世凯随即又假造了一张岑春煊与康有为、梁启超等人的合影。慈禧见了，立刻怒不可遏，把岑春煊外放为两广总督，又借故将瞿鸿禨免职。

还蒙在鼓里的岑春煊不明就里，便再次祭出了生病的法宝，停留在上海逡巡不进，还希望慈禧重新调他进京。谁知慈禧见他如此，竟然趁势开了他的缺。不久，被认为是反庆亲王的军机大臣林绍年也被外调为河南巡抚。至此，瞿鸿禨和岑春煊可以说是一败涂地，而庆亲王和袁世凯取得了全面的胜利，朝中再也没有和他们做对的政治势力。这一场政治风波，史称"丁未政潮"。

文界真不让人省心

当睁眼看世界的钟声敲响，中国近代一大批知识分子开始走向外国，而他们留学最为青睐的国家，便是日本。

光绪二十四年（1898 年），维新变法失败后的梁启超流亡日本，并且逐渐接受了在日本的革命含义，脱离了原本汤武革命的传统范畴。正是在这样的环境下，让这个深感中国文化之不兴、民智未开需要唤醒民众的文坛巨匠，在光绪二十五年（1899 年）提出了"诗界革命"。

纵观鸦片战争后的半个世纪历史，梁启超的崛起无疑代表了当时社会最为先进的呼声。

从小，梁启超便在家中接受着传统教育，同时也无可避免地接触到一些因为列强入侵而带来的西方文明理论，因而形成了较为独特的历史视角和较为深邃的思想认识。光绪十五年（1889 年），时年 26 岁的梁启超中举，并于次年赶赴京师参加会试，只可惜最终名落孙山。然而，"失之东隅，收之桑榆"，正当梁启超准备回到广东之时，在上海看到了《瀛环志略》和上海机器局所译的西方著作，自此眼界大开。后来，他更结识了当时以学问博通中外而闻名天下的康有为，遂拜在了康有为的门下。

在政治上失败的梁启超，只能寄希望于在文化上有所突破，遂加紧在文化上进行宣传，文学改良运动就此展开，而诗界革命和小说界革命便是文学改良的两个重要方面。

所谓诗界革命，就是在作诗上一定程度地效法西方，恰如梁启超在《夏威夷游记》中所说："欧洲之语句意境，甚繁富而玮异，得之可以陵轹千古，涵盖一切。"因而，梁启超要求自己"竭力输入欧洲之精神思想，以供来者诗料"。康有为也深以为然，认为"新世瑰奇异境生，更搜欧亚造新声"。

然而，梁启超也存在一定的守旧思想，而且还坚持所有一切都必须和旧风格相互协调，否则便会不伦不类。为了能够将诗界革命推向高潮，梁启超积极借助音乐教育的力量，尤其是军歌。梁启超对此盛赞有加，认为其"诗界革命之能事至斯而极"，精神雄壮活泼、沉浑深远。之所以得出这样的结论，一方面固然是因为诗界革命的需要，另一方面则是歌词创作的风靡，尤其是黄遵宪写下《军歌》《幼稚园上学歌》等新体诗，给了梁启超很大的震动。

光绪二十九年（1903 年），《江苏》杂志开辟专栏，发表了几首歌词，被梁启超视为"中国文学复兴之先河"，并且梁启超还认为，音乐和有韵之文的结合，历来是中国传统文化的一部分，只可惜随着清军入关，这个传统被中断，国民从此失去了文学的熏陶，如今恰逢3000 年未有之大变局，有志者当奋发有为，"调和之以渊懿之风格，微妙之辞藻"，造就东方中国的莎士比亚和弥尔顿。

早在一年前，梁启超创办了《新小说》，黄遵宪便建议刊物上发表的诗歌，"斟酌于弹词、粤讴之间"，或三言，或五言，或七言，或九言，或长短句，名之为杂歌谣。梁启超欣然接受，并且连续发表了《爱国歌》《新少年歌》《粤讴·新解心》和《新粤讴》等歌词。梁启超赞美这些作品为"芳馨悱恻，有《离骚》之意"，而其作者则是"文界革命之骁将"。这些作品在一定程度上改造和利用了民间歌谣体。

随着时代的发展和时局的变动，对于诗界革命，梁启超则提出了新的主张，如"以旧风格含新意境"。梁启超在其《夏威夷游记》中写道："欲为诗界之哥伦布、玛赛郎，不可不备三长：第一要新意境，第二要新语句，而又须以古人之风格入之，然后成其为诗。"同时，梁启超在其《饮冰室诗话》中提道："革命者，当革其精神，非革其形式。吾党近好言诗界革命，虽然，若以堆积满纸新名词为革命，是又满洲政府变法维新之类也。能以旧风格含新意境，斯可以举革命之实矣。"

在梁启超看来，诗界革命前期形式主义较为严重，而后期，更加偏重于"新意境"，诗歌开始脱离了政治宣传品这个范畴，成为一个艺术的项目，返回了其本质所在。所谓"革其精神，非革其形式"，虽然促进了文化的传播和国人视野的增长，但也存在一定的片面性。而在政治上，以梁启超为代表的改良派在政治上逐渐走向了堕落，诗界革命也不再是一面旗帜，反而成为他们对付资产阶级革命派的武器。资产阶级革命派也希望"别创一宗"，诗界革命就此销声匿迹。

而与诗界革命同时进行的，则是蜚声中外、影响更为深远的小说界革命。

为何要掀起小说界革命？梁启超在《论小说与群治之关系》中提出了一个著名论断："欲新一国之民，不可不先新一国之小说。故欲新道德，必新小说；欲新宗教，必新小说；欲新政治，必新小说；欲新风俗，必新小说；欲新学艺，必新小说；乃至欲新人心，欲新人格，必新小说。何以故？小说有不可思议之力支配人道故。……故今日欲改良群治，必自小说界革命始；欲新民，必自新小说始。"此后，梁启超又在《告小说家》一文中声称："今后社会之命脉，操于小说家之手者泰半。"于是，小说界革命的动因出现，并且逐渐兴起。

在流亡日本期间，梁启超发现了小说特别是政治小说的积极效用："于日本维新之运有大功者，小说亦其一端也。明治十五六年间，民权自由之声，遍满国中。于是西洋小说中，言法国、罗马革命之事者，陆续译出；有题为《自由》者，有题为《自由之灯》者，次第登于新报中。自是译泰西小说者日新月盛。……翻译既盛，而政治小说之著述亦渐起，……著书之人，皆一时之大政论家，寄托书中之人物，以写自己之政见，固不得专以小说目之。而其浸润于国民脑质最有效力者，则《经国美谈》《佳人奇遇》两书为最云。"可见，梁启超不仅发现了小说可以"浸润于国民脑质"，也总结出了小说界革命的具体步骤，即先翻译，后创作，继而又翻译又创作。

　　光绪二十八年（1902 年）十月，在积聚了充足的写小说经验之后，梁启超开始在日本横滨创办《新小说》杂志。此谓小说界革命的开始。在此后的小说界革命中，梁启超积极倡导小说对社会改革和进步的积极意义，可以和经史、语录、律例相提并论。千百年来，中国都有着鄙薄小说的传统偏见，经过梁启超的一番运作，小说的地位顿时上升了不少。与此同时，梁启超积极地研究小说，认为小说有很多独特的艺术特点，如"浅而易解""乐而多趣"，甚至还有支配人道的艺术感染力。最后，梁启超将小说界革命重新回归到社会改革上，将小说的范畴引入了反映社会现实，揭示社会现状上。由是，梁启超小说界革命的号召产生了巨大影响，繁荣了新文化。

　　当然，站在进步的立场上，也应该意识到，梁启超所谓的小说界革命，主要还是为了改良社会，而非纯粹的艺术追求。

换汤不换药

光绪二十六年（1900 年）年底，《辛丑条约》尚未签订，八国联军还在中国的国土上肆虐的时候，驻留在西安的慈禧忽然以光绪帝的名义发布了一道"预约变法"上谕。上谕中提道："大抵法积则敝，法敝则更，要归于强国利民而已。取外国之长，乃可补中国之短；惩前事之失，乃可做后事之师""事穷则变，安危强弱全系于斯"。上谕还要求朝廷百官、驻外使节、各省督抚等各抒己见，提出革新意见。

这道诏令一下，舆论大哗，没想到慈禧太后竟然也要实行新政。一时间朝野内外之人各怀心事，关注着政局的进一步发展。毕竟此时与洋人的和谈还没结束，大清的未来还难以判断。

然而慈禧似乎已经笃定了想法，于光绪二十七年（1901 年）3 月 3 日，下令成立了督办政务处，由庆亲王奕劻、李鸿章等人负责。上谕称，这一机构的设立是为了"变通政治，力图自强"，全面统筹规划新政的落实工作。

此后，朝廷又数次发布上谕，再三申明"变法"对清帝国的重要性。在 8 月 20 日颁布的上谕中居然有这样的话："变法一事，关系甚重……朝廷立意坚定，志在必行……尔中外臣工，须知国势至此，断非苟且补苴所能挽回厄运，唯有变法自强，为国家安危之命脉，亦即中国民生之转机。予与皇帝为宗庙计，为臣民计，舍此更无他策。"

晚清的第三次，也是最后一次变法运动——新政，就这样在众人惊疑不定的目光中开始了。

经过戊戌变法和庚子事变之后，慈禧逐渐认识到尽快变法对于清帝国的意义。在戊戌变法的时候，慈禧并未对变法的内容加以反对，只是对康、梁等维新派借助外国人的势力推进维新这一点甚为不满，但在百日维新失败以后，随着整个政局的极端保守化，变法一事就无从谈起。然而八国联军的入侵，将所有的保守派打得粉碎，这样维新变法的最后阻力也消失了，而且在洋人的步步紧逼下，慈禧意识到了只有从政治体制上也学习西方列强的那一套，才有可能和外国人"益加修睦，悉泯前嫌"。

张之洞和刘坤一很快就响应了慈禧的号召，于五六月间联名发出了三个奏折要求变法，内中详细叙述了变法的步骤和具体做法，史称"江楚会奏变法三折"。他们指出，首先要"育才兴学"，开办"文武学堂"，并且废黜八股考试制度和武科考试，并奖励到外国留学；其次，要"采用西法"，比如用洋法练兵，开展览会，铸银元，发印花税票等。看到这个奏折，慈禧自然开心，朱批"按照所陈，随时设法，择要举办"。

无论如何，慈禧的新政开始轰轰烈烈地发动起来。在最初几年间，慈禧主要做了如下几件事情：

第一，鼓励私人兴办工业，并给予一定的奖励。光绪二十九年（1903 年），清廷成立商部，负责管理工矿业和铁路，后来又分管农业，由奕劻的儿子载振担任尚书。载振之前曾经公派出国到欧美各国以及日本考察，对资本主义工商业也算略有所闻。载振就职后制定了一部《奖励公司章程》，改变了以往官督商办，将工业资本控制在官方手中的做法。不过这一章程的效果实在有限，仅仅是对于投资兴办公司的商人根据投资额的多少赏以不同的官衔，真正降低关税、保护产权等能够切实激起资产阶级投资兴趣的措施则一点儿也没有。

第二，废除科举考试制度，兴办新式学校，提倡出国留学。从光绪二十八年（1902年）起，清廷就开始逐步废除科举考试制度，先是大力要求各省选派学生赴西洋各国学习专科，第二年又颁布了学生章程，规定了在各级学堂毕业者，同样可授予贡生、举人、进士的头衔，并且通过科举考试者还要进入京师大学堂继续学习。光绪三十一年（1905年），以袁世凯为首，湖广总督张之洞、两广总督岑春煊、两江总督周馥附议，奏请停止科举，推广学校。清廷批准了这一奏议，下谕旨从第二年开始，停止所有乡试、会试和各省岁试，历经千年、屡有变更的科举制度，就这样被废除了。

第三，改革军制，将旧式的绿营兵逐步遣散，代之以新建陆军。光绪二十九年（1903年），清廷成立了练兵处，由奕劻主管，但实际负责人是时任直隶总督的袁世凯。袁世凯早年就有在天津小站练兵的经验，对此自然得心应手。光绪三十一年（1905年），北洋军6镇编成，共6万余人。北洋军采用了德国的陆军建制，将陆军分为步兵、骑兵、炮兵、工兵、辎重兵等不同兵种，并分设左右两翼，每翼有若干营。此外，还配备了新式武器，采用"洋操"练兵。后来，袁世凯的练兵之法逐步推广到全国，在各个省份先后都成立了"新军"。不仅如此，各省还设立了武备学堂，并从光绪三十年（1904年）起，每年选送百余人到日本学习军事。

早在《江楚会奏变法三折》中，张之洞和刘坤一就提及学习日本，推行君主立宪制，但当时尚未有太多人响应。新政推行几年后，这一看法得到了越来越多人的支持。从光绪三十年（1904年）起，先后有数名大臣上奏要求朝廷进行政治体制改革，实行立宪政体。

在这些重臣的压力下，光绪三十一年（1905年），慈禧听从袁世凯的建议，派遣"考察政治大臣"五人出使西洋，实地调查各国宪政情况。不过，五人刚到火车站就被革命党人吴樾的人体炸弹炸死，此事只得推迟。半年以后，清政府成立了"考察政治馆"，为立宪改革提供智力支持和理论依据。同时，考察政治大臣们分为两批再次出发。半年之后，考察团先后回国，写成了大量文字报告，陈立宪之种种好处。其中，几位满族亲贵也对宪政持拥护态度，这极大地影响了慈禧的决定。

光绪三十二年（1906年），慈禧颁布谕旨，决定"预备仿行立宪"，预备立宪的工作紧锣密鼓地准备了起来。第二年，将考察政治馆改为宪政编查馆，由奕劻亲自负责，又成立了资政院筹备处。与此同时，全国各地也纷纷成立立宪公会，准备迎接立宪。光绪三十四年（1908年），千呼万唤始出来的《钦定宪法大纲》和《逐年筹备事宜清单》终于颁布了，与此同时还颁布了"臣民权利义务""议院法要领""选举法要领"三个附录。文件中的君权色彩虽然仍旧浓得化不开，但也体现了三权分立的原则，对现代公民的权利和义务都做了规定和限制。文件还决定，第二年实行地方谘议局和中央资政院选举，并以9年的时间筹备宪法。从此以后，整个中国急速地走上了宪政国家的探索之路。

可惜的是，就在这一年，光绪和慈禧先后去世，而后来的接班人未能忠实地执行慈禧的立宪政策，使对清廷还抱有一丝希望的立宪党人们大失所望。

光绪帝死亡之谜

光绪三十四年十月二十一日（1908 年 11 月 14 日）傍晚，光绪皇帝于紫禁城中南海的瀛台涵元殿驾崩。第二日未刻，慈禧太后于故宫仪鸾殿病逝。在两日时间内，二人双双毙命。因为二人生前的恩恩怨怨，不得不让人怀疑，莫非光绪帝之死还有什么没有解开的秘密？

光绪之死，有三个疑点：

第一，光绪死得突然，但却是静悄悄的。在光绪驾崩之时，身边竟然没有一名亲属和臣子，连个太监都没有。

在光绪死前的一段时间内，他的身体确实不好，然而，这个病根应该是从小便落下的。光绪三十四年（1908 年）初，光绪帝第一次患病，御医诊断的症状为：阴阳两亏，标本兼病，胸满胃逆，腰胯酸痛，饮食减少，气壅咳喘，益以麻冷发热。精神困惫，夜不能寐。

一来，从医学角度分析，光绪的病，无非是个呼吸道疾病，虽然身体虚弱，旦夕之间，还不至于有生命之危。二来，从光绪个人角度分析，他的心情还很轻松，并没有感到自己的病情会致人死亡。正所谓人之将死其言也善，如果光绪帝真的有预感自己死期将近，大概会抓紧时间料理后事了。但直到他死后，连个陵寝都没有选择好，使得群臣手足无措。

第二，光绪之死和慈禧之死，实在是难以置信的巧合。

就在光绪驾崩消息传出的第二天，慈禧仙逝的消息也传了出来，顿时天下震动，中外皆疑。光绪帝年纪轻轻，竟然死在了慈禧的前面，而且前后相差不过一天，说是巧合，怕没有几个人相信，说是处心积虑的谋害，却也证据不足，于是乎，流言四起。想到自维新变法开始，二人便长期处于矛盾状态，光绪甚至一度处于慈禧的软禁状态下，如此特殊的政治背景，加上慈禧的个人秉性，让人有充分的理由相信，光绪之死和慈禧有着莫大的关联。

第三，慈禧在此前的政治布局。就在光绪死前的一天，溥仪从醇亲王府被接进紫禁城，同时，还将醇亲王封为摄政王。光绪帝一死，慈禧太后的寝宫仪鸾殿中便传出了懿旨，立溥仪为嗣皇帝，命摄政王载沣为监国。根据清代最重要的官方典籍《清德宗实录》记载，慈禧太后通过光绪皇帝，向内阁发布了两道谕旨，其一，钦奉慈禧端佑康颐昭豫庄诚寿恭钦献崇熙皇太后懿旨，醇亲王载沣之子溥仪，在宫内教养，并在上书房读书。其二，钦奉皇太后懿旨，醇亲王载沣授为摄政王。

似乎慈禧已经预料到了，光绪帝即将死去，这一切都在为他的死做准备，而且布局环环相扣，决然能够避免一场因帝王驾崩而引起的政治动乱。光绪帝被圈禁，对于这一切丝毫不知，反而向全国督抚颁布命令，在民间访求名医，为自己治病。由此而观之，光绪莫非就是慈禧所害？

在徐珂所编著的《清稗类钞》和晚清御史、光绪的近臣恽毓鼎的《崇陵传信录》中，极力宣扬了光绪为慈禧所害的论断，认为慈禧当时也病危，她在预感到自己行将就木之后，害怕将来光绪亲政，会推翻她所有的政策，平反她一手制造的冤假错案，继而损害她的名誉。于是，慈禧派人在光绪的饮食中下毒，将他毒死。

而溥仪在《我的前半生》中则称，光绪之死，全系袁世凯所为。众所周知，当初维新变法之时，正是因为袁世凯的叛变，才导致了变法的失败。光绪帝最痛恨之人，莫过于他。只是此时袁世凯权倾朝野，光绪帝受制于慈禧，只能等到亲政后，才能够有实力对付他。于是，袁世凯先下手为强，趁着送药的机会，将光绪帝毒死。

此外，还有人认为，光绪之死，慈禧并不知情，一切不过是慈禧的座下大太监李莲英在捣鬼。如英国人濮兰德·白克好司的《慈禧外传》和德龄的《瀛台泣血记》记载称，李莲英在慈禧身边是红人，仗着慈禧的宠信，对光绪百般无理。眼见慈禧病重，李莲英遂担心光绪亲政会彻底清算自己。于是，李莲英便借着慈禧的名义，将光绪谋害。

光绪被毒杀的消息就这样不胫而走。明暗相生，正反相依，就在光绪被毒死之说风传之时，很多史籍则记载光绪纯属自然病死。如《苌楚斋三笔》卷六称：早在光绪三十四年二三月间，光绪帝久病未愈，早入膏肓，是时肝气大发，以手扭太监顶戴，以足踢翻电灯，情势日及。在《光绪朝东华录》《德宗实录》《清史稿·德宗本纪二》等正史中也提到，光绪久病不治而死。就连亲自为光绪治病的名医杜钟骏，也在其所著的《崇德请脉记》中从脉象、病状、用药等角度，论证其属于正常死亡。

毒死和正常死亡两种争论，一直持续百年，谁也不服谁，及至大清国灭亡后的今天，研究者得以肆无忌惮地研究光绪之死，唯一的突破口，就是在堆积如山的清宫档案中去寻找答案。

从这些档案中，研究者得出了两点结论：第一，光绪从小体弱多病，自幼失于调养。第二，成年之后的光绪，不仅体质没见好转，而且还有腰背酸沉等现象。到光绪二十六年（1900 年），光绪皇帝的疾病不断恶化，病已入五脏，气血双亏。到了光绪临终前半年，已经是病入膏肓，宫中御医无药可施，光绪帝只能请民间医生前来诊治。

除了生理上的疾病，在心理上也笼罩着巨大的阴影。光绪成婚之事由慈禧一手包办，将自己的侄女嫁给他做皇后，而光绪真心喜欢的珍妃，却遭到慈禧的严惩。在八国联军侵华期间，慈禧命令太监崔玉贵把珍妃推到宁寿宫外的井中害死。本来光绪的心情就很压抑，而他精神上的最后寄托也被谋杀，光绪一时间精神崩溃，旧病复发，从此一病不起。由此而观之，慈禧即使不是杀死光绪的直接凶手，却也难辞其咎。

近年，清西陵文物管理处在清理崇陵地宫时，发现光绪遗体完整，无刃器伤痕，通过化验，发现光绪死于砒霜中毒。此结论一出，天下震动。

慈禧之死

到了光绪三十四年（1908 年），74 岁高龄的慈禧进入皇宫已有 58 年，对大清的统治已 48 年。十月，慈禧因年纪大了，体力不支，她的精力明显不够用了，此时她也不免有些担心，于是千方百计保养，但尽管如此，还是病倒了。

她在病倒之后，尽管想不到自己的寿命不久了，但自知年纪大了，既然病倒就十分不利，所以，她一方面依然将朝廷权力握在手中不放，甚至到死前的最后一刻，另一方面必须得考虑自己的身后之事，做一些安排。

慈禧在病重期间，做了一个重要的决定，就是将醇亲王载沣将近 3 岁的儿子溥仪接入宫中。光绪驾崩之后，慈禧就在朝廷内外宣示溥仪为入关后第十代皇帝，这是慈禧所立的第三个傀儡皇帝。

在立溥仪登基继位之前，慈禧就下了一道懿旨，曰："现值时事多艰，嗣皇帝尚在冲龄，正宜专心典学，著摄政王载沣为监国，所有军国政事，悉秉承予之训示施行，俟嗣皇帝年岁渐长，学业有成，再由嗣皇帝秉裁政事。"这充分表明，慈禧虽然立了皇帝，但她绝不放弃手中的大权，哪怕一点点儿。

这年十月二十二日，慈禧太后正在中南海仪鸾殿的御榻上，静卧养病。几天来，慈禧的病情加重了，而且是明显加重，御医们绞尽脑汁，用尽医术为她治疗，但也无济于事，应诏赴京的全国各地名医也轮着为慈禧诊断、治疗，开出许多方子，但慈禧的病情却日益严重。

慈禧出生在大清帝国中衰之际。西方资本主义列强对东方的富庶很感兴趣，更想吞掉中国这块土地。他们极力用各种方式来撬开中国的大门。在她 6 岁那年，英国发动了鸦片战争，中国的大门被隆隆的炮声打开了。列强涌了进来，大清政府面临着危亡。她在宫中正受咸丰宠幸的时候，洪秀全在南方闹起了太平天国革命。没有多久，英法发动了第二次鸦片战争，咸丰内外交困，逃入热河避难。在一个集权专制的政体下，最高统治者重色轻政，为所欲为，手中的大权自然就会失去。在咸丰纵情声色、不问政事的情况下，肃顺等人乘机想篡权，后妃不甘受人指使，与奕䜣联合，最后使肃顺大败，慈禧垂帘听政，步入了政治舞台。她与慈安、奕䜣制定了对洋人妥协、集中全力镇压太平天国革命的政策，终于外揖洋人，内平太平天国，由此形成了所谓的"同治中兴"。但时间不长，中法战争中，中国军民齐心协力，镇南关一战大败法军，法国茹费理内阁倒台。慈禧害怕再发大乱，导致别的国家也来干涉内政，因此同李鸿章等人积极鼓吹乘胜即收，与法国签订《中法新约》，造成了不败而败的局面。10 年后，中日甲午战争爆发，中国惨败，被迫签订《马关条约》，丧失主权，大大加深了半殖民化。民众对洋人的侵略十分愤恨，山东闹起了义和团。慈禧采取利用义和团反洋人的策略，招来了八国联军，结果北京被攻陷，慈禧西逃。自《辛丑条约》签订后，中国进入了半殖民地半封建社会，洋人几乎掌握了大清帝国的命运。

慈禧每每回忆到这些，她都怨恨至极点，但她痛恨的不是自己，而是道光与咸丰，更怨恨肃顺、载垣、端华等人。她怨恨上台时就接的是他们的烂摊子。她更怨恨奕䜣、慈安、光绪、康有为、梁启超、载漪、载勋等人不尽心尽力，导致国家败落。对自己，慈禧本人不但没有怨恨，反而自豪。她曾经说过："我不逊于任何一个男性统治者！"慈禧认为，她接过这样一个烂摊子，能将大清帝国维持到这种地步已经够可以的了。

另外，慈禧不但破坏了大清祖制进行垂帘听政，而且将列祖列宗不得重用太监，更不允许他们参政干政的祖训抛到九霄云外，重用起安德海、李莲英等太监，导致他们在朝中胡作非为，权重一时。但是，也许是慈禧在自豪过后又痛心疾首的缘故，慈禧在临终前留下遗言："以后勿再使妇人预闻国政，此与本朝家法有违；尤须严防不得令太监擅权，明末之事可为殷鉴。"

慈禧的殡葬前后，所烧的纸人、纸马、楼库、器皿、松亭、松轿、衣、帽、鞋、被、枕、褥等数不胜数。在出殡前两个月，仅仅一次就在东华门外烧掉一只"大法船"。这只船价值十几万两银子，是用绫罗绸缎扎成的。

慈禧的棺材木料，来自云南的森林，仅运费就花去了几十万两白银。棺材做完后，先用一百匹布缠裹衬垫，然后刷49次油漆。由几千杠夫抬棺，分几十班轮流杠运，每班 128 人。在出殡前，杠夫在德胜门外"演杠"整 10 天，按照正式送葬的要求，抬着一块和棺材重量相同的大厚板，厚板中心放着满满的一碗水，直练到碗中水不溢时，演练才可停止。

出殡的那一天，送葬队伍声势浩大，旗伞飘扬，在最前面走的是64 人的引幡队，举着花花绿绿的万民旗、万民伞。在其后是上千人的法架卤簿仪仗队，举着无数个金瓜、钺斧、朝天镫，刀枪如林，幡旗蔽日。跟在仪仗队后面的是由 100 多人组成的抬着慈禧的巨大棺材的大杠。皇家规矩特别多，还把棺材装饰成轿的模样，称为"吉祥轿"。跟在棺材后边的是十路纵队的武装兵弁。最后面是由数千辆车子组成的文武百官、皇亲国戚的车队。送葬队伍绵延十多里，所路过的地方，不能有任何障碍物，只要是有的，不问大小、多少，一律拆掉。

从北京到东陵，要走六七天。途中不仅有已设可供食宿休息的行宫，而且还每隔一段距离用高级布匹搭起芦殿、黄幄。即使这些临时住所，也是金瓦玉阶，金碧辉煌。芦殿是供棺柩暂停用的，它先以黄绸围成内城，又以白绫子围成外城，外城之外，还有一道网城。

慈禧葬礼准备了近一年的时间，花了 120 万两白银，消耗资金是如此惊人。

一语成谶，大势已去

光绪三十四年（1908 年）十一月初九，天气冷得出奇，紫禁城太和殿内钟鼓齐鸣，一派雍雍穆穆的景象，年仅 3 岁的小皇帝溥仪的登基大典正在举行。然而这次登基大典举行得却是前所未有的荒唐，拥立了新皇上的文武群臣不但没有露出开心的神色，反而一个个忧心忡忡。慈禧和光绪的同时驾崩，还没有让大臣们从震惊中清醒过来，登基大典上闹出的乌龙，让这些国家柱石们的心头蒙上了一层阴影。

由于溥仪入宫不久，他是怀着恐惧的心情面对这一切的，天气的寒冷也让这个小皇帝早就受不了了。他一个人孤零零地坐在须弥宝座上，听着震耳欲聋的皇家音乐，看着一群陌生人在自己的脚下三跪九叩，终于再也无法忍受这个场面。

正当登基大典举行得热闹的时候，溥仪突然开始哇哇大哭，边哭边喊："我不挨这儿，我要回家！我不挨这儿，我要回家！"说着就要从宝座上跳下来。

溥仪的父亲、摄政王醇亲王载沣此时正单膝侧身跪在宝座之下，扶着小皇帝，见溥仪如此折腾，也不敢动弹，只好死死地压着溥仪。动弹不得的溥仪不断地挣扎，哭喊声越来越响，"我要回家"的声音伴随着盛大的钟鼓声在太和殿内回荡。急得满头是汗的载沣只好连连安慰道："别哭，别哭，快完了，快完了！"

对于历来迷信的清廷官员而言，这些话实在是不祥之兆。他们交头接耳，窃窃私语："怎么可以说'快完了'呢？""说'要回家'可是什么意思呵？"

溥仪就这样登上了皇位。

由于光绪无子，挑选大清帝国的下一任皇帝的重担便又落在了慈禧的肩头。慈禧虽然深知自己已经不能再像从前一样垂帘听政，但她仍然要挑选一位和自己沾亲带故、关系甚近的皇族接替皇位。根据光绪入宫的前例，自然是还要从奕譞这一支中选择。

此时奕譞早已去世，接替醇亲王爵的是其第五子载沣。慈禧为了笼络载沣，又使出了她熟悉的策略，将宠臣荣禄的女儿认作了养女，并指婚给载沣。本来载沣当时已经定亲，但慈禧坚持如此，载沣只得听从，这样，载沣又成了慈禧的干女婿。载沣和这位大小姐生了两个儿子，溥仪和溥杰。慈禧立储的时候，就挑中了年纪稍微大一点儿的溥仪。

不过，有了前车之鉴的醇亲王府并不愿意把溥仪交出去——溥仪的亲叔叔，现在的光绪帝载湉当初也是这么被送进宫去，在宫里活活地被折腾了三十多年，此时马上就要撒手人寰。都说当皇帝有享不尽的荣华富贵，可只有这些天潢贵胄才知道其中的辛酸。

奕譞尚在人世的妻子、载沣的母亲一听说自己视若掌上明珠的大孙子又要被抱进皇宫去，当时就两眼一黑昏了过去。醒来以后死死地抱着溥仪不松手，而溥仪则又哭又叫又喊又闹——整个醇王府一片混乱。所有的人都在盯着年轻的摄政王载沣，载沣一句话也说不出来，只是无可奈何地苦笑。

溥仪继位之后，由于年纪太小，载沣掌握了大清朝实际的权力。对于这个两代为帝的家庭来说，所谓树大招风，因此不得不韬光养晦，低调做人。奕譞在光绪继位以后，便辞去了全部职务，希望以此远离政治斗争。然而，光绪长大以后与慈禧的对立还是让奕譞的处境极为尴尬。一方面，他与荣禄等人甚为友善，最后还结为亲家；另一方面他和支持光绪的翁同龢等人关系也很不错。为了不让慈禧对他有任何意见，他甚至放弃了所有原则，在督办北洋海军的建设时，挪用经费给慈禧修造颐和园。载沣亦是小心翼翼，明哲保身。朝中大事，几乎都由庆亲王奕劻和其他军机大臣做主，他则摆出一副与世无争的架势。

载沣虽然低调如此，有一件事情他却耿耿于怀。他始终认为，如果不是袁世凯关键时刻倒戈，百日维新就不会失败，而光绪也就不会受到慈禧的百般凌辱，最终郁郁而终。因此，他处心积虑要为哥哥光绪报仇。

然而，载沣要想除去实力已经异常强大的袁世凯，几乎是不可能完成的任务。他只能团结一帮年轻气盛却没有任何政治斗争经验的少壮派满族亲贵来筹划此事，然而这一举动却遭到了庆亲王奕劻和张之洞的坚决反对。

据说，当载沣和几位军机大臣碰头，把自己的计划和盘托出时，所有的军机大臣都吓了一跳，庆亲王更是连说不妥。他认为，袁世凯虽然现在已经被夺了军权，但北洋新军都是他的手下，段祺瑞、冯国璋、王士珍等人都是他一手提拔起来的。如果这些人造反，带兵进京，谁挡得住？

最后，万般无奈的载沣只好同几位军机大臣达成妥协，以袁世凯患"足疾"为由，将其免职，令回原籍。载沣自以为从此可以安然无恙，然而过了不久，革命的风暴席卷全国，已经对清廷彻底失望的袁世凯卷土重来，趁势夺取了政权。

大清朝的政局，愈加动荡了。

清政府在推行新政时，定下了预备立宪的计划。由于慈禧的去世，继续推行这一计划的权力交到了载沣的手里。由于这也是光绪遗诏中所关心的事情，载沣并不敢怠慢。宣统元年（1909年），清廷如期举行了各省谘议局的选举。第二年，资政院也告开院。正当全国人民翘首以盼第一任内阁建立的时候，载沣却做出了一个愚蠢的决定。

宣统三年（1911年），载沣任命了第一届内阁。这一届内阁有13

名成员，居然有 9 人是满族人，而这 9 人中又有 7 人是宗室子弟。内阁总理大臣就是军机大臣庆亲王奕劻。除此之外，清廷还宣布，由于内阁制度为首创，为了慎重起见，本届内阁仅根据内阁办事暂行章程成立，具体国务处理还依照原来的政治模式进行。另外，军事方面的问题也不由内阁总理大臣负责，而是由军咨府大臣载涛负责。

由于这届内阁徒有其表，它被立宪党人和革命党人异口同声地讽刺为"皇族内阁"。载沣的决策失误，也让社会舆论大失所望，认为清廷根本无意立宪，既然和平手段无法解决，就以武力夺取之。很多立宪党人从此倒向革命派，革命的风暴迅速席卷了大江南北。

大清掘墓人

孙中山，原名孙文，于同治五年（1866 年）出生于广东香山县翠亨村一个普通的农民之家。孙文 5 岁时，大哥孙眉背井离乡去夏威夷"淘金"，后来因经营牧场成为商人，孙家的家境因此好转，而孙中山日后的活动经费也大多来自兄长的支持。

孙中山 9 岁进入私塾，接受了 3 年私塾教育。光绪四年（1878 年），12 岁的孙中山来到夏威夷，进入当地的意奥兰尼书院学习。孙中山学习成绩优异，熟练掌握了英语，并萌发了对基督教的兴趣。光绪九年（1883 年），孙中山进入美国公理会教会学校奥阿厚书院继续就学。由于孙眉担心他沉迷于基督教，故而将其送回家乡。然而，此时的孙中山已完全成为一个"英年洋派"的人物，他回乡之后不仅捣毁神像，还擅自到香港接受了基督教洗礼，并在香港继续读书。

光绪十二年（1886 年），孙中山进入广州博济医院附设医学堂学医，次年转入香港西医书院。孙中山在此学习了 5 年，香港的市容市貌给他留下了深刻的印象，因此他暗暗下定决心，要在中国推广资本主义制度。光绪十八年（1892 年），孙中山以第一名的成绩毕业，之后来往于澳门、广州等地行医。年轻的孙中山爱好畅谈国事，热衷发动革命，推翻清政府统治，时人闻听皆仓皇失色，躲避不及，只有尤列、陈少白、杨衢云等人赞同之，故此四人被称为"四大寇"。

光绪二十年（1894 年），孙中山北上天津，向时任北洋大臣的李鸿章上了一封万言书，书中要求变法改革，提出"人能尽其才，地能尽其利，物能尽其用，货能畅其流"的主张，并要求与李鸿章面谈。可惜正在操心中日冲突的李鸿章根本无暇顾及这个 28 岁的小伙子，拒绝了他的要求，失望的孙中山从此转而走向武装革命推翻清政府的道路。

然而，孙中山等人组织的第一次革命就失败了，他的好友陆皓东等人都死在了清政府的刀下，他也成为清廷通缉的政治犯。孙中山并不气馁，他在日本结识了大量政界要人，并希望借助他们的力量来推翻清廷统治。

光绪二十六年（1900 年），八国联军入侵中国，孙中山希望能够再次与时任两广总督的李鸿章见面，说服他趁机自立为总统，脱离清朝统治，后来却发现这只是清政府为了捉拿他而设下的陷阱。愤怒的孙中山转往台湾，希望在日本的支持下在惠州发动起义，因日方改变主意，起义再次失败。

这之后，孙中山远渡重洋到达美国，希望可以得到海外华侨华人的支持。然而由于康有为的保皇立宪思想早已传播至此，孙中山在美国因而吃了一些苦头。不久，他又转向欧洲传播革命思想。1904 年，孙中山回到日本，并结识了黄兴。经过交谈，他们决定联合彼此的组织，成立一个正式的革命团体。

光绪三十一年（1905 年），在日本人内田良平的协调下，孙中山、黄兴、宋教仁、蔡元培、章炳麟、吴敬桓、张继等人在日本成立中国同盟会，将之前的兴中会、华兴会、爱国学社、青年会等组织合并，由孙中山出任总理。同盟会确立了"驱除鞑虏，恢复中华，建立民国，平均地权"的革命政纲，并发行《民报》作为机关刊物。同盟会首次提出了"三民主义"学说，并以此为武器，与康有为、梁启超等保皇立宪党人展开了激烈的论战。同盟会的建立，标志着中国资产阶级民主革命进入了一个新的阶段。

同盟会成立以后，在孙中山、黄兴等人的组织下，先后进行了一系列反对清廷统治的起义。

1907 年 4 月，同盟会会员、新加坡华侨许雪秋在孙中山的支持下，组织当地会党的力量发动黄冈起义，占领了潮州饶平县黄冈城。然而，在潮州总兵黄金福的镇压下，会党一战即溃，许雪秋等人只好停止了进一步行动的计划，流亡香港，黄冈起义宣告失败。

同样是新加坡华侨的同盟会会员邓子瑜随即在惠州七女湖一带召集三合会的力量起义，这支队伍一度击败了清军，占领数个村庄，并与清军的巡防营交战数十日，但由于黄冈起义的失败，这支队伍也自行解散了。

这两次起义失败后不久，孙中山又在钦州、廉州一带发动了一次起义，这次起义依赖的是当地会党首领王和顺的力量。7 月下旬，王和顺攻占防城县，然而在与当地清军接触的过程中，王和顺却把希望寄托在说服清军"反正"上，结果计划失败，心灰意冷的王和顺也解散了队伍只身逃至越南，钦州廉州起义再次失败。

不久，孙中山转移到镇南关一带活动。他通过曾经参加过清军的黄明堂、关仁甫等人收买了一些镇守镇南关的清军。12月2日，革命军夜袭镇南关，一举攻下镇南、镇中、镇北三座炮台，孙中山、黄兴等人立刻亲赴前线指挥。然而，由于革命军缺乏军火，不得不停止继续进攻，坚守关隘，孙中山等人返回越南河内筹集军火。当孙中山返回河内的时候，他们听到了广西提督龙济光攻陷镇南关的消息。

不久，由于清廷的压力，孙中山不得不离开河内，临行前他仍然布置了两次起义的计划。1908年，黄兴重新召集会党成员和越南华侨，再次攻打钦州，这一次他们又遇到了驻守在此地的清军。黄兴再一次相信了对方"反正"的话，结果被对方以优势兵力包围，黄兴率兵坚持40余天最终不敌。

仅一个月后，在镇南关起义中失败的黄明堂等人偷袭云南河口，并趁势向蒙自和个旧进攻，但被云南总督锡良击退回越南境内。

经过这一系列的起义失败，孙中山和同盟会元气大伤，直到1910年才重新发动起义。这一次，主要依靠黄兴等人在广州发动新军中的革命分子。然而由于机事不密，同盟会成员、炮兵军官倪映典仓促率1000余人起义，结果不敌，倪映典中弹后被捕杀害。

1911年，孙中山、黄兴等人再次决定在广州发动起义，这一次他们花了大力气进行了周密部署，计划派遣800名"选锋"先期进入广州占领要害部门，接着打开城门，引进起义的新军。然而，这一计划并未得到很好的执行。由于清廷再次察觉了革命党人的起义计划，最终起义仓促发动，仅有160余人参与进攻，最终全军覆没。事后，有人将牺牲者的尸体合葬在黄花岗，共72具，这就是著名的广州黄花岗七十二烈士。

到此为止，孙中山奋斗十余年，所经手的大小起义已有 10 次之多，然而仍旧未能推翻清廷的统治。

惨淡谢幕

1911 年 10 月 10 日夜，刚过中秋节，凉风习习，月明星稀，然而驻守武昌的陆军第八镇的驻地上却是紧张不已，如临大敌。近日发现城内有乱党活动的踪迹，并且有可能已经渗透到军营里，因此上级要求各级军官要提高警惕，密切注意有异常举动的士兵。

工程第八营后队二排哨长陶启胜正在查夜，走进营房看他手下的兵都规规矩矩，放心了些。他刚想回自己的住处，却看到班长金兆龙抱着枪在东张西望。别的士兵见陶启胜过来都忙不迭站起来敬礼，只有这个金兆龙不理不睬。

陶启胜怒极，走过去踢了金兆龙一脚，厉声骂道："想造反哪！"他本以为金兆龙会乖乖地站起来认错。谁知金兆龙一个鲤鱼打挺跳起来，嚷嚷道："老子今天就是反了。"说完劈面一拳，和陶启胜扭打在一起。

两人打得热闹，周围的士兵面面相觑不知如何是好。突然，"砰"的一声，一声清脆的枪响，陶启胜应声栽倒，鲜血从他的背部缓缓流出来。所有人都惊呆了，扭头一看，是金兆龙班的士兵程正瀛端着枪口，开火时的一缕青烟还没散尽。

正当大家不知所措的时候，一阵杂乱的脚步声由远及近，还有人高声喝道："是哪个人开的枪？赶紧出来。"说完，几个身影出现在营房门口。众士兵还没看清楚是谁，只听得又是几声枪响，几个人七扭八歪地倒了下去，依然是程正瀛开的枪。

士兵们好容易才从惊呆中回过神来，去看那几具倒在地上的尸体，原来是前队队官黄坤荣、司务长张文涛、八营代理管带阮荣发等人。顿时"哗"地一下，八营大乱，不少士兵像没头的苍蝇一样到处乱窜。

忽然"嘟嘟"的哨声响起，众士兵惊疑不定，向哨声处望去，却见是另一个班长熊秉坤鸣哨。见众人望向他，熊秉坤跳上一个弹药箱，厉声大叫"反了"，说完拿出一条白毛巾，缠在头上，举枪振臂一呼，向外冲去。众士兵愣了一下，纷纷拿起手中的枪，一窝蜂地随着熊秉坤向楚望台的军械库涌去。

改变中国历史进程的武昌起义就这么爆发了。

1911 年，清廷颁布了"铁路国有"法案，宣布将此前商办的所有铁道收归国有。这激起了民众的不满，正在修建中的渝汉铁路的各股东更是愤怒不已。四川很快成立了保路同志会，并掀起了骚乱。清廷为了镇压保路风潮，派遣原本驻扎在武昌的渝汉铁路督办、钦差大臣端方率兵入川。这样一来，湖北的清军力量顿时削弱。

两湖地区的革命团体文学社和共进会见此良机，便准备在武昌和长沙联合举行起义。在同盟会的协调下，两个团体的代表在武昌召开会议，初步定于 10 月 6 日在武昌和长沙同时起义。

然而，计划赶不上变化。就在会议召开的当天，新军八镇炮标三营的几个退伍士兵饮酒行令，与执勤的排长发生了争执，事情越闹越大，士兵发生了哗变，直到马队前来镇压方才平息。

因为这一事件，湖广总督瑞澂担心革命党人趁机作乱，因此宣布八月十五（即 10 月 6 日）不放假，并且全城戒严，新军官兵一律不得外出，并禁止携带弹药。在这种情况下，革命党人的起义计划自然不能实行。另外，由于湖南方面也没有准备充分，因此又延期 10 天，重新定于 10 月 16 日发动起义。

10 月 9 日，共进会领导人在汉口俄租界秘密制造炸弹时不慎引起爆炸，闻声而至的俄国巡捕拘捕多名革命党人，并搜出革命党人的花名册与起义文告。俄国方面当即通知了瑞澂。如临大敌的瑞澂立刻下令全城戒严搜捕革命党人。受此打击，文学社领导人当即决定提前发动起义，但由于计划临时更改，起义各方无法联络，只好再次宣告推后进行。与此同时，瑞澂在城内指挥军警大肆捕杀参与起义的新军官兵。到 10 月 10 日，起义的领导人已有多名牺牲，眼看起义又要遭受失败。

这时，新军士兵们决心自行发动起义。10 月 10 日晚，武昌北门外，第 21 混成协炮 11 营辎重队士兵李鹏升首先点燃了草料库，举火为号，同情革命的新军士兵们纷纷响应，各自向楚望台军械库进发，随后就发生了金兆龙等人起义的一幕。

经过一夜的激战，起义的新军士兵占领了武昌城。汉口、汉阳随即闻风而动，发动起义。10 月 12 日，武汉三镇全部为起义军所控制。起义士兵迅速成立了中华民国军政府鄂军都督府，改国号为中华民国，一个新的政权成立了。

惊慌不已的清政府连忙调集北洋陆军前往镇压。这时候，听说革命成功喜讯的黄兴等人连忙赶到武昌。双方在汉口和汉阳展开了激烈的争夺，战斗持续了 41 天，史称"阳夏保卫战"。虽然最终汉口和汉阳重新被清军夺回，但在这 41 天中，湖南、广东等 15 个省份纷纷通电起义，宣布拥护共和。在清政府所谓的关内十八省中，只有甘肃、河南、直隶、山东四省效忠清朝。

这时候，束手无策的载沣想到了袁世凯。不得已，他只好请袁世凯回来主持大局。1911 年 11 月 1 日，"皇族内阁"解散，袁世凯任内阁总理大臣。

袁世凯一方面命令北洋新军保持对革命军的压力，另一方面又联络英国公使朱尔典从中斡旋议和之事。在袁世凯的计谋之下，同盟会最终与袁世凯派出的议和代表达成了共识。双方答应由袁世凯劝说清帝退位，而以支持袁世凯担任中华民国大总统为交换条件。

此时的摄政王载沣、隆裕皇太后已经完全做不得主。虽然对袁世凯出尔反尔的行为切齿痛恨，但也无可奈何。1912 年 2 月 12 日，隆裕皇太后宣布接受南京参议院通过的《清室优待条件》，并发布《逊位诏书》，在诏书中宣布宣统退位，并委托袁世凯组织临时政府。隆裕与宣统则"帝得以退处宽闲，优游岁月，长受国民之优礼，亲见郅治之告成"。

从这一刻起，大清帝国走到了历史的尽头。

图书在版编目 (CIP) 数据

清朝其实很有趣 / 安然著 . — 北京：中国华侨出版社，2021.3（2021.5 重印）

ISBN 978-7-5113-8430-0

Ⅰ . ①清… Ⅱ . ①安… Ⅲ . ①中国历史 – 清代 – 通俗读物 Ⅳ . ① K249.09

中国版本图书馆 CIP 数据核字（2020）第 228957 号

清朝其实很有趣

著　者：	安　然
责任编辑：	姜薇薇
封面设计：	冬　凡
文字编辑：	贾　娟
美术编辑：	盛小云
经　销：	新华书店

开　本：880mm×1230mm　1/32　印张：8　字数：190 千字

印　刷：三河市燕春印务有限公司

印　次：2021 年 3 月第 1 版　　2021 年 11 月第 3 次印刷

书　号：ISBN 978-7-5113-8430-0

定　价：38.00 元

中国华侨出版社　北京市朝阳区西坝河东里 77 号楼底商 5 号　邮编：100028
发 行 部：（010）88893001　　　传　真：（010）62707370
网　址：www.oveaschin.com　　E－mail：oveaschin@sina.com

如果发现印装质量问题，影响阅读，请与印刷厂联系调换。